2025年春 受験用 解答集

広島県 広島学院中学校

2020〜2014年度の7年分

本書は，実物をなるべくそのままに，プリント形式で年度ごとに収録しています。
問題用紙を教科別に分けて使うことができるので，本番さながらの演習ができます。

■ **収録内容**

・解答集（この冊子です）

　　書籍ID番号，この問題集の使い方，リアル過去問の活用，解答例と解説，
　　ご使用にあたってのお願い・ご注意，お問い合わせ

・2020（令和2）年度 〜 2014（平成26）年度　学力検査問題

JN132480

○は収録あり	年度	'20	'19	'18	'17	'16	'15	'14
■ 問題収録		○	○	○	○	○	○	○
■ 解答用紙（算数Ⅰは書き込み式）		○	○	○	○	○	○	○
■ 解答		○	○	○	○	○	○	○
■ 解説		○	○	○	○	○	○	
■ 配点								

注）問題文等非掲載:2020年度社会の[5]，2017年度社会[1]の図

もっと過去問！シリーズ

K 教英出版

■ 書籍ID番号

入試に役立つダウンロード付録や学校情報などを随時更新して掲載しています。
教英出版ウェブサイトの「ご購入者様のページ」画面で，書籍ID番号を入力してご利用ください。

書籍ID番号　**182032**

（有効期限：2025年9月30日まで）

【入試に役立つダウンロード付録】
「中学合格への道」

■ この問題集の使い方

年度ごとにプリント形式で収録しています。針を外して教科ごとに分けて使用します。①片側，②中央のどちらかでとじてありますので，下図を参考に，問題用紙と解答用紙に分けて準備をしましょう（解答用紙がない場合もあります）。

針を外すときは，けがをしないように十分注意してください。また，針を外すと紛失しやすくなりますので気をつけましょう。

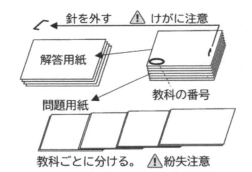

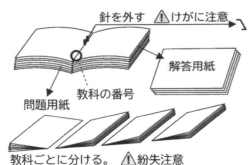

※教科数が上図と異なる場合があります。
　解答用紙がない場合や，問題と一体になっている場合があります。
　教科の番号は，教科ごとに分けるときの参考にしてください。

リアル過去問の活用

~リアル過去問なら入試本番で力を発揮することができる~

✿ 本番を体験しよう！

問題用紙の形式（縦向き／横向き），問題の配置や余白など，実物に近い紙面構成なので本番の臨場感が味わえます。まずはパラパラとめくって眺めてみてください。「これが志望校の入試問題なんだ！」と思えば入試に向けて気持ちが高まることでしょう。

✿ 入試を知ろう！

同じ教科の過去数年分の問題紙面を並べて，見比べてみましょう。

① 問題の量

毎年同じ大問数か，年によって違うのか，また全体の問題量はどのくらいか知っておきましょう。どのくらいのスピードで解けば時間内に終わるのか，大問ひとつにかけられる時間を計算してみましょう。

② 出題分野

よく出題されている分野とそうでない分野を見つけましょう。同じような問題が過去にも出題されていることに気がつくはずです。

③ 出題順序

得意な分野が毎年同じ大問番号で出題されていると分かれば，本番で取りこぼさないように先回りして解答することができるでしょう。

④ 解答方法

記述式か選択式か（マークシートか），見ておきましょう。記述式なら，単位まで書く必要があるかどうか，文字数はどのくらいかなど，細かいところまでチェックしておきましょう。計算過程を書く必要があるかどうかも重要です。

⑤ 問題の難易度

必ず正解したい基本問題，条件や指示の読み間違いといったケアレスミスに気をつけたい問題，後回しにしたほうがいい問題などをチェックしておきましょう。

✿ 問題を解こう！

志望校の入試傾向をつかんだら，問題を何度も解いていきましょう。ほかにも問題文の独特な言いまわしや，その学校独自の答え方を発見できることもあるでしょう。オリンピックや環境問題など，話題になった出来事を毎年出題する学校だと分かれば，日頃のニュースの見かたも変わってきます。

こうして志望校の入試傾向を知り対策を立てることこそが，過去問を解く最大の理由なのです。

✿ 実力を知ろう！

過去問を解くにあたって，得点はそれほど重要ではありません。大切なのは，志望校の過去問演習を通して，苦手な教科，苦手な分野を知ることです。苦手な教科，分野が分かったら，教科書や参考書に戻って重点的に学習する時間をつくりましょう。今の自分の実力を知れば，入試本番までの勉強の道すじが見えてきます。

✿ 試験に慣れよう！

入試では時間配分も重要です。本番で時間が足りなくなってあわてないように，リアル過去問で実戦演習をして，時間配分や出題パターンに慣れておきましょう。教科ごとに気持ちを切り替える練習もしておきましょう。

✿ 心を整えよう！

入試は誰でも緊張するものです。入試前日になったら，演習をやり尽くしたリアル過去問の表紙を眺めてみましょう。問題の内容を見る必要はもうありません。どんな形式だったかな？受験番号や氏名はどこに書くのかな？…ほんの少し見ておくだけでも，志望校の入試に向けて心の準備が整うことでしょう。

そして入試本番では，見慣れた問題紙面が緊張した心を落ち着かせてくれるはずです。

※まれに入試形式を変更する学校もありますが，条件はほかの受験生も同じです。心を整えてあせらずに問題に取りかかりましょう。

算　数

令和 2 年度　解答例・解説

━━━《解答例》━━━

算数 I

[1]　$\dfrac{5}{6}$

[2]　1296

[3]　26

[4]　75

[5]　510

[6]　91

[7]　22

[8]　4.3

[9]　18

算数 II

[1]　(1)108　　(2)120　　(3)10，48

[2]　(1)667　　(2)533　　(3)650

[3]　(1)255　　(2)5：8　　(3)3：37

[4]　(1)5：7　　　(2)7：2　　　(3)357

[5]　(1)18　　(2)600　　(3)588

※計算は解説を参照してください。

━━━《解　説》━━━

算数 I

[1]　与式＝$(\dfrac{3}{2}+\dfrac{1}{6})\times\dfrac{5}{7}-3\div\dfrac{42}{5}=(\dfrac{9}{6}+\dfrac{1}{6})\times\dfrac{5}{7}-3\times\dfrac{5}{42}=\dfrac{5}{3}\times\dfrac{5}{7}-\dfrac{15}{42}=\dfrac{50}{42}-\dfrac{15}{42}=\dfrac{35}{42}=\dfrac{5}{6}$

[2]　商品Aの値段は，$1320\div(1+\dfrac{10}{100})=1200$（円）なので，商品Aの値段を8％上げると，$1200\times(1+\dfrac{8}{100})=1296$（円）

[3]　弟が残ったりんごの$\dfrac{3}{4}$を取ったあとの個数は$2+1=3$（個）なので，残ったりんごの$1-\dfrac{3}{4}=\dfrac{1}{4}$が3個だったから，兄が取ったあとの残りは$3\div\dfrac{1}{4}=12$（個）である。よって，兄が全体の$\dfrac{1}{2}$を取ったあとは，りんごが$12+1=13$（個）あったので，りんごは全部で，$13\div\dfrac{1}{2}=26$（個）

[4]　四角形の内角の和は360度なので，○と×をつけた角の大きさの和は，$360-(155+100)=105$（度）である。

三角形の内角の和は180度なので，（あ）の角の大きさは，$180-105=75$（度）

[5]　金属1 gの値段は$\dfrac{920}{140}$円，金属1 ㎤の重さは$\dfrac{238}{36.8}$ gである。よって，金属12 ㎤の重さは，$\dfrac{238}{36.8}\times12$（ g ）なので，

値段は，$\dfrac{920}{140}\times\dfrac{238}{36.8}\times12=510$（円）

[6]　Cの点数を6点高くすると，AとBの平均点とCの点数が等しくなり，3人の合計点は，$88\times3+6=270$（点）

となる。したがって，AとBの平均点は270÷3＝90(点)だから，AとBの合計点は90×2＝180(点)である。AはBより2点高いのだから，Aの点数は，(180＋2)÷2＝91(点)

[7] えんぴつ3本と定規1本で1セットとすると，1セットの値段は60×3＋120×1＝300(円)である。ペンを90本買ったとすると，代金は100×90＝9000(円)となり，実際より9000－7300＝1700(円)高くなる。合計本数を90本のままにするために，ペン4本を1セットにかえると，代金は400－300＝100(円)低くなるから，買ったセットの数は，1700÷100＝17(セット)である。よって，買ったペンの本数は，90－4×17＝22(本)

[8] 右図のように記号をおく。(あ)と(い)の面積が等しいから，(あ)＋(う)の面積と(い)＋(う)の面積も等しい。つまり，三角形EBCの面積は，正方形の面積からおうぎ形の面積を引くと求められ，$10×10－10×10×3.14×\frac{1}{4}＝21.5$(cm²)である。

よって，BE＝21.5×2÷10＝4.3(cm)

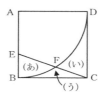

[9] 1回の(操作)で6になる場合，4で割ったときの商が5.5以上6.5未満になる。そのような2けたの整数は，5.5×4＝22以上，6.5×4＝26未満である22，23，24，25の4個ある。

2回の(操作)で6になる場合，1回目の操作の結果が22，23，24，25になる。そのような2けたの整数は，21.5×4＝86以上，25.5×4＝102未満だから，86から99までの99－86＋1＝14(個)ある。

3回以上の(操作)で6になる2けたの整数がないのは明らかなので，全部で4＋14＝18(個)ある。

算数Ⅱ

[1]

(1) Bは9時30分－9時＝30分でAと360m差がつくので，10時30分－9時＝1時間30分＝90分で$360×\frac{90}{30}＝$1080(m)差がつく。よって，10時30分のとき，Bはゴールの1080m後ろにいるので，10時40分－10時30分＝10分で1080m進む。したがって，Bの速さは毎分(1080÷10)m＝毎分108mである。

(2) Bは10時40分－9時＝1時間40分＝100分でゴールしたので，スタートからゴールまでは108×100＝10800(m)ある。Aは90分でゴールしたので，速さは毎分(10800÷90)m＝毎分120mである。

〔別の解き方〕

速さの比は，同じ道のりを進むのにかかる時間の比の逆比に等しい。AとBのスタートからゴールまでにかかった時間の比は，90：100＝9：10なので，AとBの速さの比はこの逆比の10：9である。

よって，Aの速さは毎分$(108×\frac{10}{9})$m＝毎分120mである。

(3) AとCは30分で360＋240＝600(m)差がつく。9時30分のとき，Aはスタートから120×30＝3600(m)の位置にいるので，Cは30分で3600－600＝3000(m)進む。よって，Cの速さは毎分(3000÷30)m＝毎分100mなので，Cがスタートからゴールまでにかかった時間は，10800÷100＝108(分)，つまり1時間48分だから，ゴールした時刻は10時48分である。

〔別の解き方〕

(2)の解説よりAとBの速さの比は10：9であり，9時30分のときの位置から，(AとBの速さの差)：(BとCの速さの差)＝360：240＝3：2である。したがって，AとCの速さの比は，10：{9－(10－9)×$\frac{2}{3}$}＝10：$8\frac{1}{3}$＝6：5である。よって，AとCのスタートからゴールまでにかかった時間の比はこの逆比の5：6だから，Cは$90×\frac{6}{5}＝108$(分)，つまり1時間48分でゴールする。よって，Cがゴールした時刻は10時48分である。

[2]

(1) 3の倍数のカードは，1000÷3＝333余り1より333枚ある。よって，残りは1000－333＝667(枚)である。

(2) 5の倍数のカードのうち，3の倍数でもある5×3＝15の倍数のカードは操作1ですでに抜き取られている。

５の倍数のカードは，1000÷５＝200(枚)，15 の倍数のカードは，1000÷15＝66 余り 10 より 66 枚ある。
よって，操作２では 200－66＝134(枚)抜き取るので，残りは 667－134＝533(枚)である。

⑶　右のようにベン図で表すと考えやすい。操作２までで抜き取ったカードは太線内のカードであり，そのうちの４の倍数のカードを操作３で戻すので，戻すのは㋐，㋑，㋒のカードである。

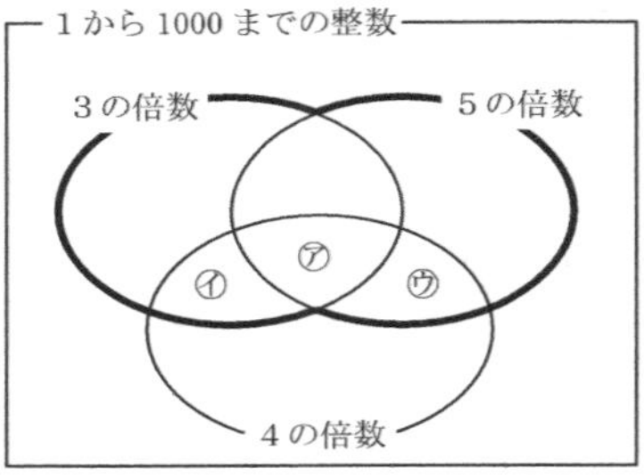

３と４の最小公倍数である 12 の倍数のカードは，1000÷12＝83 余り４より 83 枚あるから，㋐と㋑の合計は 83 枚ある。
４と５の最小公倍数である 20 の倍数のカードは，1000÷20＝50(枚)あるから，㋐と㋒の合計は 50 枚ある。
３と４と５の最小公倍数である 60 の倍数のカードは，1000÷60＝16 余り 40 より 16 枚あるから，㋐は 16 枚ある。
よって，㋐と㋑と㋒の合計は，83＋50－16＝117(枚)あるので，テーブルの上にあるカードは，533＋117＝650(枚)

［３］

⑴　水を移したあとのＡの水量と水の総量の比は，５：(５＋８＋25)＝５：38 なので，水を移したあとのＡの水量は $950\times\frac{5}{38}$＝125(Ｌ)である。よって，水を移す前のＡの水量は，125＋130＝255(Ｌ)である。

⑵　水を移す前のＡの水量を⑤とする。水を移したあとのＡの水量は⑤×$\frac{3}{5}$＝③なので，水は⑤－③＝②移した。よって，ＡからＢに移した水量は，②÷２＝①であり，水を移したあとのＢの水量は，③×３＝⑨なので，水を移す前のＢの水量は，⑨－①＝⑧である。したがって，求める比は，⑤：⑧＝５：８である。

⑶　水を移す前後で，ＢとＣの水量の差は変化していないことを利用する。
水を移す前の水量を，Ａ＝[1]，Ｂ＝[2]，Ｃ＝[3]とし，水を移したあとの水量を，Ａ＝◇3，Ｂ＝◇26とする。
ＢとＣの水量の差は[3]－[2]＝[1]だから，水を移したあとのＣの水量は◇26＋[1]と表せるので，水の総量について，水を移す前は[1]＋[2]＋[3]＝[6]，水を移したあとは◇3＋◇26＋(◇26＋[1])＝◇55＋[1]と表せる。これらが等しいのだから，[6]－[1]＝[5]と◇55が等しく，[1]は◇55÷５＝◇11と等しいとわかる。
よって，水を移したあとのＡとＣの水量の比は，◇3：(◇26＋[1])＝◇3：(◇26＋◇11)＝３：37

［４］

⑴　ＡＢの長さを２＋１＝３と３＋４＝７の最小公倍数の 21 とすると，ＤＢ＝$21\times\frac{4}{7}$＝12，ＥＢ＝$21\times\frac{1}{3}$＝７だから，ＤＥ＝12－７＝５となる。よって，ＤＥ：ＥＢ＝５：７

⑵　高さの等しい三角形の面積の比は，底辺の比に等しいことを利用する。三角形ＣＤＦの面積を①とすると，(三角形ＣＤＦの面積)：(三角形ＣＤＢの面積)＝ＣＦ：ＣＢ＝１：２なので，三角形ＣＤＢの面積は①×２＝②である。(三角形ＣＤＢの面積)：(三角形ＡＢＣの面積)＝ＤＢ：ＡＢ＝４：７なので，
三角形ＡＢＣの面積は②×$\frac{7}{4}$＝($\frac{7}{2}$)である。よって，求める面積の比は，($\frac{7}{2}$)：①＝７：２である。

⑶　右のように作図し，まずＤＧ：ＤＦを求める。

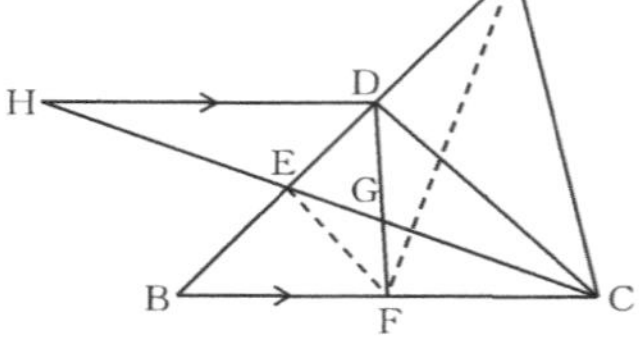

三角形ＥＤＨと三角形ＥＢＣは同じ形の三角形であり，対応する辺の比は
ＥＤ：ＥＢ＝５：７だから，ＤＨ：ＢＣ＝５：７である。
三角形ＧＤＨと三角形ＧＦＣは同じ形の三角形であり，対応する辺の比は，
ＤＨ：ＦＣ＝ＤＨ：$\frac{ＢＣ}{2}$＝５：$\frac{7}{2}$＝10：７だから，ＤＧ：ＤＦ＝10：17 である。
高さの等しい三角形の面積の比は，底辺の比に等しいことを利用する。
(三角形ＤＥＦの面積)＝(三角形ＤＥＧの面積)×$\frac{ＤＦ}{ＤＧ}$＝$25\times\frac{17}{10}$＝$\frac{85}{2}$(㎠)
⑴の解説より，$\frac{ＡＢ}{ＤＥ}$＝$\frac{21}{5}$だから，(三角形ＡＢＦの面積)＝(三角形ＤＥＦの面積)×$\frac{ＡＢ}{ＤＥ}$＝$\frac{85}{2}\times\frac{21}{5}$＝$\frac{357}{2}$(㎠)

(1)の解説より，$\dfrac{AB}{DE} = \dfrac{21}{5}$ だから，（三角形ＡＢＦの面積）＝（三角形ＤＥＦの面積）$\times \dfrac{AB}{DE} = \dfrac{85}{2} \times \dfrac{21}{5} = \dfrac{357}{2}$（cm²）

（三角形ＡＢＣの面積）＝（三角形ＡＢＦの面積）$\times \dfrac{BC}{BF} = \dfrac{357}{2} \times \dfrac{2}{1} = 357$（cm²）

[5] （必要な木の本数）＝（縦に使う木の本数）×（横に使う木の本数）であり，「縦に使う木の本数」は，

（縦の木と木の間の間隔の数）＋１（本）であることに注意する（横についても同様である）。

(1) 縦と横の間隔は，48 と 120 の公約数となるので，最も少ない本数の木を植えるときは，縦と横の間隔が 48

と 120 の最大公約数となるときである。最大公約数を求めるときは，右の筆算のように割り切れ

る数で次々に割っていき，割った数をすべてかけあわせればよい。したがって，48 と 120 の最大

公約数は，$2 \times 2 \times 2 \times 3 = 24$ である。よって，縦と横の間隔が 24m だから，木は縦に

$48 \div 24 + 1 = 3$（本），横に $120 \div 24 + 1 = 6$（本）植えるので，全部で $3 \times 6 = 18$（本）必要である。

$$\begin{array}{r} 2\,)\underline{\,48\quad 120\,} \\ 2\,)\underline{\,24\quad 60\,} \\ 2\,)\underline{\,12\quad 30\,} \\ 3\,)\underline{\,6\quad 15\,} \\ 2\quad 5 \end{array}$$

(2) 縦と横の長さの差を最も小さくしたいので，「縦に使う木の本数」と「横に使う木の本数」の差を最も小さく

したい。650 をなるべく差が小さい２数の積で表すために，650 を素数の積で表すと $650 = 2 \times 5 \times 5 \times 13$ となり，

$650 = 25 \times 26$ が見つかる。したがって，縦に使う木を 26 本，横に使う木を 25 本にすればよい（縦と横は逆でもよ

い）。このとき，縦の長さは $26 - 1 = 25$（m），横の長さは $25 - 1 = 24$（m）なので，土地の面積は，$25 \times 24 = 600$（m²）

(3) 縦に使う木の本数は，12m の間隔で植えるときは $252 \div 12 + 1 = 22$（本），28m の間隔で植えるときは

$252 \div 28 + 1 = 10$（本）である。横の長さを 12 と 28 の最小公倍数である ⑧④ とすると，横に使う木の本数は，12m の

間隔で植えるときは ⑧④ $\div 12 + 1 = $ ⑦ $+ 1$（本），28m の間隔で植えるときは ⑧④ $\div 28 + 1 = $ ③ $+ 1$（本）となる。

よって，必要な木の本数は，12m の間隔で植えるときは $22 \times ($ ⑦ $+ 1) = $ ⑮④ $+ 22$（本），28m の間隔で植えるとき

は $10 \times ($ ③ $+ 1) = $ ㉚ $+ 10$（本）である。この差である（⑮④ $+ 22$）$-$（㉚ $+ 10$）＝ ⑫④ $+ 12$（本）が 880 本にあたるの

で，⑫④ は $880 - 12 = 868$，① ＝ $868 \div 124 = 7$ である。よって，横の長さは $7 \times 84 = 588$（m）である。

═══════════════════ 《解答例》 ═══════════════════

算数 I

［1］　$\dfrac{2}{3}$

［2］　43

［3］　1170

［4］　350

［5］　73

［6］　38

［7］　107

［8］　260

［9］　9.21

算数 II

［1］　(1)3230　　(2)710　　(3)560

［2］　(1)48　　(2)(あ)30　　(い)42

［3］　(1)100　　(2)2200　　(3)55

［4］　(1)28　　(2)10　　(3)192

［5］　(1)9.6　　(2)27　　(3)43.2

※計算は解説を参照してください。

═══════════════════ 《解　説》 ═══════════════════

算数 I

［1］　与式$=\dfrac{28}{15}-\dfrac{138}{100}\div(\dfrac{35}{20}-\dfrac{12}{20})=\dfrac{28}{15}-\dfrac{69}{50}\div\dfrac{23}{20}=\dfrac{28}{15}-\dfrac{69}{50}\times\dfrac{20}{23}=\dfrac{28}{15}-\dfrac{6}{5}=\dfrac{28}{15}-\dfrac{18}{15}=\dfrac{10}{15}=\dfrac{2}{3}$

［2］　3人それぞれの個数をBの個数と同じにするためには，Aに17個，Cに12個わたせばよい。

そうすると，3人の個数の合計は100＋17＋12＝129(個)になるから，Bの個数は，129÷3＝43(個)

［3］　ケーキを90個作るために必要な小麦の量は，$\dfrac{4}{3}\times\dfrac{90}{16}=\dfrac{15}{2}$(kg)だから，その代金は，$156\times\dfrac{15}{2}=1170$(円)

［4］　同じ道のりを進むときにかかる時間の比は，速さの比の逆比と等しくなる。行きと帰りの速さの比は，

150：100＝3：2だから，行きと帰りの時間の比はこの逆比の2：3である。したがって，帰りにかかった時間と

往復でかかった時間の比は3：5である。5分50秒$=5\dfrac{50}{60}$分$=\dfrac{35}{6}$分だから，帰りにかかった時間は，$\dfrac{35}{6}\times\dfrac{3}{5}=\dfrac{7}{2}$(分)

よって，A地点からB地点までの道のりは，$100\times\dfrac{7}{2}=350$(m)

〔5〕 右図のように記号をおく。三角形ABEにおいて，内角の和より，

角ABE＝180－90－62＝28（度）である。折り返したとき重なるから，

角DBE＝角ABE＝28度なので，角DBC＝90－28×2＝34（度）である。

BD＝BAだから，三角形BCDはBC＝BDの二等辺三角形なので，

（あ）＝（180－34）÷2＝73（度）

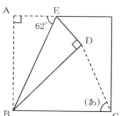

〔6〕 横の長さを3cm短くした分で周の長さは3×2＝6（cm）短くなったのだから，縦の

長さを長くした分で周の長さは6＋32＝38（cm）長くなったとわかる。したがって，縦は38÷2＝19（cm）長くしたの

で，長くしたあとの縦の長さは19×2＝38（cm）とわかる。

〔7〕 大きい数をA，小さい数をB，大きい数から15を引いた数をCとする。B＋Cは130－15＝115であり，Cは

Bで割り切れるから，B＋C＝115はBの倍数である。115の約数は，1，5，23，115であり，Bが15より大き

いから，Bは23か115である。しかし，Bが115だとAよりBの方が大きくなってしまうので，B＝23である。

よって，Aは，130－23＝107

〔8〕 パンの定価を⑩⑩とすると，作った次の日の売り値は⑩⑩－50（円），その次の日の売り値は，

$\left(⑩⑩-50\right)\times\left(1-\dfrac{30}{100}\right)=⑦⑩-35$（円）と表せる。したがって，Aさんが買ったときの値段は，

$\left(⑩⑩-50\right)\times7+\left(⑦⑩-35\right)\times\left(11-7\right)=⑦⑩⑩-350+②⑧⑩-140=⑨⑧⑩-\left(350+140\right)=⑨⑧⑩-490$（円）と表せる。

これが2058円にあたるから，⑨⑧⑩は2058＋490＝2548（円）にあたるので，パンの定価は，$2548\times\dfrac{⑩⑩}{⑨⑧⑩}=260$（円）

〔9〕 右のように作図する（Oは円の中心）。おうぎ形OBDと三角形AODと

三角形AOBの面積の合計を求めればよい。

おうぎ形の面積は曲線部分の長さに比例し，曲線BDの長さは円周の$\dfrac{2}{12}=\dfrac{1}{6}$

なので，おうぎ形OBDの面積は，$3\times3\times3.14\times\dfrac{1}{6}=\dfrac{3}{2}\times3.14=4.71$（cm²）

角BOD＝$360\times\dfrac{1}{6}=60$（度）だから，三角形OBDは1辺が3cmの正三角形

であり，ACについて線対称だから，ED＝$3\div2=\dfrac{3}{2}$（cm），角OED＝90度

したがって，三角形AODの面積は，AO×ED÷2＝$3\times\dfrac{3}{2}\div2=\dfrac{9}{4}$（cm²）

三角形AOBは三角形AODと合同である。よって，斜線部分の面積は，$4.71+\dfrac{9}{4}\times2=9.21$（cm²）

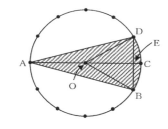

算数Ⅱ

〔1〕

(1) 兄の所持金を130円減らすと，兄と弟の所持金の比は2：1になり，所持金の合計は4780－130＝4650（円）

になる。このとき，（兄の所持金）：（2人の所持金の合計）＝2：3だから，兄の所持金は，$4650\times\dfrac{2}{3}=3100$（円）

になっている。よって，兄の所持金は，3100＋130＝3230（円）

(2) 弟の所持金は4780－3230＝1550（円）である。弟がはらうりんごの値段を①とすると，兄がはらうりんごの値

段は③と表せる。この差の③－①＝②が，2人の所持金の差の3230－1550＝1680（円）にあたるから，弟がはらう

りんごの値段は$1680\times\dfrac{①}{②}=840$（円）である。よって，残金はそれぞれ，1550－840＝710（円）

(3) 2人がはらった金額は，兄が3230－430＝2800（円），弟が1550－430＝1120（円）だから，

桃1個の値段は2800と1120の公約数である。右の筆算より，2800と1120の最大公約数は

$2\times2\times2\times2\times5\times7=560$だから，桃1個の値段は560の約数のうち430より大きい数

である。条件に合う値は560だけだから，桃1個の値段は560円である。

```
2)2800 1120
2)1400  560
2) 700  280
2) 350  140
5) 175   70
7)  35   14
     5    2
```

[2]

(1) 1 L＝1000 ㎤だから，2 L＝2000 ㎤である。水そうの底面積は 40×40＝1600 (㎠) だから，容積は
1600×60＝96000 (㎤) となるので，満水になるまでにかかる時間は，96000÷2000＝48 (秒)

(2)(あ) おもりを入れたことによる水面の変化を右図のように表す。おもり
を入れたことで，斜線部分にあった水が色つき部分に移動したと考えること
ができる。斜線部分の底面積は，10×10＝100 (㎠)，色つき部分の底面積は，
1600−100＝1500 (㎠) だから，底面積の比は 100：1500＝ 1 ：15 である。
体積が等しいから，斜線部分と色つき部分の高さの比は，1 ：15 の逆比の
15：1 である。よって，斜線部分の高さは 2×$\frac{15}{1}$＝30 (cm) だから，おもりを
入れる前の水の深さは 30 ㎝である。

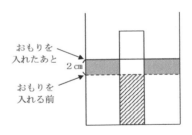

おもりを
入れたあと

2 ㎝

おもりを
入れる前

(い) (あ)より，おもりを入れたときの水の体積は，1600×30＝48000 (㎤) で，このあと満水になるまでに入れる
水は 2000×21.9＝43800 (㎤) である。したがって，水そうの容積と水の体積の差は 96000−(48000＋43800)＝
4200 (㎤) であり，これがおもりの体積である。よって，おもりの高さは，4200÷100＝42 (cm)

[3] A君は時計回りに，B君は反時計回りに走ったものとし，1回目に出会った地点を
R，2回目に出会った地点をSとする。図に表すと右のようになる (図の時間はA君
が走るのにかかった時間)。

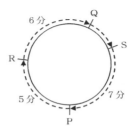

6分
Q
S
R
5分
7分
P

(1) A君がPR間とRQ間にかかった時間の比が 5 ：6 だから，道のりの比も 5 ：6
である。したがって，A君とB君が同じ時間に走る道のりの比は 5 ：6 だから，速さ
の比も 5 ：6 である。よって，A君の速さは，毎分 (120×$\frac{5}{6}$)m＝毎分 100m

(2) (1)より各区間の道のりは，PR間が 100×5＝500 (m)，RQ間が 100×6＝600 (m)，SP間が 100×7＝
700 (m) である。Rで1回目に出会ってからSで2回目に出会うまでに，A君とB君が走る道のりの比は 5 ：6 で，
B君はRP＋PS＝500＋700＝1200 (m) 走るから，A君は 1200×$\frac{5}{6}$＝1000 (m) 走る。
よって，池の周りの道のりは，1200＋1000＝2200 (m)

(3) (2)の解説より，出発してから5分後に1回目に出会ったあとは，A君が
1000m走るごとに出会うから，1000÷100＝10 (分) ごとに出会う。SはQから
時計回りに 1000−600＝400 (m) 進んだところにある。ここから 1000mずつ出
会う地点が時計回りにずれていくから，このあとの出会う地点を順を追って
調べると，右表のようになる。よって，求める時間は 55 分後である。

	Q地点から時計回りに何mか	何分後か
2回目	400m	15 分後
3回目	1400m	25 分後
4回目	200m	35 分後
5回目	1200m	45 分後
6回目	2200m (0 m)	55 分後

〔別の解き方〕
A君が初めてQを通過するのは，出発してから 11 分後で，このあとA君は 2200÷100＝22 (分) おきにQを通過す
る。B君はQから出発したので，0分後から 2200÷120＝$\frac{55}{3}$ (分) おきにQを通過する。A君がQを通過する時間
の値は整数だから，B君がQを通過する時間の値が最初に整数になるときを求めると，$\frac{55}{3}$×3＝55 (分後) である。
(55−11)÷22＝2 より，このときA君もちょうどQを通過するとわかる。よって，求める時間は 55 分後である。

[4]

(1) AD＋BCは台形ABCDの(上底)＋(下底)にあたるから，AD＋BC＝224×2÷16＝28 (cm)

(2) 三角形EDFと三角形BCEの底辺をそれぞれFD，BCとする。この2つの三角形は面積が等しく，底辺
の比が 3 ：5 だから，高さの比はこの逆比の 5 ：3 である。
よって，AE：EB＝5：3 だから，AE：AB＝5：8 なので，AE＝AB×$\frac{5}{8}$＝16×$\frac{5}{8}$＝10 (cm)

(3)　ＦＤ＝③，ＢＣ＝⑤とし，右のように作図する（ＥＧはＡＤ，ＢＣと平行）。ここまでの解説をふまえる。

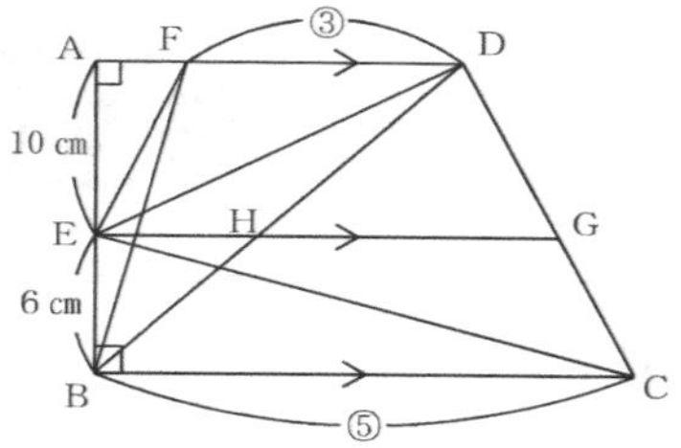

三角形ＤＥＧと三角形ＣＥＧの底辺をともにＥＧとしたときの高さの比はＡＥ：ＥＢ＝５：３なので，面積比も５：３である。したがって，

三角形ＣＤＥと三角形ＤＥＧの面積比は８：５だから，三角形ＤＥＧの面積は，$114\times\frac{5}{8}=\frac{285}{4}$(cm²)　　これより，$ＥＧ=\frac{285}{4}\times 2\div 10=\frac{57}{4}$(cm)

三角形ＤＨＧは三角形ＤＢＣを$\frac{ＡＥ}{ＡＢ}=\frac{5}{8}$(倍)に縮小した三角形だから，$ＨＧ=ＢＣ\times\frac{5}{8}=⑤\times\frac{5}{8}=\textcircled{\frac{25}{8}}$

ＡＤ＝28－ＢＣ＝28－⑤(cm)であり，三角形ＢＥＨは三角形ＢＡＤを$\frac{ＢＥ}{ＡＢ}=\frac{3}{8}$(倍)に縮小した三角形だから，

$ＥＨ=(28-⑤)\times\frac{3}{8}=\frac{21}{2}-\textcircled{\frac{15}{8}}$(cm)

したがって，$ＥＧ=ＥＨ+ＨＧ=(\frac{21}{2}-\textcircled{\frac{15}{8}})+\textcircled{\frac{25}{8}}=\frac{21}{2}+\textcircled{\frac{25}{8}}-\textcircled{\frac{15}{8}}=\frac{21}{2}+\textcircled{\frac{5}{4}}$(cm)が$\frac{57}{4}$cmにあたるので，

$\textcircled{\frac{5}{4}}$は$\frac{57}{4}-\frac{21}{2}=\frac{15}{4}$(cm)だから，$①=\frac{15}{4}\div\frac{5}{4}=3$(cm)

よって，ＦＤ＋ＢＣ＝③＋⑤＝⑧＝３×８＝24(cm)だから，台形ＦＢＣＤの面積は，24×16÷２＝192(cm²)

［５］

(1)　ジュースは全部で 11.2×12＝134.4(dL)あるから，12＋２＝14(人)になると，１人あたり 134.4÷14＝9.6(dL)になる。

(2)　４人増やす前後での１人あたりのお茶の量の比は，18.6：16.2＝31：27 である。お茶の全部の量は変わらないから，最初の人数と増やしたあとの人数の比は，31：27 の逆比の 27：31 になる。この比の数の 31－27＝４が４人にあたるから，最初の人数は，$4\times\frac{27}{4}=27$(人)

(3)　はじめの人数から１人減らしたときについて，水の量を面積で表した右図Ｉのような面積図がかける。斜線の２つの長方形の面積が等しいので，㋐：㋑は 2.7：１＝27：10 の逆比の 10：27 となる。したがって，㋐＝⑩，㋑＝㉗と表す（㋐と㋑は単位が異なるが，同じ丸つきの数字で表すことができる）。

図Ｉ

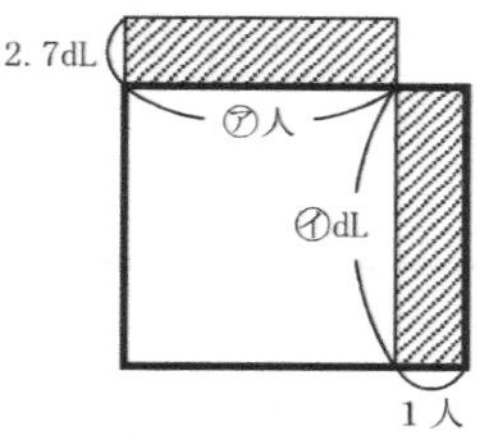

図Ⅱ

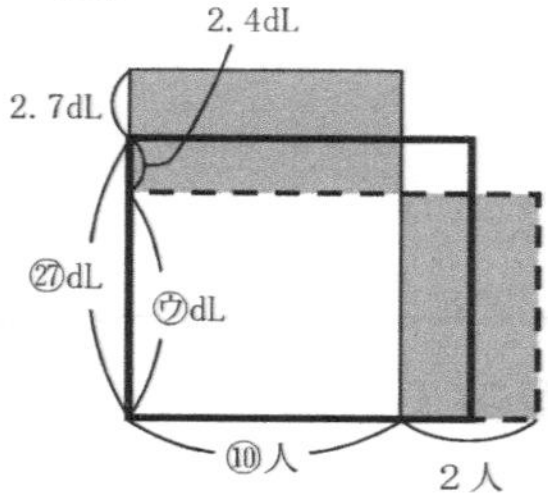

人数が㋐人＝⑩人いる状態から２人増やしたときについて，図Ⅱのような面積図がかける。色つきの２つの長方形の面積が等しいので，⑩：㋒は(2.7＋2.4)：２＝51：20 の逆比の 20：51 となる。これより，$㋒=⑩\times\frac{51}{20}=\textcircled{\frac{51}{2}}$(dL)となる。$㉗dL-㋒dL=㉗dL-\textcircled{\frac{51}{2}}dL=\textcircled{\frac{3}{2}}dL$が 2.4dL にあたるから，①は$2.4\div\frac{3}{2}=1.6$にあたる。

よって，はじめの人数で分けると１人，㉗＝1.6×27＝43.2(dL)ずつもらえる。

――――――《解答例》――――――

算数 I

[1] $\dfrac{1}{60}$

[2] 37.5

[3] 13

[4] 92

[5] 27

[6] 216

[7] $\dfrac{15}{32}$

[8] 459

[9] 39

算数 II ※[1] (1)19　(2)(あ)96　(い)11

※[2] (1)9：5　(2)30　(3)12

※[3] (1)49.5　(2)10：3　(3)$15\dfrac{5}{7}$

※[4] (1)90　(2)24　(3)2700

※[5] (1)1，5　(2)43，20　(3)A…62　B…50　C…38

※の計算は解説を参照してください。

――――――《解　説》――――――

算数 I

[1] 与式＝$\left(\dfrac{25}{15}-\dfrac{12}{15}\right)÷3\dfrac{1}{4}-\dfrac{1}{4}=\dfrac{13}{15}×\dfrac{4}{13}-\dfrac{1}{4}=\dfrac{16}{60}-\dfrac{15}{60}=\dfrac{1}{60}$

[2] $100\text{m}=\left(100×\dfrac{1}{1000}\right)\text{km}=\dfrac{1}{10}\text{km}$，9.6 秒＝$\left(9.6×\dfrac{1}{60}×\dfrac{1}{60}\right)$時間＝$\dfrac{1}{375}$時間だから，求める速さは，

時速$\left(\dfrac{1}{10}÷\dfrac{1}{375}\right)$km＝時速 37.5 km

[3] 今，3 人のこどもの年令の和は 10＋8＋5＝23(歳)であり，お父さんの年令と 49－23＝26(歳)の差がある。

この差は，1 年ごとに 3－1＝2(歳)縮まるから，求める年数は，26÷2＝13(年後)

[4] 灯油 18 L の重さは $25×\dfrac{18}{30}=15$(kg)だから，1 kg の値段は，1380÷15＝92(円)

[5] 角ＡＢＥ＝90－18＝72(度)であり，三角形ＡＢＥは二等辺三角形だから，角ＢＡＥ＝180－72×2＝36(度)

ＡＢ＝ＡＤ＝ＡＥより，三角形ＡＥＤは二等辺三角形であり，角ＥＡＤ＝90－36＝54(度)だから，

角ＡＤＥ＝(180－54)÷2＝63(度)である。よって，角(あ)＝90－63＝27(度)

[6] この直方体から作ることができる立方体の 1 辺の長さは，27 と 18 と 12 の公倍数となる。最も少ない個数で作るためには，直方体の 1 辺の長さを 27 と 18 と 12 の最小公倍数の 108 ㎝にすればよい。

このとき直方体は，縦に 108÷27＝4(個)，横に 108÷18＝6(個)，高さにそって 108÷12＝9(個)並ぶから，使う直方体の個数は，4×6×9＝216(個)

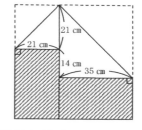

[7] 折った部分の白い三角形は2つとも直角二等辺三角形だから，右のように作図できる。もとの正方形の1辺の長さは $21+35=56$ (cm) であり，斜線部分は，縦横の長さが，21 cm，35 cmの長方形2つに分けられる。

よって，斜線部分の面積はもとの正方形の面積の，$\dfrac{21 \times 35 \times 2}{56 \times 56} = \dfrac{15}{32}$ (倍)

[8] 増えた生徒数の合計は，$921-865=56$ (人) である。男女ともに5%増えたとすると，$865 \times \dfrac{5}{100} = \dfrac{173}{4}$ (人) 増えたことになり，実際より $56 - \dfrac{173}{4} = \dfrac{51}{4}$ (人) 少ない。この数は，昨年の女子の生徒数の $8-5=3$ (%) にあたるから，昨年の女子の生徒数は，$\dfrac{51}{4} \div \dfrac{3}{100} = 425$ (人) である。

よって，今年の女子の生徒数は，$425 \times \left(1 + \dfrac{8}{100}\right) = 459$ (人)

[9] 5つの数を左から 35，A，B，C，51 とする。A＋B＋Cは $35 \times 3 = 105$ だから，A＋B＋C＋51 は $105 + 51 = 156$ になる。Aを①とすると，B＋C＋51 は ①×3＝③と表せるから，A＋B＋C＋51 は ①＋③＝④にあたる。よって，①＝$156 \times \dfrac{①}{④} = 39$

算数Ⅱ

[1]

(1) 容器の底面積は $15 \times 16 = 240$ (cm²) だから，底から水面までの高さは，$4560 \div 240 = 19$ (cm)

(2)(あ) おもりを1個入れて水面が1.2 cm高くなるということは，おもりの体積は，$240 \times 1.2 = 288$ (cm³) ということだから，おもりの底面積は，$288 \div 3 = 96$ (cm²)

(い) おもりが0個のとき水面の高さは19 cmであり，おもりを1個入れるごとに，おもりの上の底面と水面との高さの差は，$3 - 1.2 = 1.8$ (cm) 小さくなる。$19 \div 1.8 = 10$ 余り1より，11個目のおもりを入れたとき，おもりが水面から出てくる。なお，11個目のおもりを入れたときおもりの一部しか水の中に入らないため，水面が上がる高さは1.2 cmより低くなるが，それについて考える必要はない。

[2] 仕事全体の量を1とすると，1日にする仕事の量は，Aが $\dfrac{1}{45}$，Bが $\dfrac{1}{81}$ であり，AとBで同時に作ると，Aが $\dfrac{1}{45} \times \dfrac{3}{4} = \dfrac{1}{60}$，Bが $\dfrac{1}{81} \times 1.35 = \dfrac{1}{60}$ である。

(1) $\dfrac{1}{45} : \dfrac{1}{81} = 9 : 5$

(2) AとBで同時に作ると1日あたり $\dfrac{1}{60} + \dfrac{1}{60} = \dfrac{1}{30}$ の仕事をするから，$1 \div \dfrac{1}{30} = 30$ (日) かかる。

(3) AとBで同時に作るのを34日続けると，$\dfrac{1}{30} \times 34 = \dfrac{17}{15}$ の仕事をするので，仕事全体よりも $\dfrac{17}{15} - 1 = \dfrac{2}{15}$ 多く仕事をすることになる。34日のうち1日をAだけ動かす日にかえると，こなす仕事の量は $\dfrac{1}{30} - \dfrac{1}{45} = \dfrac{1}{90}$ 減るから，Aだけで仕事をしたのは，$\dfrac{2}{15} \div \dfrac{1}{90} = 12$ (日) である。

[3]

(1) 三角形BDEと三角形CDEは，底辺をそれぞれBD，DCとしたときの高さが等しいから，面積比は底辺の長さの比に等しく，BD：DC＝3：8となる。よって，三角形BDEの面積は，$132 \times \dfrac{3}{8} = 49.5$ (cm²)

(2) 三角形ABEと三角形BDEは，底辺をそれぞれAE，EDとしたときの高さが等しいから，底辺の長さの比は面積比に等しく，$165 : 49.5 = 10 : 3$ となる。よって，AE：ED＝10：3

(3) 高さが等しい三角形において，底辺の長さの比と面積比が等しくなることを利用する。

（三角形ＡＢＤの面積）：（三角形ＡＤＣの面積）＝ＢＤ：ＤＣ＝３：８だから，

（三角形ＡＤＣの面積）＝（三角形ＡＢＤの面積）$\times\dfrac{8}{3}$＝（165＋49.5）$\times\dfrac{8}{3}$＝572（cm²）

これより，（三角形ＡＧＦの面積）＝572－165－132－132＝143（cm²）だから，

ＡＧ：ＡＥ＝（三角形ＡＧＦの面積）：（三角形ＡＥＦの面積）＝143：（143＋165）＝13：28

(2)よりＡＥ：ＡＤ＝10：(10＋3)＝10：13だから，ＡＧ＝ＡＥ$\times\dfrac{13}{28}$＝（ＡＤ$\times\dfrac{10}{13}$）$\times\dfrac{13}{28}$＝44$\times\dfrac{10}{13}\times\dfrac{13}{28}$＝$\dfrac{110}{7}$＝15$\dfrac{5}{7}$（cm）

[4]

(1) りんご9個と梨4個を買うと，梨4個の代金が150×4＝600（円），セットの値引きが30×4＝120（円）だから，りんご9個の代金は，1290＋120－600＝810（円）とわかる。よって，りんご1個の値段は，810÷9＝90（円）

(2) 梨よりりんごの方が少ないから，セットの数はりんごの個数と同じになるので，りんご1個と梨2個のパックを作ると，1パックの代金は90×1＋150×2－30＝360（円）になる。よって，りんご1個と梨2個のパックを，4320÷360＝12（パック）買ったから，買った梨の個数は，2×12＝24（個）

(3) Ｂ君とＣ君のセット値引きの数が同じ場合，梨の代金では差がつかないから，Ｂ君の代金の方が90×7＝630（円）高くなる。これは実際より630－510＝120（円）高いので，セット値引きの数に120÷30＝4（セット）の差があるとわかる。セット値引きの数に差が生じるのは，Ｂ君のりんごが14個より多く，Ｃ君のりんごが14個より少ない場合である。この場合，Ｂ君のセット値引きの数は14セットだから，Ｃ君は14－4＝10（セット）である。よって，Ｃ君のりんごは10個だから，Ｃ君が払った金額は，90×10＋150×14－30×10＝2700（円）

[5]

(1) Ｃ君が5周して得点が5点になるのは，Ａ君が5周して得点が5点になったときの25×5＝125（秒後）である。Ｃ君が4周して得点が4点になるのは，Ａ君が5周して得点が5点になったときの60秒後だから，Ｃ君は1周するのに125－60＝65（秒）かかる。よって，求める時間は1分5秒後である。

(2) 3人が1周するのにかかるそれぞれの時間がわかれば，最小公倍数をとることで，はじめて同時に点をもらえるときが求められる。

(1)より，Ａ君は1周するのに65－25＝40（秒）かかる。Ａ君が5周したときＢ君は4周したのだから，同じ時間で進む道のりの比は5：4となるため，速さの比も5：4となる。したがって，Ａ君とＢ君が同じ道のりを進むのにかかる時間の比は，5：4の逆比の4：5となるから，Ｂ君は1周するのに40$\times\dfrac{5}{4}$＝50（秒）かかるとわかる。まとめると，1周するのにかかる時間は，Ａ君が40秒，Ｂ君が50秒，Ｃ君が65秒であり，40と50と65の最小公倍数は2600だから，2600秒ごとに3人は同時に点をもらえる。よって，はじめて同時に点をもらえるのは，2600÷60＝43余り20より，43分20秒後である。

(3) (2)の解説をふまえる。3人が同時に点をもらえる2600秒後の3人の得点を確認すると，Ａ君が2600÷40＝65（点），Ｂ君が2600÷50＝52（点），Ｃ君が2600÷65＝40（点），合計65＋52＋40＝157（点）である。この時点で150点をこえているので，ここから時間を巻きもどして考える。

Ｃ君が1周するための65秒だけ巻きもどすと，Ａ君とＢ君は1周と少しもどるので得点が2点ずつ減り，Ｃ君は1周もどるので得点が1点減る。このため，3人の合計は2＋2＋1＝5（点）減り，157－5＝152（点）となる。

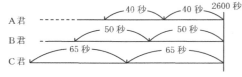

ここからさらに時間を少しずつ巻きもどすと，まずＣ君がスタート地点を通過して1点減り，次にＡ君がスタート地点を通過して1点減るので，このときに3人の合計が150点になる。

このときの3人の得点は，Ａ君が65－3＝62（点），Ｂ君が52－2＝50（点），Ｃ君が40－2＝38（点）である。

━━━━━━━━━━《解答例》━━━━━━━━━━

算数Ⅰ

[1] $\dfrac{7}{9}$ [6] 206

[2] 54   [7] 15

[3] 10   [8] 7，3，6

[4] 3600   [9] 96

[5] 5.13

算数Ⅱ

[1] (1)120 (2)11 (3)16，40

[2] (1)7.5 (2)9：8 (3)810

[3] (1)(あ)60 (い)5 (2)6300

[4] (1)28 (2)197 (3)84

[5] (1)3：7 (2)7：1 (3)14：11

※計算は解説を参照してください。

━━━━━━━━━━《解 説》━━━━━━━━━━

算数Ⅰ

[1]　与式＝$\dfrac{28}{51}\times(\dfrac{9}{4}-\dfrac{8}{3}\div\dfrac{16}{5})=\dfrac{28}{51}\times(\dfrac{9}{4}-\dfrac{8}{3}\times\dfrac{5}{16})=\dfrac{28}{51}\times(\dfrac{9}{4}-\dfrac{5}{6})=\dfrac{28}{51}\times(\dfrac{27}{12}-\dfrac{10}{12})=\dfrac{28}{51}\times\dfrac{17}{12}=\dfrac{7}{9}$

[2]　1 km＝1000m，1 時間＝60 分だから，1000×3.6÷60＝60 より，時速 3.6 km＝分速 60m である。

　また，同じ道のりを進むのにかかる時間は速さに反比例するから，時間が 50÷45＝$\dfrac{10}{9}$（倍）になると，速さは $\dfrac{9}{10}$倍に

　なる。よって，求める速さは，分速($60\times\dfrac{9}{10}$)m＝分速54m

[3]　1 台の機械が 1 日にする仕事の量を①とすると，5 台の機械が 18 日でした仕事の量は，①×5×18＝⑨⓪と表せる。

　これがすべての仕事の量の $\dfrac{3}{5}$だから，すべての仕事の量は⑨⓪÷$\dfrac{3}{5}$＝⑮⓪である。残りの仕事は⑮⓪－⑨⓪＝⑥⓪であ

　り，これを 6 台の機械でするから，1 日に①×6＝⑥の仕事ができる。よって，求める日数は，⑥⓪÷⑥＝10（日）

[4]　1 L＝1000mL だから，2 L（2000mL）の値段は，$40500\times\dfrac{2000}{500}=162000$（円）である。

　1 kg＝1000 g だから，27 kg（27000 g）の値段が 162000 円なので，600 g の値段は，$162000\times\dfrac{600}{27000}=3600$（円）

[5]　右のように作図すると，求める面積は，半径が 6 ㎝で中心角が 90 度のおうぎ形の面積

　から，半径が 3 ㎝で中心角が 90 度のおうぎ形 2 個と，1 辺が 3 ㎝の正方形の面積を引いた

　値に等しい。よって，求める面積は，

　$6\times6\times3.14\times\dfrac{90}{360}-(3\times3\times3.14\times\dfrac{90}{360})\times2-3\times3=5.13$（㎠）

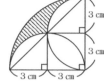

[6]　木と木の間の長さを 3 mから 0.3m増やして 3.3mにすると，木が植えられている部分の長さが 23－4.7＝

　18.3（m）増えた。したがって，木と木の間は 18.3÷0.3＝61（か所）ある。3 mごとに植えたとき，木が植えられて

　いる部分の長さは 3 ×61＝183（m）だから，ＡＢ間の道のりは，183＋23＝206（m）である。

[7]　求める整数は，967－472＝495 と，967－322＝645 と，472－322＝150 を割り切れる整数のうち，最も大きい数

　である。したがって，495 と 645 と 150 の最大公約数を求めればよい。

３つ以上の数の最大公約数を求めるときは，右のような筆算を利用する。３つの数を割り切れる数で次々に割っていき，割った数をすべてかけあわせれば最大公約数となる。

$$3\,)\,\underline{495\quad645\quad150}$$
$$5\,)\,\underline{165\quad215\quad\ 50}$$
$$\quad\ 33\quad\ 43\quad\ 10$$

よって，求める数は，$3\times5=15$

［８］ 勝ったときの得点と負けたときの得点がどちらも７の倍数なので，得点の合計は，７の倍数と 10 の倍数に分けられる。一の位が９の７の倍数は，49，$49+70=119$，$119+70=189$，…と続くから，179 より小さい数は 49 と 119 である。このことから，勝ったときの得点と負けたときの得点の合計が，49 点の場合と，119 点の場合について考える。

勝ったときの得点と負けたときの得点の合計が 49 点の場合，引き分けた回数は$(179-49)\div10=13$（回）である。（勝った回数，負けた回数）の組み合わせは，（０回，７回）（１回，５回）（２回，３回）（３回，１回）のいずれかであり，勝った回数と負けた回数の合計が $16-13=3$（回）である組み合わせがない。したがって，この場合は条件にあわない。

勝ったときの得点と負けたときの得点の合計が 119 点の場合，引き分けた回数は$(179-119)\div10=6$（回）である。（勝った回数，負けた回数）の組み合わせは，（０回，17 回）（１回，15 回）（２回，13 回）（３回，11 回）（４回，９回）（５回，７回）（６回，５回）（７回，３回）（８回，１回）のいずれかであり，勝った回数と負けた回数の合計が $16-6=10$（回）である組み合わせは，（７回，３回）の組だけである。

以上から，求める勝敗は，７勝３敗６分けである。

［９］ 円の中心をＯとして，右のように作図する。また，三角形の１つの外角は，それととなり合わない２つの内角の和に等しいことを利用する。

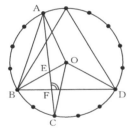

三角形ＯＡＢはＯＡ＝ＯＢの二等辺三角形であり，角ＡＯＢ$=360\times\dfrac{4}{15}=96$（度）だから，角ＯＡＢ＝角ＯＢＡ$=(180-96)\div2=42$（度）

三角形ＯＡＣはＯＡ＝ＯＣの二等辺三角形であり，角ＡＯＣ$=360\times\dfrac{6}{15}=144$（度）だから，角ＯＡＣ$=(180-144)\div2=18$（度）

角ＥＡＢ$=42-18=24$（度）だから，三角形ＡＢＥにおいて外角の性質から，角ＢＥＦ$=24+42=66$（度）

三角形ＯＢＤはＯＢ＝ＯＤの二等辺三角形であり，角ＢＯＤ$=360\times\dfrac{5}{15}=120$（度）だから，角ＯＢＤ$=(180-120)\div2=30$（度）

よって，三角形ＥＢＦにおいて外角の性質から，角ＥＦＤ$=66+30=96$（度）

算数Ⅱ

［１］

(1) グラフから，Ａだけを使っていた８分間で 40 L の水が入ったとわかる。このため，Ａから１分間に出る水の量は，$40\div8=5$（L）とわかる。水を入れ始めてから６分後の時点は，Ａだけを使っているときであり，このときに水そうの容積の$\dfrac{1}{4}$の水が入ったから，水そうの容積の$\dfrac{1}{4}$は，$5\times6=30$（L）である。

よって，水そうの容積は，$30\div\dfrac{1}{4}=120$（L）

(2) 水を入れ始めて８〜13 分までの５分間で入った水の量は，$120-40=80$（L）である。(1)の解説から，80 L のうち，$5\times5=25$（L）はＡから出た水とわかるので，５分間でＢから出た水の量は，$80-25=55$（L）である。

よって，Ｂから１分間に出る水の量は，$55\div5=11$（L）

(3) ここまでの解説をふまえる。Ｂだけを 20 分間使うと，$11\times20=220$（L）の水が入ることになり，水そうの容

積より 220－120＝100（L）多くなる。Bを使う時間を1分減らしてAを使う時間を1分増やすと，入る水の量が 11－5＝6（L）少なくなるから，Aを使う時間は，100÷6＝$16\frac{2}{3}$（分）である。

1分は60秒だから，$\frac{2}{3}$分は $60×\frac{2}{3}＝40$（秒）なので，求める時間は，16分40秒

[2]

(1) りんご1個の値段を①とすると，りんご3個の値段は③と表せる。③がAの最初の所持金の $1－\frac{3}{5}＝\frac{2}{5}$ にあたるから，Aの最初の所持金は，$③÷\frac{2}{5}＝⑦.⑤$ と表せる。よって，求める割合は7.5倍である。

(2) なし1個の値段を①とすると，なし2個の値段は②と表せる。②がBの最初の所持金の $1－\frac{1}{3}＝\frac{2}{3}$ にあたるから，Bの最初の所持金は，$②÷\frac{2}{3}＝③$ と表せる。また，②がCの最初の所持金の $1－\frac{1}{4}＝\frac{3}{4}$ にあたるから，Cの最初の所持金は，$②÷\frac{3}{4}＝\frac{⑧}{3}$ と表せる。よって，BとCの最初の所持金の比は，$③：\frac{⑧}{3}＝9：8$

(3) ここまでの解説をふまえる。①は①より 150円安いから，3人の最初の所持金の合計は，$⑦.⑤＋③＋\frac{⑧}{3}＝\frac{⑦⑨}{6}$ よりも 150×7.5＝1125（円）安い。したがって，$\frac{⑦⑨}{6}$ が 2430＋1125＝3555（円）だから，① は $3555÷\frac{79}{6}＝$ 270（円）となる。よって，Bの最初の所持金③は，270×3＝810（円）

[3]

(1)(あ) 行列がなくなるまでの50分で入場した人数は，最初に並んでいた1000人と，あとから並んだ人数を合わせた，1000＋40×50＝3000（人）である。したがって，1か所の入口から3000人が50分で入場したので，求める割合は，毎分（3000÷50）人＝毎分60人

(い) 1分で60×4＝240（人）が入場できるから，最初が1000人の行列の人数は，1分ごとに 240－40＝200（人）減っていく。よって，求める時間は，1000÷200＝5（分後）

(2) 1か所の入り口から入場できる人数を毎分①とすると，10か所から30分間で入場した人数は①×10×30＝⑩⑩⑩，25か所から10分間で入場した人数は①×25×10＝㉕⓪と表すことができる。この差 ⑩⑩⑩－㉕⓪＝㊿ は，30－10＝20（分）で行列に加わった，70×20＝1400（人）にあたる。したがって，①は $1400×\frac{①}{㊿}＝28$（人）だから，1か所の入口から入場できる人数は，毎分28人である。このため，入口が10か所のとき，30分で入場した人数は 28×300＝8400（人）であり，このうちの 70×30＝2100（人）は開場してからの30分で加わった人数だから，最初の行列の人数は，8400－2100＝6300（人）

[4]

(1) 玉の個数が最も少ない箱に3個入れる操作をくり返すから，入れた分の玉の個数は必ず3の倍数になる。最初の個数が決まっているA，B，Cの3箱について，それぞれの最初の個数を3で割ったときの余りは右の表のようになる。このため，この3箱の最終的な玉の個数は，Aが3の倍数に2足りない数になり，Bが3の倍数，Cが3の倍数に1足りない数になる。Dの21個は，21÷3＝7より，3の倍数なので，Dの玉の個数がBと同じ30個（3の倍数）になったときに作業を終える。このとき，Aの玉の個数は，30に2足りない数だから，30－2＝28（個）

箱	最初の個数		余り
A	10個	10÷3＝3余り1	1
B	30個	30÷3＝10	なし
C	50個	50÷3＝16余り2	2

(2) (1)の解説をふまえる。20÷3＝6余り2だから，Dの玉の個数がCと同じ50個（3の倍数に1足りない数）になったときに作業を終える。このとき，CとDの玉の個数が51（3の倍数）に1足りない数だから，Aの玉の個数は，51に2足りない49個であり，Bの玉の個数は，51をこえない3の倍数の中で最も大きい48個である。よって，求める個数の合計は，49＋48＋50＋50＝197（個）

(3) ここまでの解説をふまえる。333÷3＝111だから，4箱の玉の個数の合計の333個は，3の倍数である。

最終的なＡ，Ｂ，Ｃの玉の個数の合計は，１＋０＋２＝３より，必ず３の倍数になるので，４箱の玉の個数の合計が３の倍数になるのは，Ｄの玉の個数も３の倍数のときである。

また，⑵から，最初の４箱の玉の個数のうち，Ｃの50個が最も多い場合の４箱の玉の個数の合計は200個前後になると考えられるから，333個になるのは最も多い個数が50個より多い場合とわかり，この場合の最も多く入っている箱はＤである。最終的なＡの玉の個数はＤの玉の個数（３の倍数）に２足りず，同時にＣの玉の個数はＤの玉の個数（３の倍数）に１足りない。Ｂの玉の個数がＤの玉の個数と同じになったときに作業を終えるので，Ｄの玉の個数の４倍は，333＋１＋２＝336（個）である。よって，Ｄの玉の個数は，336÷４＝84（個）

［５］

⑴ 四角形ＡＢＣＤは台形であり，ＤＥによって台形ＡＢＥＤと三角形ＤＥＣに２等分されている。

三角形ＤＥＣの底辺をＥＣとしたときの高さは，台形ＡＢＥＤの高さに等しいので，ＥＣの長さと，ＡＤ＋ＢＥの長さの和（上底と下底の長さの和）は等しい。また，（ＡＤ＋ＢＥ）＋ＥＣは，台形ＡＢＣＤの上底と下底の長さの和にあたるので，ＡＤ＋ＢＥの長さの和と，ＥＣの長さは，ＡＤ＋ＢＣの長さの和の半分である。

ＡＤの長さを２とすると，ＢＣの長さは５と表せるので，ＡＤ＋ＢＣ＝２＋５＝７である。このとき，ＡＤ＋ＢＥの長さの和と，ＥＣの長さは，７÷２＝3.5である。ＢＥ＝3.5－２＝1.5だから，求める長さの比は，
ＢＥ：ＥＣ＝1.5：3.5＝３：７

⑵ ⑴の解説をふまえて，右のように作図する。また，台形ＡＢＣＤの面積を⑦とすると，台形ＡＢＥＤの面積は⑦÷２＝$\frac{7}{2}$となるから，四角形ＡＢＥＦと三角形ＡＦＤの面積は，$\frac{7}{2}$÷２＝$\frac{7}{4}$と表せる。

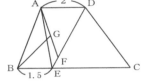

高さが等しい三角形の面積比は底辺の長さの比に等しいから，ＤＦ：ＦＥは，三角形ＡＦＤと三角形ＡＥＦの面積比に等しい。また，三角形ＡＢＥと三角形ＡＥＤの面積比は，ＢＥ：ＡＤ＝1.5：２＝３：４に等しい。このことから，三角形ＡＥＤの面積は，$\frac{7}{2}$×$\frac{4}{3+4}$＝②と表せる。したがって，三角形ＡＥＦの面積は，②－$\frac{7}{4}$＝$\frac{1}{4}$と表せるから，求める比は，ＤＦ：ＦＥ＝$\frac{7}{4}$：$\frac{1}{4}$＝７：１

⑶ ⑵の解説をふまえて，右のように作図する。また，⑵の解説と同じように考えると，ＡＧ：ＧＦは，三角形ＡＢＧと三角形ＧＢＦの面積比に等しい。

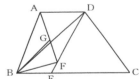

四角形ＡＢＣＤの面積を⑦とすると，四角形ＡＢＥＤの面積が$\frac{7}{2}$となり，四角形ＡＢＥＦの面積が$\frac{7}{4}$となることから，三角形ＡＢＧと四角形ＧＢＥＦの面積は，$\frac{7}{4}$÷２＝$\frac{7}{8}$と表せる。また，ＡＤとＢＣが平行だから，三角形ＢＥＤの面積は，三角形ＡＢＥの面積と等しく，$\frac{7}{2}$－②＝$\frac{3}{2}$と表せる。ＤＦ：ＦＥ＝７：１だから，三角形ＢＥＦの面積は，$\frac{3}{2}$×$\frac{1}{7+1}$＝$\frac{3}{16}$と表せる。したがって，三角形ＧＢＦの面積は，$\frac{7}{8}$－$\frac{3}{16}$＝$\frac{11}{16}$と表せるから，求める比は，ＡＧ：ＧＦ＝$\frac{7}{8}$：$\frac{11}{16}$＝14：11

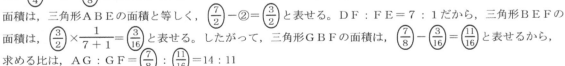

──── 《解答例》 ────

算数Ⅰ

[1] $\dfrac{2}{3}$ 　　　　　　[6] 86

[2] 10, 25 　　　　　[7] 18.24

[3] 3 　　　　　　　　[8] 37.5

[4] 80 　　　　　　　[9] 109

[5] 234

算数Ⅱ

[1] (1)2020　　(2)1260　　(3)6920

[2] (1)62　　(2)144　　(3)168

[3] (1)14　　(2)20

[4] (1)1440　　(2)(あ) 兄／8　　(い)400

[5] (1)6：5　　(2)(あ) $\dfrac{1}{3}$　　(い) $1\dfrac{7}{8}$

※計算は解説を参照してください。

──── 《解　説》 ────

算数Ⅰ

[1] 与式 $=\dfrac{22}{9}-\left(\dfrac{35}{5}-\dfrac{13}{5}\right)\times\dfrac{25}{9}\times\dfrac{8}{55}=\dfrac{22}{9}-\dfrac{22}{5}\times\dfrac{25}{9}\times\dfrac{8}{55}=\dfrac{22}{9}-\dfrac{16}{9}=\dfrac{6}{9}=\boldsymbol{\dfrac{2}{3}}$

[2] $15=3\times5$ と $35=5\times7$ の最小公倍数は $3\times5\times7=105$ だから，電車とバスは，8時40分以降，105分ごと

に同時に出発する。105分は1時間45分だから，次に電車とバスが同時に駅を出発するのは，8時40分の1時間

45分後の**10時25分**である。

[3] 縮尺12500分の1の地図上で10cmになる道のりの実際の長さは，$10\times12500=125000$（cm）である。

1kmは1000m，1mは100cmだから，$125000\,\text{cm}=1250\,\text{m}=1.25\,\text{km}$ である。これを25分（$\dfrac{25}{60}$時間）で進む速さは，

時速（$1.25\div\dfrac{25}{60}$）km＝時速**3km**である。

[4] 18gで28円だから，35円となるのは $18\times\dfrac{35}{28}=22.5$（g）である。したがって，8cmが22.5gだから，225gは，

$8\times\dfrac{225}{22.5}=\boldsymbol{80}$（cm）

[5] 右のように作図できる。正五角形の1つの内角の大きさは，$\dfrac{180\times(5-2)}{5}=108$（度）だ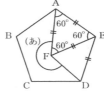

から，角DEF＝108－60＝48（度）である。三角形DEFはDE＝EFの二等辺三角形だか

ら，角EFD＝（180－48）÷2＝66（度）である。よって，求める角度は，

角（あ）＝360－（60＋66）＝**234**（度）

[6] 連続した奇数個の整数の和は，真ん中の数の（整数の個数）倍になるから，連続した21個の整数の和は真ん中の

数の21倍である。したがって，21個の整数の真ん中の数は 2016÷21＝96 とわかる。21個の整数の真ん中の数は

小さい方から11番目の数だから，もっとも小さい数は，96－（11－1）＝**86**

〔7〕 影の部分の面積は，正方形ＡＢＣＤの面積から，右の図で斜線をつけた部分２つの面積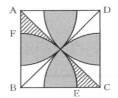

の和の４倍の値（８つ分の面積）を引けば求められる。正方形はひし形でもあるから，正方形

ＡＢＣＤの面積は８×８÷２＝32（cm²）である。右の図の斜線部分２つの面積の和は，直角二

等辺三角形ＡＢＣの面積から，おうぎ形ＢＥＦの面積を引けば求められ，

$32÷2－4×4×3.14×\dfrac{90}{360}＝16－12.56＝3.44$（cm²）

よって，求める面積は，$32－3.44×4＝$**18.24**（cm²）

〔8〕 最初に入っていた赤玉と白玉とその合計の個数の比が８：７：15で，この25%（$\dfrac{1}{4}$）を取り出すから，最初に入っ

ていた赤玉の個数を㉜，白玉の個数を㉘，合計を⑳とする。取り出したあとの合計の個数は，$⑳×\dfrac{100－25}{100}＝㊺$で

あり，このうち赤玉と白玉の個数の比が４：５だから，残った赤玉の個数は，$㊺×\dfrac{4}{4＋5}＝⑳$である。

したがって，Ａ君は$㉜－⑳＝⑫$の赤玉を取り出したから，求める割合は，$\dfrac{⑫}{㉜}×100＝$**37.5**（%）

〔9〕 Ａを120で割った余りがＢだから，Ｂは120より小さい。ＣをＢで割った余りが100だから，Ｂは100より大

きい。したがって，Ｂは100より大きく120より小さい整数である。また，Ａを120で割ったときの商を□とする

と，Ａ＝120×□＋Ｂと表すことができる。120×□は12で割り切れる部分だから，Ａを12で割ったときの余りは，

Ｂを12で割ったときの余りに等しい。このため，Ｂを12で割ったときの余りは１とわかる。100÷12＝8余り4，

120÷12＝10より，100より大きく120より小さい整数のうち，12で割って１余る数は，12×9＋1＝109だから，

Ｂ＝**109**である。

算数Ⅱ

〔1〕

(1) １日ごとに，びんの中の金額は50×3－10×3＝120（円）減る。９日後のびんの中の金額は

10×34＋50×12＝940（円）だから，求める金額は，940＋120×9＝**2020**（円）

(2) ７日で120×7＝840（円）減るから，840円がはじめの$1－\dfrac{1}{3}＝\dfrac{2}{3}$にあたる。

よって，はじめのびんの中の金額は，$840÷\dfrac{2}{3}＝$**1260**（円）

(3) 毎日10円玉が3枚増えて50円玉が3枚減るから，10円玉と50円玉の枚数の差は，１日ごとに3＋3＝

6（枚）大きくなる。はじめに10円玉が50円玉より14枚多くあり，何日か後に80枚多くなるから，これは

(80－14)÷6＝11（日後）とわかる。11日後の枚数の比が２：１であり，その差が80枚だから，10円玉の枚数は

$80×\dfrac{2}{2－1}＝160$（枚），50円玉の枚数は160－80＝80（枚）である。

よって，求める金額は，10×160＋50×80＋120×11＝**6920**（円）

〔2〕

(1) Ｂが100個売れたときの売り上げは80×100＝8000（円）であり，実際よりも8000－6140＝1860（円）多い。

１個がＡにかわると，売り上げは80－50＝30（円）少なくなるから，求める個数は，1860÷30＝**62**（個）

(2) Ａが12個入ったセットでは，箱代が640－50×12＝40（円）である。売り上げ10480円のうち，箱代の合計は

10480－50×200＝480（円）だから，セットは480÷40＝12（セット）売れたとわかる。よって，求める個数は，

12×12＝**144**（個）

(3) Ｂが10個入ったセットでは，箱代が830－80×10＝30（円）である。売り上げ21240円のうち，ＡとＢの20

セットの箱代の合計は，21240－50×250－80×100＝740（円）である。Ｂのセットが20セット売れたとすると，

箱代の合計は30×20＝600（円）となり，実際よりも740－600＝140（円）少ない。１セットがＢからＡにかわると，

箱代の合計は40－30＝10（円）多くなるから，Ａのセットは140÷10＝14（セット）売れたとわかる。

よって，求める個数は，$12 \times 14 = $ **168（個）**

［3］　高さが等しい三角形の面積の比は，底辺の長さの比に等しいことを利用する。

(1)　三角形ＢＣＤと三角形ＡＢＣの面積の比はＢＤ：ＡＢ＝１：（１＋１）＝１：２に等しいから，三角形ＢＣＤの面積は，$70 \times \dfrac{1}{2} = 35$（㎠）である。三角形ＢＥＤと三角形ＢＣＤの面積の比はＤＥ：ＤＣ＝２：（２＋３）＝２：５に等しいから，求める面積は，$35 \times \dfrac{2}{5} = $ **14（㎠）**

(2)　点Ｄを通りＢＦに平行な直線がＡＦと交わる点をＧとする。三角形ＡＤＧと三角形ＡＢＦが同じ形だから，ＡＧ：ＡＦ＝ＡＤ：ＡＢ＝１：２であり，ＡＧ：ＧＦ＝１：１である。また，三角形ＣＥＦと三角形ＣＤＧが同じ形だから，ＣＦ：ＣＧ＝ＣＥ：ＣＤ＝３：５であり，ＧＦ：ＦＣ＝２：３である。

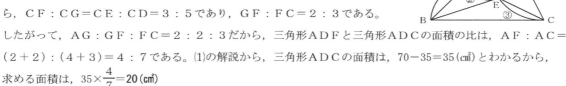

したがって，ＡＧ：ＧＦ：ＦＣ＝２：２：３だから，三角形ＡＤＦと三角形ＡＤＣの面積の比は，ＡＦ：ＡＣ＝（２＋２）：（４＋３）＝４：７である。(1)の解説から，三角形ＡＤＣの面積は，$70 - 35 = 35$（㎠）とわかるから，求める面積は，$35 \times \dfrac{4}{7} = $ **20（㎠）**

［4］

(1)　弟は，出発してから６分で$60 \times 6 = 360$（m）進む。兄が出発すると，兄弟の間の道のりは１分ごとに$80 - 60 = 20$（m）の割合で縮むから，兄が弟に追いつくのは，兄が出発してから$360 \div 20 = 18$（分後）である。兄は弟に追いつくと同時に学校に着くから，求める道のりは，$80 \times 18 = $ **1440（m）**

(2)(あ)　兄が学校に着くのは，弟が最初に家を出発してから$6 + 18 = 24$（分後）である。一方，弟は，行きの$120 \div 60 = 2$（倍）の速さで引き返すから，12分後に引き返すと，行きにかかった時間の半分の６分で家に着く。また，分速120mで走って学校に向かうから，$1440 \div 120 = 12$（分）で学校に着く。したがって，弟は最初に家を出発してから$12 + 6 + 2 + 12 = 32$（分後）に学校に着く。よって，学校に着くのは，**兄の方が８分早い。**

(い)　兄と弟が同時に学校に着く場合，弟が２回目に家を出るのは最初に家を出発してから$24 - 12 = 12$（分後）である。この２分前に家に戻っているから，弟が家に戻ったのは，最初に家を出発してから$12 - 2 = 10$（分後）である。引き返した地点までの往復にかかった時間の比は，速さの逆比に等しく，$\dfrac{1}{60} : \dfrac{1}{120} = 2 : 1$だから，弟が引き返し始めたのは，最初に家を出発してから$10 \times \dfrac{2}{2+1} = \dfrac{20}{3}$（分後）である。よって，求める道のりは，$60 \times \dfrac{20}{3} = $ **400（m）**

［5］

(1)　ＡとＢの底面積の比が４：１だから，Ａに④，Ｂに①の体積の水を入れると，同じ高さになる。これが，それぞれの容積の$\dfrac{1}{3}$と$\dfrac{1}{10}$だから，Ａの容積は④$\div \dfrac{1}{3} = $⑫，Ｂの容積は①$\div \dfrac{1}{10} = $⑩と表せる。よって，求める容積の比は，⑫：⑩＝ **６：５**

(2)(あ)　(1)の解説から，満水になるまでに２つの容器に入れた水の体積の合計は，⑫$\times \left(1 - \dfrac{1}{3}\right) + $⑩＝⑱と表せる。これが，$(3 \times 15) \times 2 = 90$（L）にあたるから，①は$90 \div 18 = 5$（L）であり，Ｂの容積は$5 \times 10 = 50$（L）とわかる。したがって，Ｂは，１分ごとに$50 \div 15 = \dfrac{10}{3}$（L）の割合で水がたまったことになるから，求める割合は，毎分$\left(\dfrac{10}{3} - 3\right)$L＝**毎分$\dfrac{1}{3}$L**

(い)　<u>Ａの水の体積と，Ｂの水の体積の４倍が等しくなる時間</u>を求めればよい。水を入れ始めたとき，Ａには$5 \times 4 = 20$（L）の水が入っている。また，１分でたまる水の体積は，Ａが$3 - \dfrac{1}{3} = \dfrac{8}{3}$（L），Ｂが$3 + \dfrac{1}{3} = \dfrac{10}{3}$（L）だから，上記の下線部分の差は，１分ごとに$\dfrac{10}{3} \times 4 - \dfrac{8}{3} = \dfrac{32}{3}$（L）の割合で小さくなる。よって，求める時間は，$20 \div \dfrac{32}{3} = \dfrac{15}{8} = $ **$1\dfrac{7}{8}$（分後）**

━━━━━━━━━━━━━《解答例》━━━━━━━━━━━━━

算数 Ⅰ

[1]	4	[6]	35
[2]	2000	[7]	153.7
[3]	47	[8]	90
[4]	27	[9]	12.56
[5]	12		

算数 Ⅱ

[1] (1)525　　(2)162　　(3)126

[2] (1)2：7　　(2)5：7　　(3)182

[3] (1)65　　(2)2，20　　(3)7，18

[4] (1)10　　(2)4.2　　(3)21

[5] (1)24　　(2)88　　(3)127

※計算は解説を参照してください。

━━━━━━━━━━━━━《解　説》━━━━━━━━━━━━━

算数 Ⅰ

[1] 与式より，$(\square-3.2)\div\dfrac{3}{8}=\dfrac{11}{15}+1\dfrac{2}{5}$　　$(\square-3.2)\div\dfrac{3}{8}=\dfrac{11}{15}+\dfrac{21}{15}$　　$\square-3.2=\dfrac{32}{15}\times\dfrac{3}{8}$　　$\square-3.2=\dfrac{4}{5}$
$\square=0.8+3.2=$ **4**

[2] 横の長さは $15\times\dfrac{2}{3}=10$(cm)，たての長さは $10\times\dfrac{4}{3}=\dfrac{40}{3}$(cm)だから，体積は，$\dfrac{40}{3}\times10\times15=$ **2000**(cm³)

[3] 1 m＝100 cmに23 cmと18 cmを足すと，Bの3倍の長さになるから，Bの長さは，
(100＋23＋18)÷3＝**47**(cm)

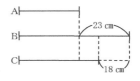

[4] 1秒で，Aの深さは 80÷40＝2 (cm)，Bの深さは $80\div60=\dfrac{4}{3}$(cm)になるから，深さの差は $2-\dfrac{4}{3}=\dfrac{2}{3}$(cm)になる。よって，差が18 cmになるのは，$18\div\dfrac{2}{3}=$ **27**(秒後)

[5] 積が3の倍数になるのは，取り出したカードに3か6がふくまれるときである。取り出した3枚のうち1枚が3で，和が3の倍数になる組み合わせは，(3，1，2)(3，1，5)(3，2，4)(3，2，7)(3，4，5)(3，5，7)の6通り。取り出した3枚のうち1枚が6で，和が3の倍数になる組み合わせは，(6，1，2)(6，1，5)(6，2，4)(6，2，7)(6，4，5)(6，5，7)の6通り。以上の組み合わせで同じものはないから，条件にあう組み合わせは全部で，6＋6＝**12**(通り)

[6] 柿を1人に5個ずつ配ると，2＋43＝45(個)足りないことになる。したがって，1人に配る柿の個数を5－2＝3(個)増やすことで，必要な個数は3＋45＝48(個)増えるから，配る人数は，48÷3＝16(人)である。よって，柿の個数は，2×16＋3＝**35**(個)

[7] A君の身長とA君が加わったあとの平均身長の差は151.6－147.2＝4.4(cm)であり，はじめにいた生徒の身長に147.2－146.8＝0.4(cm)ずつ加えることで，平均身長が147.2 cmとなるから，はじめにいた生徒は4.4÷0.4＝11(人)

である。A君を加えた $11+1=12$（人）の生徒の身長に 0.5 cm ずつ加えるには，$0.5×12=6$（cm）必要だから，B君の身長は，$147.2+0.5+6=$ **153.7（cm）**

［8］ 利益は予想よりも $133000-123400=9600$（円）多くなった。仕入れ値は変わらないので，利益が 9600 円多くなったということは，売り上げが 9600 円多くなったということであり，予想よりも $9600÷80=120$（個）多く売れたとわかる。120 個は，売れ残ると予想していた個数の $1-\dfrac{3}{7}=\dfrac{4}{7}$ にあたるから，売れ残ると予想していた個数は $120÷\dfrac{4}{7}=210$（個）であり，実際に売れ残った個数は，$210×\dfrac{3}{7}=$ **90（個）**

［9］ 右図のように，ACに垂直になるようにABを引き，Bを中心とする半径 3 cm のおうぎ形をかく。すると，色をつけた部分の一部を右図のように移動させても面積は変わらない。よって，求める面積は，半径 5 cm，中心角 90 度のおうぎ形の面積から，半径 3 cm，中心角 90 度のおうぎ形の面積を引いた値に等しく，

$5×5×3.14×\dfrac{90}{360}-3×3×3.14×\dfrac{90}{360}=(25-9)×\dfrac{1}{4}×3.14=4×3.14=$ **12.56（cm²）**

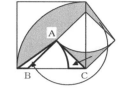

算数Ⅱ

［1］

(1) 15 と 21 と最小公倍数は 105 だから，2人は 105 秒ごとに同時にたたく。よって，求める時間は，$105×(6-1)=$ **525（秒後）**

(2) Bさんは $2+3=5$（秒）ごとに同じたたき方をするから，6と5の最小公倍数である 30 秒ごとの，AさんとBさんのたたき方を比べる。Aさんがたたくのは，6，<u>12</u>，18，24，<u>30</u> 秒後であり，Bさんがたたくのは，2，5，7，10，<u>12</u>，15，17，20，22，25，27，<u>30</u> 秒後だから，最初の1回をのぞくと，はじめの 30 秒間で同時にたたくのは2回である。$(12-1)÷2=5$ 余り 1 より，30 秒を5回くり返した $30×5=150$（秒後）までに，同時に $1+2×5=11$（回）たたいており，12 回目はさらにその 12 秒後だから，求める時間は，$150+12=$ **162（秒後）**

(3) Aさんが 17 回目をたたくのは，$16×(17-1)=256$（秒後）である。Bさんのたたき方は，最初の1回をのぞいた $32-1=31$（回）について考える。Bさんが 31 回すべてを 10 秒ごとにたたくと，最後にたたくのは $10×31=310$（秒後）であり，実際よりも $310-256=54$（秒）おそくなる。31 回のうち1回を7秒後にたたくとすると，最後にたたくのは $10-7=3$（秒）はやくなるから，7秒ごとにたたいた回数は $54÷3=18$（回）である。

よって，求める時間は，$7×18=$ **126（秒間）**

［2］ 正方形の1辺の長さを7とすると，$EG=4$，$GF=3$，$AE=7×2=14$ となる。

(1) （三角形CGEの面積）$=4×7÷2=14$，（三角形ACEの面積）$=14×7÷2=49$

よって，求める比は，$14:49=$ **2 : 7**

(2) (1)の解説より，（三角形ACGの面積）$=$（三角形CGEの面積）$+$（三角形ACEの面積）$-$（三角形AGEの面積）$=14+49-14×4÷2=35$ である。（三角形ACEの面積）$=49$ だから，求める比は，$35:49=$ **5 : 7**

(3) 三角形ACHと三角形EHGの面積の差は，三角形ACGと三角形CGEの面積の差に等しいから，(1)(2)の解説より，$35-14=21$ が 78 cm² にあたり，1は $78÷21=\dfrac{26}{7}$（cm²）にあたるとわかる。正方形ABCDの面積は三角形ACEの面積と等しいので，求める面積は，$\dfrac{26}{7}×49=$ **182（cm²）**

［3］

(1) 時速 40 km で 9 時 $-$ 7 時 45 分 $=$ 1 時間 15 分 $=\dfrac{5}{4}$ 時間走り，時速 20 km で $\left(2-\dfrac{5}{4}\right)$ 時間 $=\dfrac{3}{4}$ 時間走るから，

$40×\dfrac{5}{4}+20×\dfrac{3}{4}=$ **65（km）**

(2) 9 時までの 10 分 $=\dfrac{1}{6}$ 時間で $45×\dfrac{1}{6}=\dfrac{15}{2}$（km）進み，9 時から 10 時までの1時間で $20×1=20$（km）進むから，10 時には $\dfrac{15}{2}+20=\dfrac{55}{2}$（km）進んでいる。あと $80-\dfrac{55}{2}=\dfrac{105}{2}$（km）進むのにかかる時間は，$\dfrac{105}{2}÷45=\dfrac{7}{6}$（時間），つまり，1 時間 10 分だから，求める時間は，10 分 $+$ 1 時間 $+$ 1 時間 10 分 $=$ **2 時間 20 分**

(3) 9時以降では，DはCよりも 27－3＝24(分)長く走り，$20×\frac{24}{60}=8$ (km)多く走ったとわかる。したがって，9時より前では，CがDよりも8km多く走ったことになる。Dが出発するまでの30分で，Cは $50×\frac{30}{60}=25$ (km)走ったから，Dが出発してから9時までの間に，DはCよりも 25－8＝17(km)多く走ったとわかる。9時より前では，1時間につきDはCよりも 60－50＝10(km)多く走るから，9時より前にDが走った時間は，17÷10＝$\frac{17}{10}$(時間)，つまり，1時間42分である。よって，求める時刻は，9時－1時間42分＝**7時18分**

[4]　たてにならんでいる枚数と横にならんでいる枚数の比は，63：105＝3：5である。

(1)　$6×\frac{5}{3}=$**10(枚)**

(2)　正方形の紙をたてに3枚，横に5枚，計 3×5＝15(枚)ならべてできる長方形を，長方形Aとする。
500÷15＝33 余り5 より，33枚以下の長方形Aをなるべく多く使って，たてと横に同じ枚数ならべるならべ方を考える。5×5＝25，6×6＝36 より，長方形Aをたてに5枚，横に5枚ならべればよいから，正方形の紙は，たてに 3×5＝15(枚)ならぶ。よって，正方形の紙の1辺の長さは，63÷15＝**4.2(cm)**

(3)　(2)と同様に，正方形の紙をたてに3枚，横に5枚ならべてできる長方形Aを考える。できあがった長方形の対角線は，右図のように，長方形Aを1つ通るごとに正方形の紙の頂点を通り，そのとき7枚の正方形の紙を通っている。正方形の紙はたてに 63÷7＝9(枚)ならんでいるから，長方形Aは，たてに3枚ならんでいる。したがって，対角線は長方形Aを3回通るから，求める枚数は，7×3＝**21(枚)**

[5]

(1)　□は0〜4だから，○と□が4のときもっとも大きい整数になる。5×4＋4＝**24**

(2)　BはAより19大きく，Ⓐ＝4だから，(4＋19)÷5＝4 余り3 より，Ⓑ＝3とわかる。したがって，A＋B＝5×30＋4＋3＝157 とわかるから，B＝(157＋19)÷2＝**88**

(3)　57÷5＝11 余り2 より，(Ⓒ，Ⓓ)の組み合わせは，(0，2)(1，3)(2，4)(3，0)(4，1)のいずれかである。Ⓒ＋Ⓓ＋Ⓔ＝99で，Ⓕ＝101であることから，Ⓒ＋Ⓓ＋Ⓔの値は，5×(101－99)＝10以上，14以下になるとわかる。Ⓔは0〜4の整数だから，これと，上記の(Ⓒ，Ⓓ)の組み合わせを合わせて考えると，条件にあうのは，Ⓒ＋Ⓓ＋Ⓔ＝2＋4＋4＝10のときとなる。つまり，Ⓒ＝2，Ⓓ＝4，Ⓔ＝4であり，Ⓕ＝0，F＝5×101＝505である。また，Cが最小になるのはE＝200のときであり，このとき，C＋D＝505－200＝305より，C＝(305－57)÷2＝124である。124以上でⒸ＝2となるCの値は，127，132，…であり，C＝127のとき，D＝127＋57＝184，E＝505－127－184＝194で，条件にあう。C＝132のとき，D＝132＋57＝189，E＝505－132－189＝184で，条件にあわない。したがって，Cが132以上だと，DがEより大きくなるとわかり，条件にあわない。よって，求める値は，C＝**127**

平成 26 年度 解答例・解説

=《解答例》=

算数 I

[1]　$\frac{21}{38}$　　　　　[6]　117

[2]　27　　　　　　[7]　6.49

[3]　232　　　　　[8]　134

[4]　450　　　　　[9]　4.2

[5]　101

算数Ⅱ

［１］　(1)176　　(2)15　　(3)180

［２］　(1)80　　(2)5.5　　(3)12.5

［３］　(1)4：5　　(2)12：13　　(3)90

［４］　(1)(あ)11　(い)15　　(2)76

［５］　(1)60　　(2)105　　(3)225

※計算は解説を参照してください。

《　解　説　》

算数Ⅰ

［１］　与式$=\dfrac{9}{4}\div\dfrac{19}{8}\times\left(\dfrac{9}{12}-\dfrac{2}{12}\right)=\dfrac{9}{4}\times\dfrac{8}{19}\times\dfrac{7}{12}=\dfrac{21}{38}$

［２］　この道のりは40×45＝1800(m)である。また，4km＝4000m，1時間＝60分だから，$4000\div60=\dfrac{200}{3}$より，時速4kmは分速$\dfrac{200}{3}$mである。よって，求める時間は，$1800\div\dfrac{200}{3}=\textbf{27}$(分)

［３］　兄が持っているカードの枚数の比の数は，弟が持っているカードの枚数の比の数の2倍より8－3×2＝2大きいから，この比の数の2が58枚にあたるとわかる。よって，この比の数の1は58÷2＝29(枚)にあたるから，求める枚数は，29×8＝**232**(枚)

［４］　しょう油1kgの値段は米3÷5＝0.6(kg)の値段と等しいから，しょう油3.5kgの値段は米0.6×3.5＝2.1(kg)の値段と等しい。よって，米2.3＋2.1＝4.4(kg)の値段が1980円だから，米1kgの値段は，1980÷4.4＝**450**(円)

［５］　折り返した角度は等しいから，右図のように補助線を引いて記号をおく。

三角形の内角の和から，(い)の角度は180－90－68＝22(度)となり，(う)の角度は(180－22)÷2＝79(度)とわかる。よって，四角形の内角の和から，(あ)の角度は，360－90－90－79＝**101**(度)

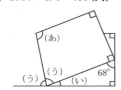

［６］　四捨五入して千の位までのがい数にすると2000になる整数は，1500以上2499以下の整数である。

1500÷5＝300，2499÷5＝499.8，1500÷6＝250，2499÷6＝416.5より，条件にあう整数は300以上416以下の整数だから，416－300＋1＝**117**(個)ある。

［７］　右図のように記号をおくと，⑦の長さが4.5㎝であり，二番目に短いひもは⑦とわかる。

ひもの長さは21×2×3.14＝131.88(㎝)だから，3等分したときの1本の長さは131.88÷3＝43.96(㎝)，4等分したときの1本の長さは131.88÷4＝32.97(㎝)である。

よって，①の長さはそれぞれ，32.97㎝だから，⑦の長さは，43.96－4.5－32.97＝**6.49**(㎝)

［８］　条件にあう整数は，20－14＝6をたしても14で割り切れる。この6をたした整数は，6＋14＝20を引くと20で割り切れるから，20の倍数とわかる。つまり，14と20の公倍数である。14と20の最小公倍数は140だから，求める整数は140に6足りない整数となり，140－6＝**134**である。

［９］　長方形ＡＢＣＤと正方形ＥＦＧＨの面積が等しいから，重なっていない部分の面積も等しいことを利用する。右図のように分けて記号をおくと，アの面積は3×20＝60(㎠)，カの面積は9×9＝81(㎠)である。また，イ，ウ，キ，クは直角に交わる2辺のうち1辺は重なった部分の正方形の1辺にあたるから，これらの面積の比はもう1辺の長さの比に等しく20：3：9：9である。

このことから，イの面積を⑳とすると，ウの面積は③，キとクの面積はともに⑨と表せる。

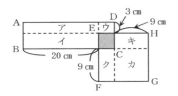

アとイとウの面積の合計は，カとキとクの面積の合計に等しいから，(⑳+③)-(⑨+⑨)=⑤が81-60=21(cm²)にあたるとわかる。したがって，ウの面積は③=21×$\frac{3}{5}$=12.6(cm²)だから，求める長さは，12.6÷3=**4.2(cm)**

算数Ⅱ

[1]

(1) 1年生は，それぞれの組が48÷3=16(組)ずつできたから，求める人数は，(2+4+5)×16=**176(人)**

(2) 5人組を8組作るのに必要な人数は5×8=40(人)だから，185人のうちの40人が4人組を作っていたとわかる。残りの185-40=145(人)で2人組と5人組を作ると，その組の数の合計は48-40÷4=38(組)となる。38組がすべて5人組だと人数の合計は5×38=190(人)になり，実際よりも190-145=45(人)多くなる。1組を5人組から2人組に変えると，人数の合計は5-2=3(人)少なくなるから，求める組の数は，45÷3=**15(組)**

(3) 2人組と4人組の生徒をすべて3人組に組みかえると，できる3人組の数は2人組の数と4人組の数の合計に等しい。また，5人組になった生徒の人数が3年生の人数の半分であったことから，できた3人組の生徒の人数も3年生の人数の半分である。したがって，同じ人数で5人組と3人組をそれぞれ作ったことになるから，5人組と3人組の組の数の比は$\frac{1}{5}$：$\frac{1}{3}$=3：5とわかる。この比の数の和の3+5=8が48組にあたるから，5人組の数は48×$\frac{3}{8}$=18(組)となる。よって，求める人数は，(5×18)×2=**180(人)**

[2]

(1) 直方体Aの底面積は2×2=4(cm²)だから，高さは36÷4=9(cm)とわかる。直方体Aの側面積は，縦の長さが9cmで，横の長さが2×4=8(cm)の長方形の面積に等しく9×8=72(cm²)だから，求める表面積は，4×2+72=**80(cm²)**

(2) できた2つの直方体の表面積の合計は，2つの切断面の面積の分だけ，直方体Bの表面積よりも大きい。底面に平行な平面で切断したから，切断面は直方体Bの底面と合同な正方形とわかり，1つの切断面の面積は4×4=16(cm²)である。したがって，直方体Bの表面積は152-16×2=120(cm²)となり，側面積は120-16×2=88(cm²)となる。直方体Bの側面積は，縦の長さが直方体Bの高さに等しく，横の長さが4×4=16(cm)の長方形の面積に等しいから，求める高さは，88÷16=**5.5(cm)**

(3) 1回の切断で表面積の合計は底面積の2倍だけ増えるから，できた7つの直方体の表面積の合計は，もとの直方体Cの表面積よりも底面積の2×6=12(倍)だけ大きい。これは直方体Cの表面積の2-1=1(倍)，つまり，直方体Cの表面積に等しいから，直方体Cの表面積は底面積の12倍に等しいとわかる。直方体Cの底面積は5×5=25(cm²)だから，直方体Cの表面積は25×12=300(cm²)となり，側面積は300-25×2=250(cm²)となる。直方体Cの側面積は，縦の長さが直方体Cの高さに等しく，横の長さが5×4=20(cm)の長方形の面積に等しいから，求める高さは，250÷20=**12.5(cm)**

[3] 高さが等しい三角形の面積の比は底辺の長さの比に等しいことを利用する。

(1) BEとECの長さの比は三角形ABEと三角形AECの面積の比に等しいから，三角形ABEの面積を調べる。三角形AECの面積を②とすると，三角形DBEの面積は②÷2=①と表せる。三角形ABEと三角形DBEの面積の比はAB：DB=(10+6)：10=8：5だから，三角形ABEの面積は①×$\frac{8}{5}$=$\left(\frac{8}{5}\right)$となる。よって，三角形ABEと三角形AECの面積の比は$\left(\frac{8}{5}\right)$：②=4：5だから，求める長さの比は，BE：EC=**4：5**

(2) AFとDEが平行だから，三角形ABFと三角形DBEは大きさの異なる同じ形の三角形であり，対応する辺の長さの比は等しく，BF：BE=AB：DB=8：5である。したがって，BE：EF=5：(8-5)=5：3となる。4と5の最小公倍数は20だから，BEの長さの比の数を20とすると，BE：EC=20：25，

ＢＥ：ＥＦ＝20：12 より，ＥＣ：ＥＦ＝25：12 となる。よって，求める長さの比は，ＥＦ：ＦＣ＝12：（25－12）＝

12：13

(3) 三角形ＤＦＧの面積を①として計算していく。ＤＥとＡＦが平行だから，ＤＧ：ＤＣ＝ＥＦ：ＥＣ＝12：25

である。したがって，三角形ＤＦＧと三角形ＤＦＣの面積の比は 12：25 とわかるから，三角形ＤＦＣの面積は

①×$\frac{25}{12}$＝$\boxed{\frac{25}{12}}$ となる。以下，同じように考えれば，ＢＣ：ＦＣ＝（20＋25）：13＝45：13 より，三角形ＤＢＣの

面積は，$\boxed{\frac{25}{12}}$×$\frac{45}{13}$＝$\boxed{\frac{375}{52}}$ である。ＡＢ：ＤＢ＝8：5 より，三角形ＡＢＣの面積は $\boxed{\frac{375}{52}}$×$\frac{8}{5}$＝$\boxed{\frac{150}{13}}$ となるから，

求める面積は，7.8×$\frac{150}{13}$＝**90（cm²）**

[4]

(1)(あ) 偶数個の連続した整数の平均は，真ん中にある2個の整数の平均に等しいから，Ａ君が書いた6個の整

数のうち，真ん中の2個は8と9とわかる。よって，Ａ君が書いた6個の整数は6，7，8，9，10，11 である。

(い) 書いた整数の合計が長方形の面積となる，右の面積図で考える。この図の⑦と④は

面積が等しく，縦の長さの比が（26－8.5）：（33－26）＝5：2だから，横の長さの比は

$\frac{1}{5}$：$\frac{1}{2}$＝2：5とわかる。よって，Ｂ君が書いた整数は6×$\frac{5}{2}$＝**15（個）**となる。

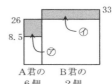

A君の B君の
6個 ?個

(2) Ｃ君が書いた11個の整数は 73 を含むから，73－11＋1 ＝63，73＋11－1 ＝83 より，

63 から 83 までにある連続した 11 個の整数である。また，連続した 10 個の整数の一の位の数字は0～9が1回

ずつ現れるから，Ｃ君が書いた 11 個の整数では，もっとも小さい整数ともっとも大きい整数の一の位の数字が等し

い。Ｃ君が書いた 11 個の整数から 73 を除いた合計の一の位は8とわかるから，8＋3＝11 より，73 を含める

とその合計の一の位の数字は1になるとわかる。つまり，Ｃ君が書いた 11 個の整数の一の位の数字の合計は，

一の位の数字が1になる。0＋1＋…＋9＝$\frac{（0＋9）×10}{2}$＝45だから，Ｃ君が書いた 11 個の整数は，一の位の

数字が6である数字が2個含まれているとわかる。以上のことから，Ｃ君が書いた整数は 66～76 の 11 個の整数

とわかり，求める整数は **76** となる。

[5]

(1) ＱとＲは同じ向きと速さで回り始めるから，ＱとＲが最初に出会うのは，ＱがＰと出会って動く向きを変え

たあとである。ＰとＱが最初に出会うまでに動く長さの和は 120×3 ＝360（cm）だから，同時に動き始めてから

360÷（5＋3）＝45（秒後）に出会う。回る向きによって動く速さが一定だから，ＰとＱが出会ったとき，ＱとＲの

間の長さは辺ＤＡの長さに等しく 120 cmである。よって，Ｑが回る向きを変えてから 120÷（5＋3）＝15（秒後）に

ＱとＲが最初に出会うから，求める時間は，45＋15＝**60（秒後）**

(2) (1)より，ＰがＱと最初に出会ったとき，ＰとＲは 120×4－120＝360（cm）はなれていたと考えることができる。

また，このあとの 15 秒間は，ＰとＲが同じ向きに回るから，ＰとＲの間の長さは変わらない。したがって，Ｐと

Ｒが最初に出会うのは，ＲがＱと最初に出会ってから 360÷（5＋3）＝45（秒後）である。よって，求める時間は，

60＋45＝**105（秒後）**

(3) 3つの物体は，ＰとＱ，ＱとＲ，ＰとＲの順でくり返し出会う。ＰとＱが最初に出会ってからはなれた長さ

は，45～60 秒の 15 秒間はなれた長さだから，105 秒後からＰとＱが2回目に出会うまでに 15 秒かかる。

したがって，ＰとＱが2回目に出会うのは 105＋15＝120（秒後）とわかる。以下，同じように考えていく。

120 秒後のときにＱとＲのはなれている長さは 60～105 秒の 45 秒間ではなれた長さに等しいから，2回目にＱと

Ｒが出会うのは 120＋45＝165（秒後）である。165 秒後のときにＰとＲのはなれている長さは 105～120 秒の

15 秒間ではなれた長さに等しいから，2回目にＰとＲが出会うのは 165＋15＝180（秒後）である。180 秒後のとき

にPとQのはなれている長さは120～165秒の45秒間ではなれた長さに等しいから，3回目にPとQが出会うのは180＋45＝**225(秒後)**である。

理 科

令和 ② 年度 解答例・解説

═══════════════ 《解答例》 ═══════════════

[1] (1)ひまわり　(2)1日後…(イ)　2日後…(ウ)　3日後…(ア)　(3)低気圧　(4)A地点…(ウ)　B地点…(イ)

(5)積乱雲　(6)(ア)　(7)①上昇　②南　③イ

[2] (1)①(ウ)　②(エ)　③(ア)　④(ア)　⑤(ウ)　⑥(ア)　(2)①(イ)　②(エ)　③(ア)　(3)(ウ),(エ)

(4)(ア)　(5)(ウ)　(6)蒸散　(7)スイレン／ハス などから1つ　(8)①25000　②200000

[3] (1)(ウ),(カ)　(2)①酸性　②アントシアニン　(3)(ア),(オ)

(4)アンモニアは水にとけやすいから。　(5)右図　(6)①黄色　②緑色　③青色

(7)A.○　B.○　C.○　D.×　E.○　F.○　G.○　(8)②

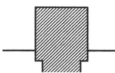

[4] (1)(イ)　(2)(ウ)　(3)(ア)　(4)(エ)　(5)(ウ)　(6)(イ)　(7)(エ)　(8)(ア)

(9)(イ)　⑽(オ)　⑾(ア)　⑿(ウ)　⒀．⑿ではコンデンサーにたまった電気がLだけに流れた。⒀では
Lと手回し発電機がコンデンサーに並列につながるので，Lは⑿のときと同じ明るさで点灯するが，コンデンサーにたまった電気は手回し発電機にも流れるので，Lが点灯する時間は短くなる。

═══════════════ 《解　説》 ═══════════════

[1]

(2) 日本付近の上空には，西から東に向かって強い風（偏西風）がふいている。雲はふつう，この風の影響を受けて西から東へ移動していく。したがって，図1→(イ)→(ウ)→(ア)の順になる。

(3) まわりより気圧が低い低気圧の中心では，まわりから集まってきた空気がぶつかって上昇気流ができ，雲ができやすくなっている。

(4) 図2と図3では，上昇気流を表す矢印にそうように雲ができる。A地点では，広い範囲にうすい雲ができ，寒気から暖気にかわるので，(ウ)のような変化になる。また，B地点では，せまい範囲に厚い雲ができ，暖気から寒気にかわるので，(イ)のような変化になる。

(6) 台風は低気圧の一種だから中心に向かって風がふきこんでくる。また，図4のうずまきのようすから，台風の目に対して少し右にずれるように風がふいている(ア)が正答となる。

(7) ②③広島港の南に海があるから，台風の中心がイの進路をとると，広島港に南からの風がふきこむことになる。

[2]

(1) ③(ア)○…カボチャやスイカなどのウリ科の植物の花は，雄花と雌花に分かれている。　④(ア)○…アゲハは，サンショウやキンカンなどのミカン科の植物の葉に卵をうみつける。なお，モンシロチョウは，キャベツなどのアブラナ科の植物の葉に卵をうみつける。

(3) (ア)×…(A)側から観察すると，反射鏡が観察者のかげに入り，視野が暗くなってしまう。　(イ)×…顕微鏡を運ぶときには，アームの部分を持つようにする。　(オ)×…対物レンズは一番低い倍率のものから使う。倍率が低いときの方が視野が広く，観察するものを見つけやすい。

(4) (ア)○…顕微鏡の視野は上下左右が実際と逆になっているので，図２のように，右上に見える花粉は，実際には左下にある。したがって，これを中心に見えるようにするには，プレパラートを右上に動かせばよい。

(5) (ウ)○…問題用紙を上下左右逆にした状態で「学院」となっているものを選べばよい。

(7) 気孔（きこう）は，酸素や二酸化炭素の出入り口であり，水蒸気の出口である。スイレンやハスでは，水面に接している葉の裏側には気孔が必要ない。

(8) ①葉の片面の面積 10 ㎠は 1000 ㎟である。これは図５の 0.04 ㎟の 1000÷0.04＝25000（倍）である。 ②図５は，葉の裏面のようす（気孔が５個ある）であり，同じ面積あたりの気孔の数の比は，表：裏＝３：５だから，0.04 ㎟の表と裏に持つ気孔の数の合計は３＋５＝８（個）である。したがって，面積が図５の 25000 倍の葉１枚では，8×25000＝200000（個）である。

[３]

(1) (ウ)(カ)○…炭酸水，レモンじる，塩酸，ホウ酸水溶液（すいようえき），お酢（す）は酸性，食塩水，砂糖水，水道水は中性，アンモニア水と水酸化ナトリウム水溶液はアルカリ性である。

(3) (イ)×…気体が発生するような実験では，窓を開けたり，かん気せんを回したりして，室内に気体がたまらないようにする。 (ウ)×…薬品は手でさわったり，口に入れて味を確かめたりしてはいけない。 (エ)×…液体をガラス容器いっぱいに入れるとこぼれやすく，また，振り混ぜることができなくなる。 (カ)×…気体を直接吸いこまないように，手であおぐようにしてかぐ。

(4) 図１は，水にとけにくい気体を集めるときの方法で，水上置換法（ちかん）という。

(5) はじめに集気びんを水で満たしておくことで，集めた気体の量が目で見てわかる。

(6) ＢＴＢ溶液は酸性で黄色，中性で緑色，アルカリ性で青色になるから，①～③には黄色，緑色，青色のいずれかがあてはまる。水酸化ナトリウム水溶液の体積が少ないＡ～Ｃでは塩酸が余って酸性（黄色）になり，塩酸と水酸化ナトリウム水溶液がちょうど中和するＤでは中性（緑色）になり，水酸化ナトリウム水溶液の体積が多いＥ～Ｇでは水酸化ナトリウム水溶液が余ってアルカリ性（青色）になる。

(7) アルミニウムは塩酸にも水酸化ナトリウム水溶液にも気体（水素）を発生させながらとける。(6)解説より，ちょうど中和するＤでは反応せず，それ以外では余った塩酸か水酸化ナトリウム水溶液にとけて気体が発生する。

(8) 水を加えて体積を増やして 30 ㎤にしても，とけている水酸化ナトリウムの量は変化しないので，水を加えて 30 ㎤にした水酸化ナトリウム水溶液をすべてＤに加えれば，結果は表２のときと同じになる。

[４]

(1) (イ)○…ハンドルを回す向きを逆にすると電流が流れる向きは逆になる。また，ハンドルを速く回すと，電流を流そうとするはたらきが大きくなり，大きな電流が流れる。

(2) (ウ)○…電流の向きが図３と逆になるからハンドルが回転する向きは逆になる。また，図２の実験より，検流計は電流が流れてきた向きに振（ふ）れることがわかる。電流は電池の＋極から流れ，検流計の右に流れこむ。

(3) (ア)○…例えば，図５で，右の手回し発電機のハンドルを時計回りに回転させると，＋端子（たんし）から電流が流れ，左の手回し発電機には＋端子に電流が流れこむ。図３の実験より，＋端子に電流が流れこむと，ハンドルは時計回りに回転する。

(4) (エ)○…図７で，ＬＥＤの＋極に電流が流れこむ（手回し発電機の－端子から電流が流れる）のはハンドルを反時計回りに回転させたときである。また，ハンドルを時計回りに回転させたときは，ＬＥＤが点灯せず，回路に電流が流れないので，手応えは小さい。

(5) (ウ)○…コンデンサーに電気がたまっていくにつれて，回路を流れる電流が小さくなっていく。

(6)　(イ)○…コンデンサーの＋極から，ＬＥＤの＋極に電流が流れこみ，ＬＥＤはしばらく点灯するが，コンデンサーにたまった電気がなくなると消える。

(7)　(エ)○…直列つなぎにしたときは，回路のどこか一部でも電流が流れなければ，回路全体に電流が流れない。図12でハンドルを時計回りに回すと，ＬＥＤが点灯しないので，コンデンサーにも電気がたまらない。

(8)　(ア)○…ＬＥＤにもコンデンサーにも正しい向きに電流が流れる。

(9)　(イ)○…(6)解説と同様である。

(10)　(オ)○…ＬＥＤには(9)と同じ向きに電流が流れるので点灯し，手回し発電機には＋端子に電流が流れこむのでハンドルは時計回りに回転する。なお，このとき，ＬＥＤと手回し発電機がコンデンサーに並列につながるので，(9)のときと比べてＬＥＤは同じ明るさで点灯するが，点灯する時間は短くなる。

(11)　(ア)○…すべての器具に正しい向きに電流が流れる。はじめはコンデンサーとＬに流れる電流の和と，Ｍに流れる電流の大きさが等しいからＭの方が明るく点灯するが，コンデンサーに電気が十分にたまると，コンデンサーに電流が流れなくなり，ＬとＭが直列につながるので，同じくらいの明るさになる。

(12)　(ウ)○…コンデンサーの＋極から流れる電流は，Ｍに正しい向きに流れないので，Ｍと直列につながった手回し発電機にも電流が流れない。

━━━━━━《解答例》━━━━━━

[1] (1)(ウ)　　(2)(エ)　　(3)①(ア)，(ウ)，(キ)　②(イ)　③(ア)，(エ)　　(4)あ．デネブ　い．わし座　　(5)12

(6)14.5　※(7)午前 7，27

[2] (1)A．2　B．1.5　C．1.5　　(2)(ウ)　　(3)アルカリ／青　　(4)Bが溶けた液体を加熱すると二酸化炭素が発

生すること。　　(5)(ア)，(オ)　　(6)B．二酸化炭素を発生させて，生地を膨らませる役割。　C．Bの反応を

うながす役割。

[3] (1)1260　　(2)(ア)，(ウ)，(オ)　　(3)A．(カ)，(ク)　B．(ア)，(キ)　C．(ウ)，(エ)　D．(イ)，(オ)

(4)太陽からの有害な紫外線を吸収するオゾン層ができたから。　　(5)31

[4] (1)(イ)　　(2)(イ)　　(3)アルミニウム→鉄→銅　　(4)①10　②20

(5)③240　④345　　(6)体積…150　重さ…375　　(7)560，640　　(8)625

(9)88　　⑽右グラフ　　⑾記号…(イ)　理由…Dの重さは 50 g，体積は

100 cm³であり，ばねはかりの読みが 0 gになるのはDを 50 cm³沈めたときだから。

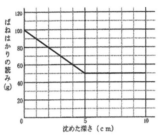

※の式は解説を参照してください。

━━━━━━《解　説》━━━━━━

[1]

(1)(2)　星座早見は，観察する空の方角が書かれた部分を下にして持ち，そこから頭の上にかざすようにして使う。

このため，図 1 のように上から見下ろしたときには，南北に対する東西の向きが実際の方角とは逆になる。つまり，

図 1 の(ア)の部分が北だから，(ウ)の部分が南，(イ)の部分が西，(エ)の部分が東である。

(3)　①冬の大三角をつくっている星は，オリオン座のベテルギウス，おおいぬ座のシリウス，こいぬ座のプロキオ

ンである。②北極星は，地球の回転軸の北極側の延長線付近にあり，見た目の位置がほとんど変わらない。③赤く

見える星として有名なのは，オリオン座のベテルギウス，さそり座のアンタレスなどである。

(4)　8 月初めの午後 8 時頃の東の空では，夏の大三角を観察することができる。夏の大三角をつくっている星は，

「あ」のデネブ(はくちょう座)，「い」のアルタイル(わし座)，図 2 の上の方にある最も大きな点で表されている

ベガ(こと座)である。

(5)　30 日で 360 度回転したことになるので，1 日あたりの角度 a は $\frac{360}{30}$＝12(度)である。

(6)　(5)より，月は 1 日(24 時間)で 360－12＝348(度)回転することがわかる。したがって，1 時間あたりの角度 b は

$\frac{348}{24}$＝14.5(度)である。

(7)　6 月 8 日の午前 0 時は，5 月 30 日の午前 0 時の 9 日後なので，(5)より，6 月 8 日の午前 0 時の月は，南中の位

置から反時計回りに 12×9＝108(度)の位置にある。この位置から 108 度時計回りに回転して南中するには，(6)よ

り，108÷14.5＝7 $\frac{13}{29}$(時間)かかることになり，$\frac{13}{29}$×60＝26.8…→27 分より，午前 7 時 27 分頃である。

[2]

(1) A. $5 \times 0.4 = 2$（g）　B，C. $5 \times 0.3 = 1.5$（g）

(2) 20℃のとき，C1gは55gの水があれば全部溶けるので，C1.5gを全部溶かすには55gの1.5倍の82.5gの水が必要である。したがって，20℃の水100gにC1.5gは全部溶けるので，（ウ）が正答である。

(3) 赤色リトマス紙が青色に変化したのでアルカリ性である。したがって，BTB液は青色になる。

(4) 石灰水が白く濁ったことから，二酸化炭素が発生したことがわかる。

(5) （ア）表1より，Cの水溶液は酸性である。実験3で，BとCに水を加えて混ぜたものを試験管に入れると，石灰水を白く濁らせる気体が発生した。また，実験4で，塩酸や酢などの他の酸性の水溶液でも同様の結果になったから，正しい。（イ）Cに酸性の水溶液を加えた実験をしていないので，正しいかどうか判断できない。（ウ）実験4で，Bの水溶液にアルカリ性の水酸化ナトリウム水溶液やアンモニア水を加えたときには気体が発生しなかったから，誤り。（エ）B以外のアルカリ性の水溶液を加えた実験をしていないので，正しいかどうか判断できない。（オ）実験1と実験3より，正しい。（カ）実験1より，誤り。

(6) 表3で，膨らむのはBが含まれているときだけである。C自体には膨らませるはたらきはないが，BはCと混ぜることで，より膨らませることができる。

[3]

(1) $4600000000 \div 365 = 12602739.7\cdots \rightarrow 1260.27397\cdots$万$\rightarrow 1260$万

(2) 緑色をした生物は，光が当たると水と二酸化炭素を材料にして，でんぷんと酸素をつくり出す光合成を行う。

(3) せきつい動物はさらに，魚類，両生類，は虫類，鳥類，ほ乳類に分類できる。魚類（A）→両生類（B）→は虫類（C）の順に，水中から陸上へと生活の場を広げた。その後，鳥類とほ乳類が出現したが，鳥類は12月19日に現れたとあるので，12月16日に出現した（D）はほ乳類である。

(4) 光合成を行う生物によって大気中の酸素が増加すると，大気の上層では紫外線によって酸素からオゾンがつくられ，それが大気の上層をおおい，地表に届く有害な紫外線を吸収するようになった。こうして，陸上は生物が生きるのに適した環境になった。

(5) 地球カレンダーの1秒は146年に相当するので，地球カレンダーの1分（60秒）は$146 \times 60 = 8760$（年）に相当する。したがって，25万年は地球カレンダーでは$250000 \div 8760 = 28.5\cdots \rightarrow 29$分に相当し，現生人類が登場したのは，1月1日の午前0時の約29分前の，12月31日の午後11時31分頃である。

[4]

(1)(2) 空気が入らないように丸めたから，重さも体積も，丸める前と変わらない。

(3) 表1で，同じ体積での重さは，銅が最も重く，アルミニウムが最も軽い。つまり，アルミニウムを銅と同じ重さにするには，アルミニウムの体積を大きくする必要があるから，同じ重さでの体積は，アルミニウムが最も大きく，銅が最も小さい。

(4) 表1と表2より，銅と鉄だけでなく，アルミニウムについても，体積が10㎤のときには10g減り，体積が20㎤のときには20g減っていることがわかる。

(5) 表1の重さの値から体積の値を引くと表2の値になる。したがって，③は$270 - 30 = 240$，④は$395 - 50 = 345$があてはまる。

(6) 表2より，体積とばねはかりの読みには比例の関係があることがわかる。アルミニウムは，体積が10㎤のとき，ばねはかりの読みが15gだから，ばねはかりの読みが225gになるのは，体積が$10 \times \dfrac{225}{15} = 150$（㎤）のときである。また，体積が150㎤だから，このアルミニウムの重さは225gより150g重い375gである。

(7) てこでは，支点の左右で棒を傾けるはたらき〔おもりの重さ×支点からの距離〕が等しいとき，つり合う。おもりが8個(160 g)のとき，棒を右に傾けるはたらきは160×40＝6400で，このとき棒は右に傾きつづけたから，Bの重さは6400÷10＝640(g)より軽い。また，おもりが7個(140 g)のとき，棒を右に傾けるはたらきは140×40＝5600で，このときBは床についたままだったから，Bの重さは5600÷10＝560(g)より重い。

(8) ばねはかりが棒を左に傾けるはたらきは75×(10＋40)＝3750だから，Bが棒を右に傾けるはたらきも3750であり，Bをつるした点には3750÷10＝375(g)の重さがかかっている。これが，Bが水中にあるときのばねはかりの読みだから，(6)と同様に考えて，Bの体積は $10×\frac{375}{15}＝250$ (cm³)で，重さは375＋250＝625(g)である。

(9) 下の4個(80 g)は水中にある。80 gのアルミニウムの体積は $10×\frac{80}{25}＝32$ (cm³)だから，この4個によるばねはかりの読みは80－32＝48(g)になる。したがって，上の2個(40 g)と合わせて，48＋40＝88(g)になる。

(10) 沈めた深さが0 cmのときのばねはかりの読みは100 gであり，これが1 cm水に沈むと，水中部分の体積が1×10＝10(cm³)大きくなるから，ばねはかりの読みは10 g小さくなる。この割合でばねはかりの読みは小さくなっていき，Cの高さは5 cmだから，沈めた深さが5 cmになったときにばねはかりの読みは50 gで最小になり，それ以上沈めてもばねはかりの読みは小さくならない。

(11) Dの重さは50 gなので，ばねはかりの読みが0 gになるのは，Dを50 cm³沈めたときである。Dの体積は5×5×4＝100(cm³)なので，50 cm³沈めたときには体積のちょうど半分が水面より上に出た状態で止まっている。

━━━━━━━━━━━━━━━━━━━ 《解答例》 ━━━━━━━━━━━━━━━━━━━

[1] (1)つぶの名前…どろ　記号…(ウ)　　(2)①(イ)　②(エ)　　(3)火山灰　　(4)土砂がくずれてくること。

(5)(エ)　　(6)(イ)　　(7)(ウ)　　(8)(エ)

[2] (1)①ワタ　②ヒツジ　③絹　④クワ　⑤まゆ　⑥さなぎ　　(2)(ウ)，(エ)　　(3)A.(イ)　B.(ウ)　C.(ウ)

(4)メスのにおいをしょっ角の方へ送るため。

[3] (1)固体…(ウ)　水よう液…(オ)　　(2)(ウ)　　(3)①石灰水　②ちっ素…(エ)　酸素…(イ)　二酸化炭素…(ア)

(4)二酸化炭素は水に少しとけるから。　　(5)ちっ素…1.28　酸素…1.44

(6)1.5　　(7)気体…ちっ素　体積…1.5

[4] (1)60　　(2)右／8　　(3)左／5　　(4)①Q　②P　　(5)2：1　　(6)16　　(7)え　　(8)34　　(9)16

(10)Qが下が(り，ストッパーがスタンドにぶつかって止ま)る。　　　(11)そのまま静止する。　　　(12)Qがさらに下
が(り，ストッパーがスタンドにぶつかって止ま)る。

━━━━━━━━━━━━━━━━━━━ 《解　説》 ━━━━━━━━━━━━━━━━━━━

[1]

(1)　地層にふくまれるつぶの大きさは，れきが2mm以上，砂が0.06mm～2mm，どろが0.06mm以下と分けられる。
したがって，最も小さいつぶはどろである。最もつぶのこまかいかたくり粉が，どろのつぶの大きさに最も近い。

(2)①　河口とその周辺の海の底にはカキなどがいたり，川を流れてきた大きめのれきが積もったりする可能性が
あるので(イ)である。　　②　陸地からはなれた浅い海の底には，川を流れてきた角がとれた砂やどろが積もる。
また，アサリなどがいる可能性があるので(エ)である。

(3)　どろ，砂，れきのつぶは，強風などで巻き上がっても少量なので，陸上で地層をつくる量にはならないが，火
山の大規模な噴火(ふんか)によって大量の火山灰が噴出された場合，陸上で地層をつくるほどの厚さに積もる場合がある。

(4)　草木がしげっている地層では，地層に根が張られて地盤(じばん)がしっかりしていることが多いが，草木が生えてお
らずはっきり見える地層では，地盤がゆるくくずれやすいこともあるので，注意が必要である。

(5)　通常，下にある層ほど古く，上にある層ほど新しい。A～Cの石炭の層は同じ時期に積もったことがわかっ
ているので，石炭の層のすぐ上にある「あ」の層が最も新しく，石炭の層のすぐ下にある「う」の層が次に新し
く，最も下にある「い」の層が最も古い。したがって，古い順に「い→う→あ」である

(6)　石炭の層の下面の標高を求めると，Aでは90－30＝60(m)，Bでは80－10＝70(m)，Cでは90－20＝70(m)
となり，Bとその真南にあるCは同じ高さで，Bの真西にあるAが10m低いことがわかる。したがって，西に向
かって下がっている。

(7)　PとCでは地層に傾(かたむ)きがなく，Pの地面はCの地面より30m低いのだから，Cのれき岩のある高さがPの
地面の高さである。

(8)　石炭の地層の厚さが約2mと読み取れるので，Aの石炭の地層の上面の標高は60＋2＝62(m)である。(6)よ
り，Qの石炭の地層の上面の標高はAより10m低い52mである。したがって，Qの地面の高さは52＋43＝95(m)
付近と考えられる。

(1) コットン（綿）は，ワタの花から取れる繊維である。また，ウールは羊の毛からつくる繊維である。カイコガはまゆから絹（シルク）を取るために人間が改良したこん虫である。まゆはカイコガがさなぎになるときに器としてつくるものである。

(2) カイコガのような，卵→幼虫→さなぎ→成虫という順の成長のしかたを完全変態といい，さなぎの時期がなく卵→幼虫→成虫という順の成長のしかたを不完全変態という。チョウ，カブトムシなどのなかまは完全変態のこん虫であり，トンボ，セミ，バッタなどのなかまは不完全変態のこん虫である。

(3)(4) 実験２より，オスはメスを姿で感知していないことがわかる。実験３と実験４より，オスはメスのにおいをしょっ角で感知していて，においを感知したしょっ角の方へ動いていくことがわかる。問題文と実験１と実験５より，オスがメスのにおいを感知するにははばたきが必要だということと，はばたきによって生じた空気の流れによって，線香のけむりがオスのしょっ角の方に流れてきたことから，オスがはばたくのは，メスのにおいをしょっ角の方へ送るためだと考えられる。したがって，はばたきのかわりにメスの方からオスの方へ風を送ってあげれば，オスはにおいをしょっ角で感知することができ，メスにたどり着くことができる。

［３］

(1) 固体である二酸化マンガンと水よう液であるうすい過酸化水素水が反応すると酸素が発生する。なお，石灰石とうすい塩酸で二酸化炭素，スチールウールとうすい塩酸で水素，アルミニウムはくとうすい塩酸かうすい水酸化ナトリウム水よう液で水素が発生する。代表的な気体の発生方法を覚えておこう。

(2) 空気中の二酸化炭素の割合は，およそ 0.04% である。

(3)① ろうそくは集気びんの中の酸素を使って燃え，集気びんの中の酸素の体積が一定の割合より小さくなると，燃え続けることができなくなって消える。ろうそくが燃えるとき二酸化炭素が発生するので，石灰水を入れてふると白くにごる。　②①解説より，酸素の体積の割合は小さくなり，二酸化炭素の体積の割合は大きくなる。また，集気びんの中の空気の体積はほとんど変化しないと考えて，ろうそくが燃えるのにちっ素は関係しないので，体積の割合も変化しない。

(4) ちっ素や酸素は水にほとんどとけないので，図１の方法で集めても，発生した気体の体積と集まった気体の体積に差は出ない。これに対し，二酸化炭素は水に少しとけるので，図１の方法で集めると，発生した気体の体積と集まった気体の体積に差が出てしまう。

(5) 実験より，ちっ素の入ったスプレー缶全体の最初の重さは 122.24 g で，ちっ素 250mL が減ったあとの重さは 121.92 g なので，ちっ素 250mL の重さは 122.24－121.92＝0.32（g）となり，1 L→1000mL の重さは $0.32×\frac{1000}{250}=$ 1.28（g）である。同様に，酸素 250mL の重さは 122.16－121.80＝0.36（g）となり，1 L→1000mL の重さは $0.36×\frac{1000}{250}=1.44$（g）である。

(6) (5)解説と同様に計算すると，二酸化炭素 200mL の重さは 122.73－122.34＝0.39（g）となり，二酸化炭素 1 L →1000mL の重さは $0.39×\frac{1000}{200}=1.95$（g）である。また，ちっ素 $\frac{4}{5}$ L と酸素 $\frac{1}{5}$ L からなる空気 1 L の重さは，$1.28×\frac{4}{5}+1.44×\frac{1}{5}=1.312$（g）である。したがって，1.95÷1.312＝1.48…→1.5 倍である。

(7) 残ったちっ素の重さは 121.92－120＝1.92（g）で，ちっ素 1 L の重さは 1.28 g なので，体積は 1.92÷1.28＝1.5（L）である。残った酸素の重さは 121.80－120＝1.80（g）で，酸素 1 L の重さは 1.44 g なので，体積は 1.80÷1.44＝1.25（L）である。残った二酸化炭素の重さは 122.34－120＝2.34（g）で，二酸化炭素 1 L の重さは 1.95 g なので，体積は 2.34÷1.95＝1.2（L）である。したがって，最も体積が大きいのはちっ素で 1.5 L である。

[4]

(1) てこは支点の左右で〔おもりの重さ×支点からおもりの作用線までの距離〕が等しければつりあう。求めるおもりの重さを□gとすると，$40×27＝18×□$ となり，$□＝60(g)$ である。

(2) 図2は，左が $50×16＝800$，右が $20×24＝480$ となるので，40gのおもりは支点から右側に $(800－480)÷40＝8(cm)$ の位置につり下げればよい。

(3) おもりの重さの比と支点からおもりの作用線までの距離の比が逆になればつりあう。左右のおもりの重さの比が $50：30＝5：3$ なので，支点は50gのおもりから右側に $(20＋20)×\dfrac{3}{5＋3}＝15(cm)$ の位置になるので，図3の状態から左側に $20－15＝5(cm)$ 動かせばよい。

(4) 表より，$AF：AG＝Q：P$ となっていることがわかる。これは，(1)や(3)のてこについても成り立つ関係である。

(5) $FA＝F'H$，$GA＝G'H$ なので，(4)より，$F'H：G'H＝160：80＝2：1$ である。

(6) $DH：EH＝F'H：G'H＝2：1$ で，$DE＝12×2＝24(cm)$ なので，$DH＝24×\dfrac{2}{2＋1}＝16(cm)$ である。

(7) 角度あ＝$90°－$角度BHA，角度え＝$180°－90°－$角度BHA＝$90°－$角度BHAなので，角度あ＝角度えである。

(8) (6)より，$BH＝16－12＝4(cm)$ である。図9の直角をはさむ2辺が4cmと6cmの三角形に着目して $34°$ が正答である。

(9) 図11に，右図のように図8の点をあてはめる。$DH：EH＝50：30＝5：3$ で，$DE＝20×2＝40(cm)$ なので，$EH＝40×\dfrac{3}{5＋3}＝15(cm)$ であり，$BH＝20－15＝5(cm)$ である。また，$AB＝17cm$ なので，図12で直角をはさむ2辺が5cmと17cmの三角形に着目して $16°$ が正答である。

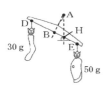

(10) 支点からおもりの作用線までの距離が等しく，Qの方が重いので，Qが下がる。DとBとEが直線上にあるため，DとBとEが縦に並ぶと静止するが，その前にストッパーがスタンドにぶつかって止まる。

(11) 〔おもりの重さ×支点からおもりの作用線までの距離〕が常に等しくなるので，そのまま静止する。

(12) 右図参照。PとQのおもりの重さは同じだが，支点からおもりの作用線までの距離はQの方が大きいので，Qが下がる。CがBの真上にくると静止するが，その前にストッパーがスタンドにぶつかって止まる。

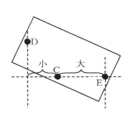

《解答例》

[1] (1)(エ)　　(2)(ア)，(イ)　　(3)ハザードマップ　　(4)砂防ダム

　　(5)雪がとけることにより，川に流れこむ水が増えるから。　　(6)3　　(7)25，4

　　(8)120　　(9)右図　　(10)14.2

[2] (1)(イ)，(カ)　　(2)②おしべ　③めしべ　　(3)①(ア)　②(エ)　③(カ)　④(ウ)

　　(4)①(コ)　②(イ)　③(エ)　　(5)Ⅰ～Ⅳのすべての場所がめしべになる。

[3] (1)(エ)　　(2)(ウ)，(オ)　　(3)183　　(4)27　　(5)(エ)　　(6)(イ)，(エ)，(オ)

　　(7)15　　(8)ホウ酸　　(9)30

[4] (1)①(カ)　②(ア)　③(ウ)　　(2)①(ウ)　②(ア)　③(ウ)　　(3)4.5　　(4)3　　(5)①(ウ)　②(エ)　　(6)1

　　(7)3　　(8)①4　②9　　(9)10　　(10)16　　(11)①23　②21　③29　　(12)27　　(13)(3 cm，2 個)／(12 cm，4 個)

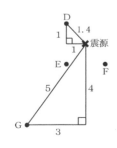

《解　説》

[1]

(1)　水の流れが速いところでは，小さな石は流されて，大きな石が見られる。川が曲がっているところでは外側，まっすぐなところでは川の中央で水の流れが速いので，(エ)が正答となる。

(2)　流れが速いところでは侵食作用と運搬作用が強く，流れがおそいところでは堆積作用が強くなる。

(6)　2地点の差を利用して求める。AとBの震源からのきょりの差は 186－72＝114(km)，大きなゆれが始まった時刻の差は1時26分6秒－1時25分28秒＝38秒なので，114÷38＝3より，毎秒3kmが正答となる。なお，同様に小さなゆれが伝わる速さを求めると，114(km)÷19(秒)＝(毎秒)6(km)となる。

(7)　Aに大きなゆれが伝わる 72÷3＝24(秒)前の1時25分28秒－24秒＝1時25分4秒が正答となる。

(8)　小さなゆれが始まってから大きなゆれが始まるまでの時間を初期微動継続時間といい，震源からのきょりにほぼ比例する。震源からのきょりが 240 km であるCの初期微動継続時間は1時26分24秒－1時25分44秒＝40秒なので，初期微動継続時間が 20 秒の地点の震源からのきょりは $240×\frac{20}{40}＝120$(km)である。

(9)　小さなゆれが伝わった時刻が同じなので，この3か所は震源から同じきょりにある。

(10)　図3を利用して，右図の2つの直角三角形に着目する。右図の1の辺の長さは 12 km なので，震源からDまでのきょりは $12×\frac{1.4}{1}＝16.8$(km)である。小さなゆれが伝わる速さは毎秒6kmなので，Dで小さなゆれが始まるのは地震発生から16.8÷6＝2.8(秒後)で，さらにその3秒後の 5.8 秒後に緊急地震速報が発表される。一方，右図の3の辺の長さは 36 km なので，震源からGまでのきょりは $36×\frac{5}{3}＝60$(km)である。大きなゆれが伝わる速さは毎秒3kmなので，Gで大きなゆれが始まるのは地震発生から 60÷3＝20(秒後)である。したがって，Gで大きなゆれが始まったのは緊急地震速報が発表された 20－5.8＝14.2(秒後)である。

[2]

(1)　ヒョウタンやヘチマなどのウリ科の植物は，めばなとおばなの2種類の花をさかせる。

(3)　表1より，がくができるのはAだけ，花びらができるのはAとB，おしべができるのはBとC，めしべができるの

はCだけがはたらくときである。

(4) AがはたらかなくなるとCがはたらくようになり，CがはたらかなくなるとAがはたらくようになることに注意して，①～③の状態を表にまとめると，次のようになる。①は(コ)，②は(イ)，③は(エ)が正答となる。

①

	I	II	III	IV
遺伝子A	−	−	−	−
遺伝子B	−	+	+	−
遺伝子C	+	+	+	+

②

	I	II	III	IV
遺伝子A	+	+	−	−
遺伝子B	−	−	−	−
遺伝子C	−	−	+	+

③

	I	II	III	IV
遺伝子A	+	+	+	+
遺伝子B	−	+	+	−
遺伝子C	−	−	−	−

(5) AとBが同時にはたらかなくなると，すべての場所でCだけがはたらくので，すべての場所がめしべになる。

[3]

(1) 薬包紙を使うときは両方の皿に薬包紙をのせること，きき手側の皿に量を変えるものをのせることを意識しよう。5 gの食塩を量り取るときは分銅を操作しないので，5 gの分銅を薬包紙とともに左側の皿にのせてから，右側の皿に薬包紙をのせ，食塩の量を調節する。

(2) $\left[\text{濃さ}(\%)=\dfrac{\text{とけているものの重さ}(\text{g})}{\text{水よう液の重さ}(\text{g})}\times100\right]$で求める。(ウ)と(オ)では，とけている食塩の重さが5 gで，水よう液の重さが50 gなので，濃さが$\dfrac{5}{50}\times100=10(\%)$になる。

(3) 食塩は40℃の水100 gに36.6 gまでとけるので，40℃の水500 gには$36.6\times\dfrac{500}{100}=183(\text{g})$までとける。

(4) 食塩は60℃の水100 gに37.3 gまでとけるので，$\dfrac{37.3}{37.3+100}\times100=27.1\cdots\to27\%$が正答となる。

(5) 表1より，20℃のホウ酸のほう和水よう液100 gには約5 gのホウ酸がとけている。ここに3 gのホウ酸を加えて水の温度を上げていくと，とけるホウ酸の重さが大きくなり，だんだん濃くなっていく。ホウ酸は40℃の水100 gに8.7 gまでとけるので，水の温度が40℃付近になると，後から加えた3 gのホウ酸もすべてとけ，その後，水の温度を上げても濃さは変化しない。したがって，(エ)が正答となる。

(7) ホウ酸は20℃の水100 gに5.0 gまでとけるので，20℃の水300 gには$5.0\times\dfrac{300}{100}=15.0(\text{g})$までとける。したがって，$30-15=15(\text{g})$のホウ酸が出てくる。

(8) 温度によってとける重さの差が大きいと，ほう和水よう液の温度を下げたときに出てくる固体の量が多い。

(9) 20%の食塩水100 gは，$100\times0.2=20(\text{g})$の食塩を$100-20=80(\text{g})$の水にとかしたものである。1.7 gの食塩が出てきたとき，とけている食塩は$20-1.7=18.3(\text{g})$である。食塩は40℃の水100 gに36.6 gまでとけるので，18.3 gの食塩をとかす40℃の水の重さは$100\times\dfrac{18.3}{36.6}=50(\text{g})$である。したがって，$80-50=30(\text{g})$の水を蒸発させたことになる。

[4]

(1) 乾電池を逆向きにつなぐとモーターの回転する向きも逆になり，乾電池2個を直列につなぐとモーターは速く回る。なお，乾電池2個を並列につないでもモーターが回転する速さは1個のときと同じである。

(2) 乾電池を逆向きにつないでも明るさは変化しない。また，乾電池2個を直列につなぐと1個のときより明るく光り，乾電池2個を並列につなぐと1個のときと同じ明るさで光る。

(3) 図4より，9分後の水の温度が24.5℃なので，$24.5-20=4.5(℃)$が正答となる。

(4) 図4より，6分間で$21.5-20=1.5(℃)$上昇するので，12分間では$1.5\times\dfrac{12}{6}=3(℃)$上昇すると考えられる。

(5) 図4の6分での水の温度に着目し，上昇温度を比べればよい。ニクロム線の長さを6 cmから2倍の12 cmにすると上昇温度は3℃から$\dfrac{1}{2}$倍の1.5℃になり，3倍の18 cmにすると$\dfrac{1}{3}$倍の1℃になっている。

(6) 上昇温度は時間に比例し，ニクロム線の長さに反比例する。6 cmのニクロム線に6分間の電流を流したときの上昇温度が3℃なので，$3(℃)\times\dfrac{12(\text{分})}{6(\text{分})}\div\dfrac{36(\text{cm})}{6(\text{cm})}=1(℃)$が正答となる。

(7) $3(℃)\times\dfrac{9(\text{分})}{6(\text{分})}\div\dfrac{9(\text{cm})}{6(\text{cm})}=3(℃)$

(8) 図5の6分での水の温度に着目する。乾電池1個のときは1℃，2個のときは1℃の$2 \times 2 = 4$（倍）の4℃，3個のときは1℃の$3 \times 3 = 9$（倍）の9℃上昇している。

(9) 図5で，乾電池2個のときの6分後の上昇温度が4℃なので，15分間では$4 \times \dfrac{15}{6} = 10$（℃）になると考えられる。

(10) (8)解説より，上昇温度は乾電池の数を2回かけた値に比例する。乾電池1個のときの6分後の上昇温度が1℃なので，乾電池4個では$1 \times \dfrac{4 \times 4}{1 \times 1} = 16$（℃）になると考えられる。

(11) ①②図4参照。③図5参照。

(12) 乾電池1個のときの6分後の上昇温度が1.5℃なので，1.5（℃）$\times \dfrac{3\,（分）}{6\,（分）} \times \dfrac{6\,（個） \times 6\,（個）}{1\,（個） \times 1\,（個）} = 27$（℃）が正答となる。

(13) ニクロム線の長さが6cm，乾電池1個のときの6分後の上昇温度が3℃なので，12分後では6℃になる。これを基準とし，ニクロム線の長さを□cm，乾電池の数を○個とすると，ここでの上昇温度は
6（℃）$\div \dfrac{□\,（cm）}{6\,（cm）} \times \dfrac{○\,（個） \times ○\,（個）}{1\,（個） \times 1\,（個）} = 36 \times \dfrac{○ \times ○}{□}$と表せる。実際の上昇温度は$68 - 20 = 48$（℃）なので，
$36 \times \dfrac{○ \times ○}{□} = 48$　$\dfrac{○ \times ○}{□} = 48 \div 36$　$\dfrac{○ \times ○}{□} = \dfrac{4}{3}$となるような□と○の組み合わせを考える。□には1～18，○には1～6があてはまり，これを満たす□と○の組み合わせは，（□＝3，○＝2）と（□＝12，○＝4）の2組である。

平成 28 年度 解答例・解説

=== 《解答例》 ===

[1] (1)B，D，E，F　(2)黄　(3)⑦E　⑧D　(4)水溶液に二酸化炭素を通す。

(5)(け)白くにごった。　(こ)変化しなかった。　⑨B　⑩F〔別解〕(け)変化しなかった。　(こ)白くにごった。　⑨F　⑩B　(6)G　(7)a．(さ)気体が発生した。　(し)気体が発生しなかった。　⑪A　⑫C

b．(さ)鼻をさすようなにおいがした。　(し)においがしなかった。　⑪A　⑫C〔別解〕a．(さ)気体が発生しなかった。　(し)気体が発生した。　⑪C　⑫A　b．(さ)においがしなかった。　(し)鼻をさすようなにおいがした。　⑪C　⑫A

[2] (1)(イ)　(2)(ウ)　(3)(イ)　(4)(ウ)　(5)(エ)　(6)花や葉になる冬芽をつける。

(7)①(コ)　②(オ)　③(カ)　④(ケ)　⑤(ア)　⑥(エ)　⑦(ク)　⑧(イ)

[3] (1)(エ)　(2)(ア)，(エ)　(3)風通しをよくするため。　(4)百葉箱の中に直射日光が入らないようにするため。　(5)水面の位置に印をつけ，コップの外側がぬれた後の水面の位置と比べる。　(6)2800　(7)3520

(8)63　(9)300

[4] (1)0.9　(2)(ウ)　(3)(ウ)　(4)4　(5)(エ)　(6)(ウ)　(7)なし　(8)(イ)，(カ)　(9)(イ)，(ケ)

(10)1.27　(11)50，67

=== 《解　説》 ===

[1] (1) 固体がとけているのはB（水酸化カルシウム），D（砂糖），E（食塩），F（水酸化ナトリウム）である。

(2)(6) ②に分類されるのは，気体が溶けているA（塩化水素），C（二酸化炭素），G（アンモニア）である。BTB溶液は酸性で黄色，中性で緑色，アルカリ性で青色に変化する。したがって，⑤はアルカリ性のG，⑥は酸性のAとCであり，結果(か)で水溶液は黄色になる。

(3) 操作2で，どちらのリトマス紙も変化しなかった③は中性のDとEで，赤色リトマス紙が青色に変化した④はアルカリ性のBとFである。さらに，操作4で，白い固体の結晶が残った⑦はEで，黒い固体が残った⑧は有機物である砂糖が溶けているDである。

(4)(5) ④に分類される水溶液はBとFである。これらの水溶液に二酸化炭素を通す（炭酸水を加える）と，Bは白くにごるが，Fは変化しない。

(7) ⑥に分類される水溶液はAとCである。aの操作により，Aではアルミニウム片が溶けて気体が発生するが，Cでは変化が見られない。また，bの操作により，Aでは鼻をさすようなにおいがするが，Cではにおいがしない。

[2] (1) ソメイヨシノの開花に影響をおよぼすのは気温である。したがって，ふつう気温が低い北の地域や標高の高い土地ほどソメイヨシノの花がさき始める時期はおそくなる。

[3] (1) 太陽が最も高くなる時刻は正午ごろであり，このとき地面が受ける熱の量が最大になり，1時間ほどして地面の温度が最大になる。空気は地面によってあたためられるので，地面の温度が最も高くなってからさらに1時間ほどした午後2時ごろに気温が最も高くなる。

(2) 湯気は目に見えているので，液体の姿である。（ア）は液体，（イ）は気体，（ウ）は固体，（エ）は液体の姿なので，（ア）と（エ）が正答となる。

(3)(4) 風通しをよくするためによろい戸になっていることや，中に直射日光が入らないようにするためにとびらが北向きについていることの他に，熱が伝わりにくい木製でできていること，日光を反射するように外側が白くぬられていること，地面からの熱の反射を防ぐために下にしばふを植えてあることなども覚えておこう。

(5) 水面の位置が低くなれば①が，水面の位置が変化しなければ②が正しいと考えられる。なお，実際には②が正しい。コップのまわりの空気が冷やされると温度が下がって飽和水蒸気量が小さくなり，空気中の水蒸気が水に変化して，コップの表面につくことでコップの外側がぬれる。

(6) 空気の温度が 16℃のとき，飽和水蒸気量は 14g である。この教室の容積は 10(m)×8(m)×2.5(m)＝200(m³)なので，教室の空気にふくむことのできる水蒸気の量は14×200＝2800(g)である。

(7) 空気の温度が 24℃のとき，飽和水蒸気量は 22g である。湿度が 80％のとき，空気1m³あたり 22×0.8＝17.6(g)の水蒸気がふくまれている。したがって，教室内には17.6×200＝3520(g)の水蒸気がふくまれている。

(8) 露点は空気中の水蒸気の量と飽和水蒸気量が等しくなるときの温度なので，露点が20℃のとき，空気中にふくまれている水蒸気の量は空気1m³あたり17gである。空気の温度が28℃のとき，飽和水蒸気量は27gなので，$\frac{17}{27}×100＝62.9…→63$％が正答となる。

(9) 空気の温度が24℃のとき，飽和水蒸気量は22gなので，湿度が50％の教室内の水蒸気の量は22×0.5×200＝2200(g)であり，300gの水を蒸発させると 2200＋300＝2500(g)になる。この状態から教室の空気の温度が12℃まで下がると，飽和水蒸気量は11gになるので，教室内にふくむことのできる水蒸気量が11×200＝2200(g)になる。したがって，2500－2200＝300(g)の水てきができる。

[4] (1) 10往復する時間が9.0秒なので，1往復する時間は9.0÷10＝0.9(秒)である。

(2)(3) ふりこが1往復する時間は，おもりの重さやふれはばを変えても変化せず，ふりこの長さによって決まっている。

(4) 表1で，10往復する時間が2倍になるのは，ふりこの長さを20cmから80cmにしたときなので，80÷20＝4(倍)が正答となる。

(5) ふりこの運動では，手を放してから直線Pまでにかかる時間と，直線Pから左端に着くまでの時間は等しい。ふりこの長さが短い方が，手を放してから直線Pを横切るまでの時間も，直線Pから左端に着くまでの時間も短い。

(6) ふりこの長さが同じなので，手を放してから直線Pを横切るまでの時間も，直線Pから左端に着くまでの時間も同じである。したがって，最初に重なって見えるのは，直線Pの上である。

(7) 図8のようにおもりEとFが同じ長さのはん囲を行ったり来たりするのは，ふりこの長さが短い方のふれはばを大きくしたときか，ふりこの長さが同じでふれはばも同じときのどちらかである(おもりの重さは関係しない)。したがって，この観察結果だけでは2つのふりこがどのような関係であるかがわからないため，「なし」が正答となる。

(8) Eの方がFよりも1往復する時間が長いことから，2つのふりこの長さが異なる(Eのふりこの方が長い)ことがわかり，さらにこのことから，ふりこの長さが短いFのふりこの方がふれはばが大きいことがわかる。

(9) ふりこが1往復する時間が同じであったので，2つのふりこの長さが同じであることがわかる。また，行ったり来たりする範囲が図9のようにHのふりこの方が長いことから，Hの振り子の方がふれはばが大きいことがわかる。

(10) 花が1往復する時間はおもりが1往復する時間と同じである。支点からおもりまでの長さは 70−30＝40(cm) なので，表1より，おもりが10往復する時間は12.7秒であり，1往復する時間は12.7÷10＝1.27(秒)である。

(11) 花が1往復する時間は，長さが 70−25＝45(cm) のふりこが1往復する時間と等しく 13.5÷10＝1.35(秒)である。花が2往復するには1.35×2＝2.7(秒)かかり，これと同じ時間でミツバチが3往復するので，ミツバチが1往復にかかる時間は 2.7÷3＝0.9(秒)である。1往復に 0.9 秒かかるふりこの長さは(1)より 20 cmだとわかる。したがって，図14で，ミツバチのふりこの支点から花とミツバチが重なって見える位置までの長さは70−20＝50(cm)である。また，図15のLが 50 cmになるので，表2より，「あ」は27°，「い」は86°であり，25 cmの辺と 54 cmの辺の間にできる角度Xは180−(27＋86)＝67(°)である。

平成 ㉗ 年度 解答例・解説

── 《解答例》──

[1] (1)内側に水てきがついてくもる。　(2)蒸散　(3)横に切った断面…下図　縦に切った断面…下図
(4)水は輪のように分布した茎の管の中を，まっすぐのぼっていく。　(5)酸素　(6)植物は光が当たっているときだけ酸素をつくる。　(7)石灰水を加えてよくかき混ぜ，白くにごることで確かめられる。　(8)水草は二酸化炭素から酸素をつくること。　(9)葉の緑色を取りのぞくため。　(10)ヨウ素液をつけて，青むらさき色になることで確かめられる。

[2] (1)あ．0.4　い．1.5　う．0　え．2.7　お．4.5　(2)右グラフ

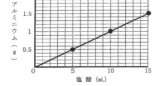

(3)

	⑬	⑭
B(g)	0.9	0
C(g)	1.8	3.3

[3] (1)①○　②×　③×　④○　⑤○　(2)(ア)，(ウ)　(3)68000　(4)90　(5)56000　(6)484000

[4] (1)①8　②25　(2)反比例　(3)①4　②20 g…2　5 g…12　③(ア)　(4)4，30　(5)75
(6)① $\frac{2}{3}$　②2.5　③20，2，30，2，20，4，5，4　(7)20×6＋20×2，30×4＋5×8
(8)あ．10　い．9　う．南　え．6　(9)東／3／南／6

[1](3)横に切った断面の図

[1](3)縦に切った断面の図

〔2〕(1)(い)問題の表の②のときのA（入れたアルミニウムはく）が0.7g，B（とけ残ったアルミニウム）が0.2gなの
で，塩酸5mLと過不足なく反応するアルミニウムは0.7−0.2＝0.5（g）となり，C（蒸発後出てきた固体）が1.5gに
なる。(あ)0.9−0.5＝0.4（g）　(う)(え)アルミニウム0.9gと過不足なく反応する塩酸は$5 \times \frac{0.9}{0.5} = 9$（mL）でこのと
きにCは$1.5 \times \frac{0.9}{0.5} = 2.7$（g）できる。(お)$1.5 \times \frac{15}{5} = 4.5$（g）　(3)⑬塩酸6mLと過不足なく反応するアルミニウムは
$0.5 \times \frac{6}{5} = 0.6$（g）なので，アルミニウムは$1.5 - 0.6 = 0.9$（g）とけ残る。このときにCは$1.5 \times \frac{6}{5} = 1.8$（g）できる。
⑭アルミニウム1.1gと過不足なく反応する塩酸は$5 \times \frac{1.1}{0.5} = 11$（mL）なので，アルミニウムはとけ残らない。このと
きにCは$1.5 \times \frac{1.1}{0.5} = 3.3$（g）できる。

〔3〕(3)45mの深さということは，地層Cの上から，45−（15＋24）＝6（m）の深さまでである。地層A15mが作られる
のに20000年，地層B24m→2400cmが作られるのに，$100 \times \frac{2400}{10} = 24000$（年），地層C6m→600cmが作られるのに，
$1000 \times \frac{600}{25} = 24000$（年）なので，20000＋24000＋24000＝68000（年前）となる。　(4)地層BとCの厚さの比は24m：30
m＝4：5だから，下図Iのように点aの下をほって地層CとDの境目
が出てくる深さは，$30 \times \frac{4+5}{4} = 67.5$（m）である。図3の三角形の比
を用いると，点aから点bまでの長さは，$67.5 \times \frac{4}{3} = 90$（m）になる。

図I

(5)右図IIのように，地表に地層BとCの境目が出てくるのは，a
点を左に$30 \times \frac{4}{3} = 40$（m）進んだ場所になる。点aから左に45m進
んだ場所は，地層BとCの境目から左に45−40＝5（m）進んだ場
所である。この地点は図IIのように，地層Cに対して垂直に
$5 \times \frac{3}{5} = 3$（m）→300cmほった深さにあたる。よって積もり始めた
のは$20000 + 24000 + 1000 \times \frac{300}{25} = 56000$（年前）になる。

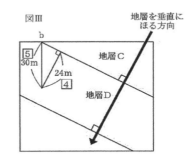

図II

(6)右図IIIのように，点bから30m下にほった場所は，地層Dに対して垂直に
$30 \times \frac{4}{5} = 24$（m）→2400cmほった深さにあたる。よって，積もり始めたのは
$20000 + 24000 + 1000 \times \frac{3000}{25} + 10000 \times \frac{2400}{75} = 484000$（年前）になる。

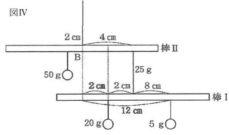

図III

〔4〕(1)①20×2÷5＝8（cm）②5＋20＝25（g）　(2)棒を反時計回りに回すは
たらきは20×2＝40。Aからおもりをつるす位置までの距離と，おもりの重
さの積が一定（＝40）になるときにつり合う。　(3)①50×2÷25＝4（cm）

②右図IVのように，Bからの距離を考える。　③棒を反時計回りに回
すはたらきは，50×2＝100，時計回りに回すはたらきは，
20×2＋5×12＝100となり，てこが水平につり合うことがわかる。
(4)50−20＝30（g），20×6÷30＝4（cm）　(5)棒I・棒IIにつるされて
いるおもりの重さの合計は20＋5＋20＋30＝75（g）なので，Bを糸で
引く力も75gである。　(6)①「20gのおもりが棒を左にかたむけよう
とするはたらき」は，20×2＝40，「もうひとつのおもりが棒を左にか
たむけようとするはたらき」は，30×2＝60なので，$40 \div 60 = \frac{2}{3}$（倍）になる。②「ふたつのおもりが棒を右にかた

むけようとするはたらきの合計」は，5×4＋20×4＝100，「Bの左2cmの，20gのおもりのはたらき」は，20×2＝40なので，100÷40＝2.5（倍）になる。　⑺図10の板を右側から見た状態は右図Ⅴのようになる。この棒のつり合いを考える。　⑻板につるしたおもりは右図Ⅵのようになる。5gのおもりと(あ)gのおもりが一直線上に位置することに注目して，図Ⅵの➡の方向から見たてこを考える。(あ)の重さは，5×④÷②＝10（g）となる。5gのおもりと10gのおもりがつり合っているので，18gのおもりと(い)gのおもりがつり合えば全体がつり合うことがわかる。Oを糸で引く力の大きさ，つまりつるしたおもりの重さの合計は42gだから，(い)は，42－（18＋5＋10）＝9（g）となる。右図Ⅶの➡の方向から見たてこを考えると，18gのおもりと9gのおもりの重さの比が2：1だから，Oからの距離の比は逆になり，1：2となる。よって(い)gのおもりをつるす位置は，東に4cm・南に6cmになる。

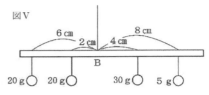

図Ⅴ

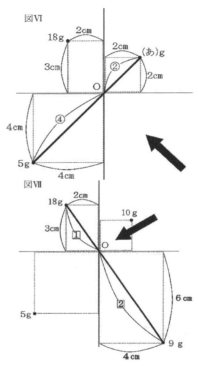

図Ⅵ

図Ⅶ

⑼糸をつなぎかえた状態は右図Ⅷのようになる。ここで下から➡の方向を見たてこを考えると，反時計回りに回すはたらきが5×5＋18×3＝79，時計回りに回すはたらきが10×1＋9×3＝37で，時計回りに回すはたらきが79－37＝42小さい。よって14gのおもりをつるす位置は，42÷14＝3（cm）だけOより東になる。同様に，右から➡の方向を見たてこを考えると，反時計回りに回すはたらきが9×4＋5×2＝46，時計回りに回すはたらきが10×4＋18×5＝130で，反時計回りに回すはたらきが130－46＝84小さい。よって14gのおもりをつるす位置は，84÷14＝6（cm）だけOより南になる。

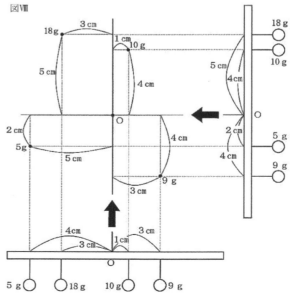

図Ⅷ

―――――――――――――― 《解答例》 ――――――――――――――

[１] (1)水　　(2)①(カ)　②(ア)　③(ウ)　④(イ)　　(3)①(ウ)・②(ウ)　③(ア)　　(4)①80　②10　③4

(5)①35　②41　③6　　(6)(ア)

[２] (1)消化液　　(2)たくさんのじゅう毛がある。　　(3)水分を吸収する。　　(4)①(オ)　②(イ)　③(ウ)

(5)(ア)　　(6)たん汁　　(7)(イ)　　(8)72

[３] (1)A. 二酸化炭素　B. 塩化水素　　(2)A. (イ)　C. (ア)　D. (エ)

(3)①(ウ), (エ)　②(ア), (イ), (エ)　③(ア), (イ), (ウ)　　(4)12.5　　(5)(ア)　　(6)E. 2　G. 5

(7)(ア)　　(8)①9.3　②90　③(イ)　④20　⑤(カ)

[４] (1)(ア)　　(2)(エ)　　(3)(ア)　　(4)(イ)　　(5)(a)…(イ)　(b)…(キ)　　(6)あ. 1.07　い. 15

(7)40 cm…16　30 cm…12　　(8)50 cm…30　40 cm…24　30 cm…18

(9)(a)押しても小さくならない　(b)後ろから押されることがない

―――――――――――――― 《解　説》 ――――――――――――――

[１] (1)水蒸気は目に見えない。湯気は，水蒸気が冷やされて液体になったものであるため目に見える。　　(3)①太陽や月にかさがかかるのは，空高くにうす雲が出ているときであり，うす雲の西には雨雲が広がっていることが多い。②つばめが低いところを飛ぶのは，つばめのえさになる小さなこん虫が低いところを飛んでいるからで，しめった空気が近づいてくると小さなこん虫が羽が重くなって高く飛べないといわれている。③夕焼けが見えるのは，西の空に太陽の光をさえぎるような雲などがないためである。①と③は，天気が西から東へ変化することから，このような予想ができる。

(4)①陸と海に降る雨や雪の割合の合計は 100 であり，陸から蒸発する水の割合が 20 であるので，海から蒸発する水の割合は 100－20＝80 である。②陸から蒸発する水の割合が 20 で，陸に降る雨や雪の割合が 30 であるので，30－20＝10 が海の上から陸の上に移動する水蒸気や雲の割合である。③陸から海に流れこむ水の割合は 10 である。したがって，40 万km²×$\frac{10}{100}$＝4 万km² が正答となる。　　(5)①50 万km²－15 万km²＝35 万km²　②50 万km²－9 万km²＝41 万km²　③15 万km²－9 万km²＝6 万km²　(6)1 m＝100 cm，1 年＝365 日 より，365 日×$\frac{2.5cm}{100cm}$＝9.1…→9 日

[２] (3)養分や水分の多くは小腸で吸収され，その残りから水分を吸収してふんにするのが大腸のはたらきである。

(4)①血液の通り道(循環という)には，心臓から肺を通って心臓に戻ってくる肺循環と，心臓からその他の部分を通って心臓に戻ってくる体循環がある。②③小腸で吸収された養分は一度肝臓へ送られるため，小腸から肝臓へ血液が流れる血管がある。　　(6)たん汁は肝臓でつくられてたんのうにたくわえられる。たん汁には脂肪の消化を助けるはたらきがある。　　(8)1 分間に肝臓から心臓に送られる血液の量は，1 分間に心臓から直接肝臓に送られる血液の量(ⓐとする)と 1 分間に小腸から肝臓に送られる血液の量(ⓑとする)の合計である。ⓐはⓑの 25%であるので，ⓐ：ⓑ＝25%：100%＝1：4 となり，ⓑ＝1.5L×$\frac{4}{1+4}$＝1.2L となる。したがって，1 時間(60 分)では，1.2L×60 分＝72L となる。

[３] (1)炭酸水は水に二酸化炭素がとけたものであり，うすい塩酸は塩化水素が水にとけたものである。　　(2)二酸化炭素(においなし)やアンモニア(においあり)などの気体がとけた水溶液は水を蒸発させると何も残らないが，食塩水

（においなし）などの固体がとけた水溶液は水を蒸発させるととけていたものが再び固体として出てくる。　(3)①(ア)(イ)ＡとＢはどちらも酸性なので，ＢＴＢ液やリトマス紙では区別できない。(ウ)加熱して出てきたＡの気体（二酸化炭素）だけが石灰水を白くにごらせる。(エ)Ｂにアルミニウムを加えたときだけ水素が発生する。②(ア)(イ)Ｂは酸性，Ｃはアルカリ性なのでＢＴＢ液やリトマス紙で区別できる。(ウ)どちらも変化しないので区別できない。(エ)Ｂにアルミニウムを加えたときだけ水素が発生する。③(ア)(イ)Ａは酸性，Ｃはアルカリ性なのでＢＴＢ液やリトマス紙で区別できる。(ウ)加熱して出てきたＡの気体（二酸化炭素）だけが石灰水を白くにごらせる。(エ)どちらもアルミニウムと反応しないので区別できない。　(4)Ｄ．食塩は20℃の水100ｇに36ｇまでとけるので，20℃の水50ｇには18ｇまでとける。Ｅ．食塩は20℃の水240ｇに　$36ｇ×\frac{240ｇ}{100ｇ}＝86.4ｇ$　までとける。Ｆ．白い固体Ｘは20℃の水100ｇに16ｇまでとけるので，20℃の水50ｇには8ｇまでとける。したがって，$10ｇ－8ｇ＝2ｇ$　がとけ残るので，これをすべてとかすには20℃の水があと　$100ｇ×\frac{2ｇ}{16ｇ}＝12.5ｇ$　必要である。Ｇ．白い固体Ｘは20℃の水135ｇには　$16ｇ×\frac{135ｇ}{100ｇ}＝21.6ｇ$　までとける。　(5)水をすべて蒸発させると水にとけていた固体が出てくる。ＤとＦではどちらも10ｇずつの固体が出てくることになり，同じ体積での重さ（密度という）が食塩よりも白い固体Ｘの方が重いので，同じ重さでの体積はＥの水を蒸発させて出てきた食塩の方が大きい。　(6)Ｅの水50ｇを蒸発させると　$10ｇ×\frac{50ｇ}{250ｇ}＝2ｇ$　の食塩が出てくる。Ｇの水50ｇを蒸発させると　$15ｇ×\frac{50ｇ}{150ｇ}＝5ｇ$　の固体Ｘが出てくる。(7).(6)より，出てきた固体Ｘの重さは出てきた食塩の重さの　$5ｇ÷2ｇ＝2.5$倍である。同じ体積での重さは，固体Ｘが食塩の3倍であり，出てきた固体Ｘの体積は出てきた食塩の体積の$\frac{2.5}{3}$倍となるので，Ｅの水50ｇを蒸発させて出てきた食塩の方が体積が大きい。　(8)①水溶液の濃さ(%)＝$\frac{とけたものの重さ（ｇ）}{水溶液全体の重さ（ｇ）}×100＝\frac{10ｇ}{97ｇ＋10ｇ}×100＝$9.34…→9.3%　②10%の食塩水は，食塩水全体の10%の重さの食塩と90%の重さの水（食塩：水＝10%：90%＝1：9）で作られている。したがって，$10ｇ×\frac{9}{1}＝90ｇ$　となる。③Ｈで100mLになった食塩水のうち，97ｇが水であり，20℃の水97ｇの体積が97mLであることから，10ｇの食塩によって体積が　$100mL－97mL＝3mL$　大きくなることがわかる。したがって，水90ｇ（90mL）に10ｇの食塩をとかしたときの食塩水の体積は　$90mL＋3mL＝93mL$　になると考えられる。④90ｇの水に10ｇの食塩をとかすと10%の食塩水ができたので，180ｇの水には20ｇの食塩をとかせばよい。⑤液体の体積はメスシリンダーではかることができる。

[4]　(5)(ｂ)初めの空気柱の長さを1としたとき，縮めた空気柱の長さが0.9のとき1.39kg，0.8のとき1.25kgになっていることから，(キ)が正答となる。　(6)あ．$\frac{縮めた空気柱の長さ（cm）}{初めの空気柱の長さ（cm）}＝\frac{28cm}{40cm}＝0.7$　となるので，表1でこの割合が0.7となる35cmのときと同じ大きさの力（1.07kg）が必要である。い．0.50kgの力が必要となるのは表1から$\frac{25cm}{50cm}＝0.5$　のときだとわかるので，$30cm×0.5＝15cm$　が正答となる。　(7)前玉が飛び出すのは表1から$\frac{20cm}{50cm}＝0.4$　のときだとわかるので，$40cm×0.4＝16cm$，$30cm×0.4＝12cm$　が正答となる。　(8)初めの空気柱の長さが50cmのときは，縮めた空気中の長さが20cmになったところで前玉が飛び出した。20cmになった縮められた空気は元の長さ（50cm）にもどるため，前玉を　$50cm－20cm＝30cm$　押すことになる。したがって，前玉が後ろの空気から押されながら進む距離は30cmである。同様に考えて，空気柱の長さが40cmのときは　$40cm－16cm＝24cm$，30cmのときは　$30cm－12cm＝18cm$　となる。

社 会

《解答例》

[1]　問 1 . 他国を侵略し多くの人々を虐殺した国であり，唯一の被爆国であること。　　問 2 . お，く

　　　　問 3 . い→う→あ→え→お　　問 4 . 毒ガス　　問 5 . あ　　問 6 . 沖縄　　問 7 . ローマ教皇フランシスコ

[2]　問 1 . い　　問 2 . 宮内庁　　問 3 . あ，か，き　　問 4 . あ　　問 5 . う　　問 6 . う　　問 7 . ＯＤＡ

　　　　問 8 . 海洋プラスチックごみ　　問 9 . 範囲が広くなり被害状況を把握しにくいこと。／職員が少なく，すべて

　　　　の地域に担当者をわりあてられないこと。などから 1 つ

[3]　問 1 . (1)出雲　(2)藤原京　(3)大宝律令　(4)執権　(5)御成敗式目〔別解〕貞永式目　(6)勘合　　問 2 . (1)あ

　　　　(2)防人　(3)う　(4)黒船来航　(5)イ　　問 3 . (1)滋賀　(2)え　　問 4 . 伊能忠敬が地図を作るために使った道具。

[4]　問 1 . 津田梅子　　問 2 . 廃藩置県　　問 3 . 授業料を払わなければならないことと，女の子や次男・三男は家

　　　　庭の重要な働き手だったから。　　問 4 . 西郷隆盛は武力によって政府と戦い西南戦争を起こしたが，板垣退助

　　　　は，民撰議院設立建白書を提出し，言論による自由民権運動を起こした。　　問 5 . え　　問 6 . う

　　　　問 7 . え　　問 8 . う→あ→い→え　　問 9 . (1)(学童)疎開　(2)軍国主義　　問10. 農地改革　　問11. う

　　　　問12. あ

[5]　問 1 . え　　問 2 . 東北地方に部品生産の関連工場があり，部品供給がストップしたから。　　問 3 . く

　　　　問 4 . (1)A．い，え　B．お，け　(2)う　　問 5 . い　　問 6 . (1)鉄道網の発達によって，交通渋滞の原因とな

　　　　る自動車に乗る必要性がうすれたから。　(2)神奈川　　問 7 . 東京オリンピック・パラリンピック開催中の交通

　　　　機関の混雑対策。

《解　説》

[1]

　問 1　「ヒロシマ(広島への原爆投下)」から日本が被爆国であること，「パール・ハーバー(真珠湾攻撃)」「南京虐
　　　殺(南京事件)」「マニラの火刑(マニラ大虐殺)」から，日本が他国を侵略した国であることを読み取る。

　問 2　「お」と「く」が誤り。廿日市市には牡蠣など，大竹市には和紙などの特産品がある。レモンは，尾道市や
　　　呉市などの瀬戸内海沿岸部の都市で生産が盛んである。下駄は福山市の特産品である。

　問 3　西から順に並べればよい。対馬は長崎県，下関は山口県，下蒲刈は広島県，明石は兵庫県，大阪は大阪府だ
　　　から，「い」→「う」→「あ」→「え」→「お」となる。

　問 4　大久野島は現在「ウサギの島」として観光地であるが，戦時中はウサギが毒ガスの実験用として飼われていた。

　問 5　「あ」が正しい。杉原千畝は，ドイツと同盟関係にあった政府の意向を無視して，リトアニアに逃げ込んだ
　　　ユダヤ人にビザを発給し続け，約 6 千人の命を救った。「い」はオスカー・シンドラー，「う」はアンネ・フランク，
　　　「え」はマキシミリアノ・コルベについての説明である。

　問 6　戦艦大和は，沖縄海上特攻の途中にアメリカの攻撃を受けて，鹿児島県坊ノ岬沖で沈没した。

　問 7　ローマ教皇フランシスコは，被爆地である長崎や広島で，核兵器の使用や保有は倫理に反するとスピーチした。

[2]

問1　「い」が正しい。精神の自由についての記述である。基本的人権として，自由権・社会権・参政権などが保障されている。プライバシーの権利・知る権利・環境権は，日本国憲法に定められていない新しい人権である。

問3　「あ」と「か」と「き」を選ぶ。なお，「い」と「え」と「く」は参議院についての記述である。

問4　「あ」が正しい。「い」は天皇，「う」と「え(弾劾裁判)」は国会についての記述である。

問5　「う」が誤り。裁判員制度では，重大な刑事事件の一審について，くじで選ばれた<u>6人の裁判員と3人の裁判官で審議し，有罪か無罪か，有罪であればどのような量刑が適当かを決定する。</u>

問6　「う」が正しい。「あ」について，「首相や国会議員」でなく「首長や地方議会議員」であれば正しい。「い」について，市議会議員の被選挙権は満25歳以上である。「え」について，「法律」でなく「条例」であれば正しい。

問7　ＯＤＡは政府開発援助の略称である。

問8　左はマイクロプラスチック，右はプラスチック製ストローの写真である。海に流れ込んだ微小なプラスチック粒子(マイクロプラスチック)を魚などが食べ，その魚を食べている人間の体に移行して影響を及ぼす危険性が問題視されている。

問9　解答例のほか，「職員の参集に時間がかかること。」などもよい。市町村合併に伴う自然災害時のメリットには，防災担当部署を増設できることなどが挙げられる。

[3]

問1(1)　出雲国は現在の島根県にあたる。　　　(2)　藤原京は天智天皇(中大兄皇子)の死後，皇后の持統天皇がつくった。
(3)　大宝律令は，701年，文武天皇の治世の頃，藤原不比等や刑部親王らによって編纂された。　　　(4)　源氏の将軍が3代で途絶えた後も，御家人と将軍の主従関係は続いたが，将軍は名目的存在であり，執権についた北条氏が政治の実権を握った。　　　(5)　御成敗式目は鎌倉幕府3代執権北条泰時が制定した。　　　(6)　足利義満は，倭寇の取りしまりを条件に明と貿易することを許された。

問2(1)　江戸時代の松尾芭蕉の歌だから，「あ」が誤り。狂言が成立したのは<u>室町時代</u>である。　　　(2)　『万葉集』に収録されている防人の歌である。防人は3年間北九州の防衛をするため，防人の歌には愛する人との別れを詠んだものが多かった。　　　(3)　平安時代の藤原道長の歌だから，「う」を選ぶ。こどもの日は，「端午の節句」という年中行事であった。　　　(4)　1853年にペリー率いる黒船が神奈川県の浦賀に来航し，日本に開国を求めた。
(5)　イ．「令和」は『万葉集』の「初春の<u>令</u>月にして…風<u>和</u>ぎ…」から引用された。

問3　聖武天皇は，奈良時代に仏教の力で国家を守るため，国ごとに国分寺を，都に建てた東大寺に大仏をつくらせた。
(1)　聖武天皇は平城京(奈良県)→恭仁京(京都府)→難波宮(大阪府)→紫香楽宮(滋賀県)→平城京と都を移した。
(2)　「え」の東大寺の正倉院には聖武天皇の遺品が納められている。「あ(姫路城)」と「い(福岡藩上屋敷)」は江戸時代，「う(平等院鳳凰堂)」は平安時代。

問4　伊能忠敬らは，江戸幕府の命令により全国各地を実測し，大日本沿海輿地全図を作成した。量程車は測量，象限儀は天体高度の観測，羅針盤(コンパス)は方位を測るために使われた。

[4]

問1　写真の右から2番目が津田梅子で，女子英学塾(現在の津田塾大学)の創設者として知られる。

問2　版籍奉還(1869年)後も藩主が藩内の政治を担当していたため，廃藩置県(1871年)が実施された。その結果，政府から派遣された役人(県令や府知事)がそれぞれの県を治めることとなり，江戸幕府の支配のしくみが完全に解体された。

問3　学制により，6歳以上の男女すべてが小学校で初等教育を受けることとされたが，授業料の負担が重く，子

どもは大切な働き手であったため，当初はなかなか就学率が伸びなかった。

問4　西南戦争は士族による最後の武力反乱である。「民撰議院」は国民が選出した議員で構成される議院であり，政府に言論ではたらきかける自由民権運動の中では藩閥政治が批判され，国民全体で国の方針を決める国会の開設などが要求された。

問5　「え」が誤り。第1回衆議院議員総選挙は，北海道・沖縄県・小笠原を除く全国46府県で実施された。

問6　「う」が誤り。ポーツマス条約(1905年)では韓国に対する保護権を認めさせただけで，韓国併合は1910年である。

問7　「え」を選ぶ。北里柴三郎(ペスト菌の発見)・志賀潔(赤痢菌の発見)・野口英世(黄熱病の研究)は細菌学者，新渡戸稲造は国際連盟の事務局次長を務めた人物である。

問8　関東大震災は1923年，世界恐慌は1929年，満州事変は1931年，真珠湾攻撃は1941年だから，「う」→「あ」→「い」→「え」の順となる。

問9(2)　「テッパウ(鉄砲)」「ホ兵」などの軍国主義的な内容が消されたことから，教育の民主化が進められたとわかる。

問10　農地改革は，国が強制的に地主の土地を買い上げ，小作人に安く売り渡した政策である。

問11　サンフランシスコ平和条約調印時の様子だから，「う」が誤り。アメリカを中心とする48か国と結んだ条約で，これによって日本は独立を回復したが，中国は会議に招かれなかった。

問12　資料2で白黒テレビの普及開始は昭和32(1957)年だから，その直前の「あ(1956年)」を選ぶ。「い」は1964年，「う」は1970年，「え」は1985年。

[5]

問1　輸送用機器出荷額は愛知県で高いからB，肉用牛の飼育頭数は北海道・鹿児島県・宮崎県で多いからC，米の生産量は新潟県・北海道・東北地方で多いからAと判断し，「え」を選ぶ。

問2　自動車組み立て工場では，主にジャストインタイム生産方式(必要なときに必要なものを必要なだけ生産する方式)が取られているため，倉庫に余分な在庫が保管されることはほとんどない。

《解答例》

[1] 問１．(1)辺野古　(2)呉　(3)対馬丸　　問２．[a]11，2　[b]8，15　　問３．(1)う　(2)アメリカの現職大統領
オバマが広島を訪問したこと。　　問４．え　　問５．(1)原城　(2)あ　　問６．(1)う　(2)キリスト教の教えが幕
府の支配のさまたげになると考えたから。　　問７．か

[2] 問１．征夷大将軍　　問２．あ，え　　問３．あ　　問４．え　　問５．え　　問６．南朝と北朝の2つの朝廷
が存在したから。　　問７．う，か　　問８．(ア)関ヶ原の戦い　(イ)反乱をおそれた　　問９．大政奉還

[3] 問１．(ア)薩摩　(イ)中国　　問２．う　　問３．唐人屋敷　　問４．横浜／神戸　　問５．え
問６．(ア)ノルマントン号事件　(イ)イギリス　(ウ)人の犯罪を日本の法律で裁く　　問７．う　　問８．あ
問９．あ

[4] 問１．(1)税率が上がるほど年収が少ない人の消費税負担の割合が高くなる。　(2)年収が低い人は，消費総額に占
める食料の消費割合が高いから。　　問２．あ　　問３．持続可能な　　問４．しまなみ海道の開通
問５．Ａ．う　Ｂ．い　Ｃ．お　　問６．あ　　問７．え　　問８．あ　　問９．アメリカによる太平洋ビキニ
環礁での水爆実験。

[5] 問１．(A)北上　(B)紀伊　(C)房総　(D)江の　　問２．(1)く　(2)お　(3)え，き　　問３．(1)♨　(2)⛩
問４．あ，う，お　　問５．(1)西日本に稲作が広まったから。　(2)あ，う

《解　説》

[1]

問1(1)　普天間移設計画では，埋め立て工事への反対や，移設先を沖縄県以外にすべきと主張する反対運動が起き
ている。　　(2)　広島県は，アジア・太平洋戦争の時まで陸軍や海軍の主要拠点だったので，呉市には大きな軍需
工場が多くあった。　　(3)　対馬丸が沈没した海域は潮の流れが速く，台風の影響で波も荒かったため，多くの
人々が力つきて海底へと沈んでいった。

問3(1)　「う」が正しい。大きな被害を受けた広島市では，同じような悲劇を二度と繰り返さないために，核兵器
廃絶を求める運動を続けている。　　(2)　オバマ大統領の広島訪問は，戦争で核兵器を使った唯一の国の現役大統
領による被爆地初訪問だったため，国内外の関心が高まり，平和記念資料館の入館者数が急増した。

問4　「え」が誤り。<u>ウラン型原爆「リトルボーイ」が広島に，プルトニウム型原爆「ファットマン」が長崎に投
下された。</u>

問5(1)　島原・天草一揆は，幕府のキリスト教徒への弾圧や，領主の厳しい年貢の取り立てに対する不満から，
1637年に島原・天草地方の農民が天草四郎を総大将として起こしたが，幕府が送った大軍によって鎮圧された。

(2)　「あ」が大浦天主堂である。「い」は世界平和記念聖堂(広島県)，「う」はシャルトル大聖堂(フランス)，「え」
は山口サビエル記念聖堂(山口県)である。

問6(1)　「う」が正しい。1612年に幕領にキリスト教禁止令が出され，翌年には全国に及んだ。その後，明治政府

がキリスト教の禁止令を解いたのが 1873 年だから，1873 － 1612 ＝ 261，最も近い 260 年を選ぶ。　　(2)　幕府は，キリスト教徒の増加がヨーロッパによる日本侵略のきっかけとなり，神への信仰を何よりも大事とする教えが幕府の支配のさまたげになると考えた。

問 7　「か」が正しい。Ⓐ～Ⓔは 1945 年の出来事である。Ⓒ東京大空襲（3 月）→Ⓑ沖縄戦の終戦（6 月）→Ⓔ広島県への原爆投下（8 月 6 日）→Ⓓ長崎への原爆投下（8 月 9 日）→Ⓐ太平洋戦争の終戦（8 月 15 日）の順である。

[2]

問 1　征夷大将軍は，源頼朝が任命されて鎌倉幕府を開いた以降，幕府の最高地位の者にあたえられた。

問 2　「あ」と「え」が誤り。「あ」の三内丸山遺跡は青森県にある。「え」の「はにわ」は古墳時代の出土品である。

問 3　「あ」が正しい。「い」は源義経，「う」と「え」は源義朝についての記述である。

問 4　「え」が正しい。鎌倉幕府は，将軍と，将軍に従う御家人との結びつきによって支えられた。将軍は，御恩として御家人の以前からの領地を保護したり，新たな領地を与えたりして，御家人は，奉公として京都や幕府の警備につき命をかけて戦った。「あ」は藤原氏や平清盛についての記述である。「い」は「京都」でなく「鎌倉」であれば正しい。「う」の守護・地頭の設置は平氏滅亡後に認められた。

問 5　「え」が正しい。写真は北条政子である。「ある出来事」とは承久の乱で，鎌倉幕府打倒をかかげた後鳥羽上皇が挙兵し，鎌倉幕府方に打ち破られた乱である。この後，幕府は西国の武士や朝廷の監視を目的に，京都に六波羅探題を置き，幕府の支配は九州～関東に及んだ。

問 6　鎌倉幕府滅亡後，後醍醐天皇が行った政治を建武の新政という。建武の新政は公家・天皇中心の政治であったことから武士らの反感を買い，2 年あまりで失敗に終わった。京都を追われた後醍醐天皇は奈良の吉野に逃れ，そこで南朝をたてた。京都では足利尊氏がすでに新たな天皇を立てていたため，1392 年に足利義満が南北朝を統一するまで，日本には 2 つの朝廷が存在していた。

問 7　「う」と「か」が誤り。「う」の勘合貿易は足利義満，「か」の日本人の海外渡航禁止は徳川家光が行った。

問 8　親藩は徳川家一門，譜代大名は関ヶ原の戦い以前から徳川氏に従っていた大名，外様大名は関ヶ原の戦い前後に徳川氏に従った大名のこと。外様大名が江戸から遠ざけられたのに対して，親藩・譜代大名は交通の要衝となる場所に置かれた。

問 9　徳川慶喜は，政府内での権力の維持を考えて大政奉還を行ったが，公家の岩倉具視らが王政復古の大号令を発し天皇中心の政治に戻すことを宣言したため実現しなかった。

[3]

問 1　海上交通がさかんになった江戸時代には，北前船を使い，下関から瀬戸内海を通る西廻り航路で，蝦夷地から京都・大阪まで昆布が運ばれるようになった。この道すじは「昆布ロード」と呼ばれ，琉球王国や清（中国）へとのびていき，琉球王国は薩摩藩と清との昆布貿易の中継地として重要な役割を果たした。

問 2　大塩平八郎の乱（1837 年）は，元大阪町奉行所の与力大塩平八郎が天保の飢饉（1830 年代）に苦しむ人々に対する奉行所の対応を批判して彼らを救うために挙兵して起こした乱だから，「う」を選ぶ。

問 3　唐人屋敷は貿易で来航した中国人が生活した。江戸幕府は，キリスト教の布教を行うポルトガルやスペインの船の来航を禁止し，キリスト教の布教を行わないオランダの商館を出島に移し，キリスト教と関係のない中国と 2 か国のみ，長崎での貿易を認めた。

問 4　1858 年に日米修好通商条約が結ばれ，横浜・函館（箱館）・長崎・新潟・神戸の 5 港が開かれた。

問 5　「え」が誤り。1873 年の地租改正では，それまでの米で納める租税を，地価の 3 ％（1877 年に 2.5 ％に変更）を現金で納めることに変更した。

問6　ノルマントン号事件は，和歌山県沖で船が沈没した際，イギリス人船長が日本人の乗客を見捨てたにもかかわらず，日本の法律で裁けなかったために軽い刑罰で済んだ事件である。

問7　「う」が正しい。1931年の柳条湖事件をきっかけに始まった満州事変で，日本軍は満州国を建国したが，リットン調査団の報告を受けた国際連盟が満州国を認めないとする決議を行ったので，1933年，日本は国際連盟に対して脱退を通告し，1935年に正式に脱退した。その後，1937年の盧溝橋事件をきっかけに日中戦争が始まった。

問8　1951年にアメリカを中心とする48か国と結んだサンフランシスコ平和条約で日本は独立を回復したから，「あ」を選ぶ。

問9　「あ」が正しい。グラフ1とグラフ2から，漁かく量においては宮城県よりも少ない愛媛県が，漁業生産額においては宮城県よりも高いことを読み取る。愛媛県では，「伊予の媛貴海（ひめたかみ）」「みかんブリ」「チョコブリ」のように他の産地と差別化したブランド化をすすめている。

［４］
問1(1)　グラフで，消費税率引き上げの2014年（5％→8％）と2019年（8％→10％）に，低所得者の消費税負担が高くなっていることに着目する。消費税はすべての消費者が平等に負担するため，逆進性が問題となっている。

(2)　一般に所得が低いほど，食費割合が高くなる。

問2　「あ」が正しい。「い」の国際連合の本部はアメリカのニューヨークにある。「う」は，「安全保障理事会」が「国連総会」であれば正しい。「え」の国連分担金を最も多く負担しているのはアメリカである。

問4　しまなみ海道は3本目の本州四国連絡橋で，広島県尾道市と愛媛県今治市を結んでいる。

問5　三権分立のしくみについては右図参照。

問6　「あ」が正しい。Aは社会保障費なので厚生労働省，Bは地方交付税交付金なので総務省が支出する。

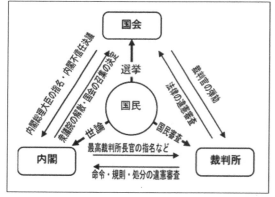

問7　「え」が正しい。「あ」は，中国の人の旅行支出はすべての項目でタイよりも高い。　「い」は，東南アジア（タイ・インドネシア・フィリピン）の人の買い物代はヨーロッパ（イギリス・フランス）の人より支出が多い。　「う」は，イギリスやフランス人の平均宿泊数は，フィリピンの人よりも少ない。

問8　「あ」が誤り。非核三原則は，佐藤栄作首相が1967年に打ち出した方針なので憲法に明記されていない。

問9　「1954年」「放射能汚染」から，太平洋に浮かぶビキニ環礁沖でアメリカが行った水爆実験を導く。これにより，遠洋マグロ漁船の第五福竜丸が被爆し，無線長が亡くなった。

［５］　「あ」は岩手県，「い」は三重県，「う」は愛媛県，「え」は千葉県，「お」は島根県，「か」は石川県，「き」は大分県，「く」は神奈川県。

問2(1)(2)　人口は多い順に，神奈川県→千葉県→三重県→愛媛県→岩手県→石川県→大分県→島根県となる。

(3)　「え」と「き」を選ぶ。県庁所在地は，岩手県が盛岡市，三重県が津市，愛媛県が松山市，島根県が松江市，石川県が金沢市，神奈川県が横浜市である。

問3(1)　Pには道後温泉，Qには別府温泉，Rには湯河原温泉があるから「♨」を導く。　(2)　Xには伊勢神宮，Yには出雲大社があるから「卍」を導く。

問4　「あ」と「う」と「お」が誤り。岩手県は盛岡市のある内陸部，愛媛県は松山市のある北東部，島根県は松江市のある北東部が人口重心★となる。

問5(1) 稲作が広まると，安定して食料を得ることができるようになって人口が増加した。 (2) 人口重心が北東に移動していることから，「あ」と「う」を選ぶ。

平成 **30** 年度 解答例・解説

《解答例》

[1] 問1．あ 問2．う 問3．あ 問4．い 問5．あ，い，え

問6．江戸時代は身分による差別があり，それらの身分は世襲（せしゅう）だったから。

問7．松前 問8．う 問9．う，か 問10．E 問11．I，G，J

[2] 問1．(1)長引く日中戦争の中で，輸入できなくなった石油などの資源を手に入れるため。 (2)10

問2．(1)う，え (2)赤紙 (3)隣組 問3．(1)い (2)焼夷弾（しょういだん） 問4．多量の放射線を含んだ黒い雨が降った。

問5．(1)え (2)い

[3] 問1 (ア)地球温暖化 (イ)パリ協定 問2．え，お 問3．人口の密集していない地域。

問4．残留する放射線量がいまだに高いため。

[4] A問1．呉／東広島／廿日市 問2．(1)(ア)男鹿 (イ)十和田 (ウ)利根 (エ)筑紫

(2)a．う b．え c．あ d．い

B問1．阪神淡路大震災 問2．台風による死者・行方不明者が著しく減少した。

問3．(1)(ア)40 (イ)土石流 (ウ)砂防ダム (2)右図

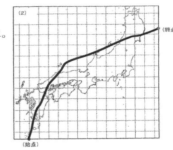

[5] 問1．う 問2．東経135 問3．(1)え (2)あ，う 問4．い 問5．あ

問6．審議を慎重に行い，さまざまな意見を取り入れるため。

問7．言語にかかわらず見ただけでマークの意味がわかる点。

問8．メッカ 問9．あ 問10．465

《解 説》

[1] それぞれの説明文から，都市の特徴を表す文言を見つけよう。 A．「日本最大の古墳」「南蛮貿易が行われる商業都市」「金属工業」などから，堺市（大阪）。 B．「元寇」「石垣」「日本最大の炭鉱地帯」などから，北九州市（福岡）。 C．「東北地方で一番人口の多い」から，仙台市（宮城）。 D．「金箔」「様々な伝統工芸品」などから，金沢市（石川）。 E．「アイヌ」「北前船」などから，函館市（北海道）。 F．「江戸時代の初めに外国との貿易」「造船」などから，長崎市。 G．「蔵屋敷」「全国からたくさん商品が集まる商業都市」などから，大阪市。 H．「明治時代になって開拓」から，札幌市（北海道）。 I．「幕府が開かれ」「関東大震災」「第二次世界大戦では大規模な空襲」などから，東京。 J．「日本最大の工業地帯」から，名古屋市（愛知）。

問1 日本最大の古墳は，古墳時代に造られた大仙古墳である。い・うは奈良時代，えは弥生時代である。

問2 あ．誤り。守護・地頭が設置されたのは鎌倉時代である。守護は国ごとに，地頭は荘園・公領ごとに置かれた。 い．誤り。足利義満が<u>明</u>とはじめた貿易は，正式な貿易船と海賊行為を行う倭寇を区別するために勘合という合札を用いたため，勘合貿易とも呼ばれる。 え．誤り。能を大成させた観阿弥・世阿弥親子を保護したのは，足利義満である。

問3 ポルトガルやスペインとの貿易を南蛮貿易という。南蛮貿易では，主に中国産の生糸や絹織物などを輸入し，石見（いわみ）銀山などで採（と）れた銀を大量に輸出した。

問4　い．「東北地方」「関ヶ原の戦いの後」「城と城下町」などから，関ヶ原の戦いで徳川方につき領地を増やし，仙台城に移った後に城下町を建設して，有力な大名となった伊達政宗のことだとわかる。

問5　あ．藩校には，武士の子のうち男子のみが通えたので誤り。百姓や町人の子どもが通ったのは寺子屋である。　い．近松門左衛門は，人形浄瑠璃の脚本家として活躍したので誤り。　え．盆おどりがはじまったのは室町時代なので誤り。

問6　表から，同じ職業の人たちが集められて生活していたことがわかる。豊臣秀吉が行った太閤検地や刀狩によって身分の区別が明確になった後，江戸時代になると「えた」や「ひにん」という他の身分の人たちから厳しく差別される身分もできて，身分に応じた職業ごとに生活する社会のしくみがさらに強まった。

問7　北海道は，もともとアイヌの住む土地であった。しかし，江戸時代に松前藩がおかれると，アイヌとの交易で利益をあげるいっぽうで，次第にアイヌの生活を圧迫するようになった。

問8　う．北前船でコンブを運んだ蝦夷地から京都・大阪までの道すじを「昆布ロード」という。

問9　う．義務教育の制度は，明治時代の「学制」で制定されているので誤り。　か．「言論・思想の自由」は，戦前の大日本帝国憲法で保障されているので誤り。　戦後の日本を指導したGHQは，財閥解体や農地改革，満20歳以上の男女すべてに選挙権を認めるなどの改革を行った。

問10　写真は，函館にある五稜郭である。幕末の戊辰戦争では，この地で最後の戦いが行われた。

問11　人口の集中する東京・大阪・名古屋を，三大都市と呼ぶ。

[2]

問1(1)　アメリカが石油の供給をストップしたこと，イギリス・アメリカが中国に物資を供給していたことなどから，日中戦争は長期化し，日本は資源の確保が必要であった。そこで石油をはじめスズ，ニッケル，ゴムなどが豊富な東南アジアへ進出した。　**(2)**　1941－1931＝10（年）である。

問2(1)　う．国民服やもんぺはぜいたくな服装ではなく，政府によって着用をすすめられたので誤り。　え．空襲が激しくなると，都市の小学生は農村に集団で疎開して集団生活を送ったので誤り。　**(2)**　召集令状は赤い紙を使ったので「赤紙」と呼ばれた。　**(3)**　生活物資の配給などは隣組を通じて行われた。

問3(1)　広島県は，アジア・太平洋戦争の時まで陸軍や海軍の主要拠点だったので，呉市には大きな軍需工場が多くあった。その後，呉市では技術者や職人から技術が伝えられ，現在も造船の街として有名である。
(2)　焼夷弾は，日本の木造家屋を焼きはらう目的で開発された。

問4　爆心地から北西に放射線被害が広まったのは，夏の南東季節風の影響である。

問5(1)　核兵器禁止条約は，核廃絶に向けて，核兵器の開発や保有，使用などを法的に禁止している。これに対して，核兵器を保有するアメリカ，ロシア，中国などが反対し，日本もアメリカの核の傘に守られる安全保障政策などを理由に参加しなかった。　**(2)**　ICANは日本の被爆者とも連携して，核兵器が壊滅的な被害をもたらす兵器であるという認識を世界に広めている。

[3]

問1　まず，「京都議定書を発展させた取り決め」から，イがパリ協定だとわかる。次に，「パリ協定」が定められた目的を，「進行をおさえる」「問題」という文言と結びつけると，アが地球温暖化だと導き出せる。

問2　え・お．グラフ2を見ると，石油よりも原子力の方が燃料費は安いので誤り。

問3・問4　原子力発電所で事故が起きて大量の放射線が放出されると，原発周辺の土壌や海洋が汚染され，多くの人間や動物が被害にあう危険性がある。

［4］

A問1　広島県で人口10万人以上の市は，広島市，呉市，尾道市，福山市，東広島市，廿日市市である。

問2(1)　aは兵庫県，bは秋田県，cは埼玉県，dは福岡県である。　　(2)　人口が10万人以上の都市がない地域に注目する。まず，10万人以上の都市が1つしかないえは，秋田県だとわかる。次に，兵庫県は北部，埼玉県は南西部，福岡県は南東部にそれぞれ山地山脈があることから考える。

B問1　関東大震災では火災，阪神淡路大震災では倒壊による圧死，東日本大震災では津波による被害が大きかった。

問2　図から，「枕崎台風」「洞爺丸台風」「伊勢湾台風」など，1960年以前に台風による死者・行方不明者の数が多かったことを読み取ろう。治水工事がすすんだことで，台風被害は減少した。

問3(1)　ア．9月17日は8月6日の42日後なので，約40日が正解となる。　イ．土石流は，台風にともなう大雨によって土砂が流動しやすくなるために発生する。　ウ．砂防ダムは，洪水のときに土砂が流出するのを防ぐ役割を持つ。

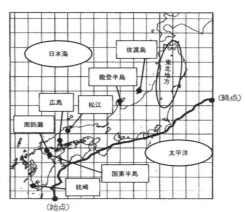

(2)説明文に出てくる地名や海洋名については右図参照。

［5］

問1　第9代国際連合事務総長は，ポルトガルの首相経験を持つアントニオ・グテーレス氏である。あ．「渡来人」から朝鮮だとわかる。　い．「2度にわたり九州北部にせめこんだ」のは元軍なので，モンゴルだとわかる。　う．「種子島」「鉄砲」などから，ポルトガルだとわかる。　え．「杉田玄白らによって翻訳」された「医学書」から，オランダだとわかる。

問2　日本の標準時子午線(東経135度)は，兵庫県の明石市を通る。

問3(1)　予算案の作成や国会の召集の決定は内閣が行う。「あ」は裁判所，「い」は天皇，「う」は国会が行う働きである。

(2)　固定資産税や住民税は地方が集めている税なので誤り。

問4　知的財産権とは，創造活動によって生み出されたデザインや音楽などを，創作した人の財産として保護する権利で，他人が無断で使用することを法律で禁じている。日本国憲法には規定されていないが，インターネット上に映像や音楽が無断でコピーされる事例が近年増えたことによって注目される新しい人権である。

問5　2018年4月に廃線になる三江線の始発駅(広島県側)は，三次駅である。三次市では，特産品のピオーネ(黒ブドウの一種)を原料にした「三次ピオーネワイン」をつくっている。

問6　一院制だと審議が不十分のまま終わってしまう場合もあるが，二院制ならば国民のさまざまな意見を反映させ，話し合いや決定を慎重に行えるという考えに基づき，二院制が採用されている。

問7　図を見ると，言葉が書かれていなくてもマークが意味することがわかるようになっている。ピクトグラムは日本語のわからない人にも情報を伝えられるため，年齢や国の違いを越えた情報手段として活用されている。図は，左がエレベーター，真ん中が自動販売機，右が温泉を意味するピクトグラムである。

問8　「サウジアラビア」「巡礼」から，イスラム教徒の巡礼の地である聖地メッカを導き出す。

問9　グラフから，2013年以降，マツダスタジアムに来場した女性の割合が増え続けていることを読み取ろう。選択肢の中で，特に女性に関係するのは化粧品なので，「あ」を選ぶ。

問10　議員定数は，衆議院が465人，参議院議員が242人である。

《解答例》

[1] 問１．鉄 問２．異なる文化をもつ小国が存在していた。 問３．隋と対等な国交を築くため。
問４．⑴末法思想 ⑵あ 問５．壇ノ浦 問６．奉公 問７．御伽草子 問８．う，か
問９．小泉八雲 問10．あ，い

[2] 問１．(ア)信濃 (イ)山形 (ウ)猪苗代 (エ)宇都宮 (オ)利根 問２．い 問３．⑴う ⑵い，か
問４．⑴①抑制 ②電照 ⑵え ⑶あ 問５．生糸 問６．①冷たく湿った北西季節風の影響を強く受ける ②からっ風

[3] 問１．⑴青空教室 ⑵アメリカ軍の死者・行方不明者数を増やさないようにするため。／ソ連の対日参戦が本格化する前に戦争を終わらせるため。 ⑶軍事工場のない市街地に原爆を投下し，多くの死者を出したから。
問２．う 問３．え 問４．温井ダム 問５．ふるさと納税 問６．最後の核実験 問７．核なき

[4] 問１．あ，い 問２．江戸／日米修好通商条約が結ばれた 問３．Ａ．え Ｂ．あ Ｃ．う Ｄ．お Ｅ．い 問４．残留を希望した人が多かったが，投票率が低かったから。 問５．い，う
問６．戦争で原爆が投下されたこと。 問７．聖徳太子／藤原道長／藤原頼通などから１人
問８．マザー・テレサ 問９．縄目のような土器の文様 問10．う 問11．う

《解　説》

[1]

問１ 省略されている図には「たたら」が表されている。たたらは，古代から近世にかけて，砂鉄や鉄鉱石をより純度の高い鉄にするときに，空気を送り込む「ふいご」のことである。

問２ 分布に重なりがないことから，文化の異なる社会が存在したことが考えられる。

問３ 古墳時代までの倭国の王は，中国の王朝に使いを送り，皇帝の権威を借りることで，倭の王としての地位を高め，朝鮮半島の国々との関係を有利なものにしようとしていた。そのため，日本の王を「日がのぼる国の天子」，中国の王を「日がしずむ国の天子」と，対等の関係とした国書に，隋の皇帝煬帝は激怒したという。

問４⑴ 藤原氏の力が衰え始める11世紀なかばに，末法思想が広まったことで，人々の不安が高まり，浄土の教えが多くの人々に受け入れられるようになった。 **⑵** 平等院鳳凰堂は，藤原頼通によって平安時代に建てられた阿弥陀堂である。仏像の形式がわからなくても，法隆寺は飛鳥時代，唐招提寺は奈良時代，慈照寺銀閣は室町時代，東大寺は奈良時代にそれぞれ建てられたことからも判断できる。

問５ 主な源平の戦いとして，倶利伽羅峠の戦い→一の谷の戦い→屋島の戦い→壇ノ浦の戦いは覚えておきたい。

問６ 将軍と主従関係を結んだ武士を御家人といい，御家人は将軍のために奉公し，将軍は功績のあった御家人に対して，領地を保証したり，新たな領地を与えたりするご恩を与えた。このような，土地を仲立ちとした将軍と御家人の主従関係を封建制度という。

問７ 今に伝わる御伽草子には，「浦島太郎」や「ものぐさ太郎」がある。

問８ あ．徳川家の親戚の大名は親藩である。い．杉田玄白と前野良沢が翻訳したのはオランダ語で書かれた医学書である。え．六波羅探題は鎌倉時代におかれた役職であり，江戸時代におかれた役職は京都所司代である。お．大塩平八郎は大阪で乱を起こした。 **問９** ラフカディオ・ハーンでもよい。

問10　あ．日本が日清戦争で得たのは，台湾，澎湖諸島(ポンフー)，遼東半島(リヤオトン)である。い．「君死にたまうことなかれ」を書いたのは与謝野晶子である。

[2]

問2　Aは佐渡金山，Bは足尾銅山，Cは原油について述べたものである。

問3(1)　Dは青森県，長野県，山梨県などがぬられていることから果実，Eは秋田県，新潟県，富山県をはじめとする日本海側の県がぬられていることから田，Fは全国に広がっていることから野菜と判断する。

(2)　「あ」について，食糧不足に悩まされている開発途上国はアフリカに多く，表にはアフリカの国は一つもないことから誤り。「う」について，中国，タイ，ベトナムなどではさかんに米作りが行われているから誤り。「え」について，日本から輸出された米は比較的高値で取引されるから誤り。「お」について，日本は，アメリカやタイからミニマムアクセス米(最低限，輸入することを定められている米のこと)を輸入しているから誤り。

問4　グラフXは菊，Yはレタスである。　(1)　温度に反応するレタスは高冷地農業で生育を遅らせ，光に反応する菊は光を当て続けることで開花を遅らせる。　(2)　夏の暑さに弱いレタスやはくさいなどの葉物野菜は，高冷地で栽培することで夏場に出荷できる。　(3)　秋になって日照時間が短くなると開花する菊を，光を当て続けることで冬に出荷するのが電照菊栽培だから，あが沖縄県と判断する。

問5　生糸は，蚕(かいこ)のまゆからとれる繊維を糸状にしたものであり，これを精錬して光沢が出たものを絹糸という。

問6　冬の北西季節風と暖流である対馬海流の影響で，日本海側の地域には大雪が降る。大雪を降らせた北西季節風は，山を越えるときには乾燥した風となり，特に群馬県では「赤城おろし」や「上州からっ風」とよばれる。

[3]

問1(2)　アメリカ軍の死者・行方不明者が5万人以上になっていることに注目する。また，社会主義国であるソ連が日本に侵攻し始めたことに注目する。特に，長崎に投下された原爆は，ソ連の侵攻と関連が深い。

問2　一般の法律は，衆・参両院での審議によって可決すれば成立する。

問3　ナツメヤシは，北アフリカから中東で広く栽培されている。

問4　温井は，「ぬくい」と読む。

問6　地球平和監視時計にある，上下2段のデジタル表示版には，広島に原爆が投下されてからの日数が上段に，最後の核実験からの日数が下段に表示される。2016年9月，北朝鮮による核実験でリセットされた。

[4]

問1　イギリスのメイ首相，ドイツのメルケル首相は女性である。アメリカのトランプ大統領，中国の習近平国家主席，ロシアのプーチン大統領はいずれも男性である。

問2　日米修好通商条約が結ばれ，イギリスをはじめとする外国から安価な綿製品や綿糸が輸入され，国内の生産地は大打撃を受けた。

問3　Aについて，北海道についで栃木や群馬，千葉といった東京近郊の県が上位にあることから生乳と判断する。Bについて，鹿児島，宮崎が上位にあることから肉用牛と判断する。Cについて，熊本は，スイカやトマトの生産が日本一である。Dについて，栃木が1位だからいちごと判断する。Eについて，和歌山，愛媛，静岡はみかんの生産地として，上位3位までを常に独占している。

問4 18－44歳は有権者全体の45％を占めるのに，投票率は45歳以上と比べて非常に低いことがわかる。また，18－44歳以下で投票した人のうち，離脱に投票した人よりも残留に投票した人の割合が高いことがわかるから，もし，18－44歳の人々がもっと投票していれば，残留が多数となった可能性が高い。

問5 ■は選挙が不定期に行われていることから衆議院議員総選挙，▲は3年ごとに行われていることから参議院議員通常選挙と判断できる。あについて，2016年に行われたのは参議院議員通常選挙であり，初めて18－19歳の男女が投票した国政選挙である。えについて，2016年には，参議院議員通常選挙と伊勢志摩サミットの両方が行われた。おについて，衆議院の解散が行われなければ12年に一度は同じ年に選挙が行われることになる。また，参議院議員通常選挙の行われる年に，衆議院が解散されても同じ年に選挙が行われる。

問6 ブラジルは日本のほぼ真裏に位置するから時差は12時間ある。したがって，リオデジャネイロが8月5日の20時であれば，そのときの日本は12時間進んだ8月6日の8時である。開始15分後は8時15分になるから，広島に原爆が投下された時間になる。

問7 天皇が幼かったり病気で仕事ができなかったりする場合に代行する役職は摂政である。

問8 マザー・テレサは，貧しい人々の救済活動が評価され，1979年にノーベル平和賞を受賞している。

問9 今から8300年前は紀元前6300年ごろにあたるから，縄文時代である。

問10 日本がソ連と国交を回復したのは1956年の日ソ共同宣言からである。太平洋戦争後，日本が国際連合に加盟できなかったのは，安全保障理事会において，ソ連が常任理事国だけがもつ拒否権を発動していたからである。日本とソ連の国交が回復したことで，ソ連の反対がなくなり，日本の国際連合への加盟が実現した。

あ．1972年　い．1964年　う．1956年　え．1968年

問11 日本国憲法の三大原則は，「基本的人権の尊重」「国民主権」「平和主義」である。

平成 28 年度 解答例・解説

=== 《解答例》 ===

[1] 問1．貝塚　問2．のぼりがま　問3．(1)い (2)あ　問4．国司として地方に派遣された貴族
問5．(1)平治の乱 (2)宋と貿易を行うため。　問6．娘を天皇にとつがせ，生まれた子を次の天皇に立てた。
問7．京都に北朝，吉野に南朝という2つの朝廷があったこと。　問8．あ　問9．え　問10．千利休
問11．東海道五十三次

[2] 問1．あ　問2．あ　問3．い，え　問4．い　問5．(ア)日英同盟 (イ)ドイツ
問6．国際連盟が満州国を国として認めなかったから。　問7．い　問8．い　問9．1940
問10．マレー半島　問11．(ア)6 (イ)8 (ウ)15 (エ)9 (オ)11 (カ)2　問12．玉音放送
問13．警察予備隊　問14．日米安全保障条約

[3] 問1．う　問2．う　問3．あ　問4．(1)い (2)え　問5．(1)全会一致 (2)新内閣は支持率が高くなるが，その後は下がっていき，一定の水準まで下がると別の内閣に交代している。　問6．(1)い (2)国会でつくられた法律が憲法に違反していないか審査する働き。　問7．(1)税率が5％から8％に引き上げられたから。　(2)高齢化が進み，社会保障を必要とする人が増えたから。　問8．え　問9．18〔別解〕20
問10．憲法に違反する法律や命令などは効力を持たないということ。

[4] 問1．(1)A．岐阜県　B．京都府　(2)[1]ち [2]け [3]こ [4]せ [5]・[6]く，さ [7]あ [8]う

[9]し　[10]・[11]き，つ　(3)複雑に入り組んだ海岸線で，真珠などの養殖がさかんである。

問2．(1)い　(2)国勢調査　　問3．お　　問4．A．き　B．か　C．こ　　問5．え

問6．インターネットが発達したことで，グローバル化が進み，世界中にけん玉が知られるようになったから。

=================《解　説》=================

[1]　問2．＜図＞は須恵器である。窯を利用することによって高温で焼くことが可能となり，かたくて丈夫な土器がつくられるようになった。

問3．推古天皇は，蘇我馬子によって天皇に立てられた。(1)「い」の飛鳥寺は，蘇我馬子によって建てられた寺院である。「あ」と「え」は平安時代，「う」は奈良時代に建てられた。　　(2)推古天皇のおいである聖徳太子によって，遣隋使が送られた。「い」は奈良時代，「う」は平安時代，「え」は7世紀後半のことである。

問4．武士は，もともと戦いの技術に優れた都の武官や地方の豪族たちであった。

問5．(1)平治の乱(1159年)は，保元の乱で活躍した平清盛と源義朝の対立や貴族間の対立から起こった乱である。(2)平清盛は大輪田泊(兵庫の港)を整備し，厳島神社に海路の安全を祈願して，日宋貿易を進めた。

問6．平清盛は，藤原氏の摂関政治と同じ方法で，政治の権力をにぎった。

問7．建武の新政が失敗し，京都を追われた後醍醐天皇は奈良の吉野に逃れ，そこで南朝をたてた。京都では足利尊氏がすでに新たな天皇を立てていたため，1392年に足利義満が南北朝を統一するまで，日本には2つの朝廷が存在していた。

問8．下線部⑧中の「京都での戦乱」は，応仁の乱(1467～1477年)をさす。「あ」の銀閣は，応仁の乱の後に8代将軍足利義政によってつくられた。「い」は金閣で3代将軍足利義満のとき，「う」は三十三間堂で平安時代，「え」日光東照宮の陽明門で江戸時代につくられた。

問9．あ．室町幕府を滅ぼしたのは織田信長である。　　い．九州南部を支配したのは島津氏である。長宗我部氏は四国を支配した。　　う．朝倉氏ではなく武田氏ならば正しい。

[2]　問1．あ．琉球王国は，中継貿易(ある国から輸入した品物を別の国に輸出する貿易)でさかえたから正しい。い．琉球王国は島津氏によって征服された。　　う．沖縄県知事は明治政府から派遣された。　　え．北海道は1902年，沖縄県は1912年から衆議院議員選挙が行われた。

問2．あ．甲午農民戦争(東学党の乱)で，反乱をしずめるため朝鮮政府が清に救援を求めると，日本も対抗して朝鮮に軍隊を派遣した。これがきっかけとなり，日清戦争が始まった。

問3．日本はポーツマス条約(日露戦争の講和条約)で，旅順・大連の租借権(「い」の遼東半島にある都市)や「え」の南樺太などを獲得した。「あ」の台湾は下関条約で日本領となっていた。「う」の朝鮮半島は1910年の韓国併合により日本領となった。「お」の千島列島は1875年の樺太・千島交換条約により，すでに日本領となっていた。

問4．い．C…朝鮮総督府が接収した土地が，そのまま朝鮮の小作人に配分されることはなかった。

問6．1931年，柳条湖事件(関東軍が南満州鉄道の線路を爆破した事件)を契機として始まった一連の軍事行動を満州事変という。関東軍は満州に兵を進め，翌年満州国を建国した。しかし，リットン調査団の報告を受けた国際連盟は満州国を認めないとする決議を行ったので，1933年，日本は国際連盟に対して脱退を通告し，1935年に正式に脱退した。

問7．い．南京は，長江の河口付近に位置する都市である。

問8．1939年，ドイツがポーランドに侵攻すると，イギリス・フランスはドイツに対して宣戦布告を行い，第二次

世界大戦が始まった。

問9. 1940年6月にドイツがフランスのパリを占領すると，同年9月に日本はフランス領インドシナの北部に進駐を開始し，1941年7月にはフランス領インドシナの南部への進駐を開始した。これらの軍事行動により，日米関係は悪化し，8月にアメリカは対日石油の輸出を禁止した。

問12. 日本は1945年8月14日に，無条件降伏を求めたポツダム宣言を受諾し，翌15日に天皇がラジオによる玉音放送でこれを伝えた。

問13. 1950年に組織された警察予備隊は1952年に保安隊，1954年に自衛隊に改組された。

問14. 1951年，サンフランシスコ平和条約と同時に，日本にアメリカ軍の基地を造ることを認めた日米安全保障条約が結ばれた。日米安全保障条約は1960年に改定され，以後10年ごとに自動延長されている。

[3] 問1. う. 内閣が，天皇の国事行為に対して助言と承認をあたえる。

問2. う. 1992年にPKO協力法が制定されて以来，自衛隊の海外派遣は実施されている。

問4. (1)い. 国務大臣の任命権・罷免権は内閣総理大臣が持つ。 (2)あ. 有権者は，直接国会議員を選ぶ(直接選挙の原則)。 い. 選挙権の資格に，年齢以外の制限はない(普通選挙の原則)。 う. 投票者自身の名前を書く必要はない(秘密選挙の原則)。

問5. (1)内閣の話し合いの場を閣議といい，閣議での話し合いは全員の賛成を原則とする。 (2)新内閣は期待感から支持率が上昇する傾向にある。

問6. (1)あ. 最高裁判所長官は内閣が指名する。 う. 国民審査ではなく弾劾裁判ならば正しい。 え. 裁判員制度は，重大な刑事事件の一審について，くじで選ばれた国民が裁判官とともに裁判に参加し，有罪か無罪か，有罪であればどのような量刑が適当かを決定する制度である。

問7. 【A】には消費税，【B】には社会保障関係費があてはまる。

問8. あ. 県知事・市長はともに住民が選挙で選ぶ。 い. 予算は地方議会での議決により成立する。 う. 住民税・自動車税などは地方税である。

問9. 平成30年6月20日までは20歳以上が，6月21日以降は18歳以上が国民投票の投票権を持つ。

[4] C. 愛媛県 D. 三重県 E. 福岡県 F. 福島県

問1 (2)[1]福島盆地 [2]新居浜市(造船)／四国中央市(紙・パルプ) [3]四日市市(石油化学コンビナート)／鈴鹿市(自動車) [4]八幡市 [5]・[6]松山市(愛媛県)・津市(三重県) [7]飛驒山脈[8]濃尾平野(岐阜県海津市) [9]潮岬 [10]・[11]伊方原子力発電所(愛媛県)・福島第一原子力発電所(福島県) (3)「き」の宇和島湾と「し」の志摩半島にはリアス海岸が見られる。

問2. 割合から，アが15〜64歳，ウが0〜14歳だと判断する。

問3. Aはわさび，Bはくわい，Cはみかんの説明である。

問5. 「え」は，宮城県でつくられている伝統こけしである。

問6. インターネットは，20世紀末から21世紀初頭にかけて発達したメディアであり，その大きな特徴として，世界中の人々に向けて情報を発信したり，逆に情報を受け取ったりすることができることがあげられる。

平成27年度 解答例・解説

《解答例》

［1］ 問1．い　問2．外交の場や遣唐使の宿泊施設として利用するため。　問3．南蛮貿易によって利益を得るため。　問4．あ　問5．き　問6．豊臣秀吉が行った朝鮮出兵の際に，出兵の拠点となった名護屋城のある九州地方に多くの陶工が連れてこられたから。　問7．リゾート施設などの観光施設をつくるため，傾斜地の開発を進めているから。　問8．え　問9．西南戦争　問10．(1)愛媛　(2)静岡　問11．放射線の効力はすぐには消えないので，残留放射能を浴びたり蓄積させたりした人が多かったから。

問12．持たず／作らず／持ちこませず

［2］ 問1．まじない　問2．遣隋使を送ったこと／法隆寺を建て，仏教を広めたこと　問3．蘇我　問4．え

問5．(1)大仏の原料となる銅を溶かすため。　(2)い　問6．う　問7．北条時宗　問8．枯山水

問9．雪舟　問10．応仁の乱で京都が荒れたため，公家や僧などの文化人が地方に移り住んだから。

問11．一向〔別解〕浄土真　問12．絵踏　問13．う　問14．あ　問15．い

［3］ 問1．ボランティア　問2．ラムサール　問3．え　問4．大型の機械を使って，効率よく作業できるから。　問5．ニホンウナギ　問6．中国／アメリカ　問7．尾道　問8．う　問9．あ

問10．か　問11．新潟〔別解〕神戸　問12．う　問13．パラリンピック

問14．(1)●…国土交通　★…総務　▲…厚生労働　(2)3，24〔別解〕12，1

［4］ 問1．う　問2．日清戦争のため，兵士や軍事物資を運ぶ役割。　問3．(1)う　(2)あ　問4．花こう

問5．(1)A．あ　B．う　C．え　D．い　(2)東日本大震災の影響で，東北地方からの牡蠣の出荷量が大きく減少したから。　問6．(1)ア．　イ．　問7．(1)あ　(2)え　(3)き　問8．く

《解　説》

［1］ 問1．い．写真の道具は，弥生時代に使われた石包丁である。

問2．鴻臚館は，大宰府の外交施設で博多湾岸に置かれた。遣唐使の停止後は，外国人の検問や貿易の場としても用いられた。

問3．西日本の大名の中には，領地の港に南蛮船を呼びこもうと考え，自ら洗礼を受け，キリシタン大名となる者もいた。

問4．あ．高原野菜であるレタスは，抑制栽培のさかんな長野県や群馬県での生産量が多い。

問5．「き」の地域には，鹿児島県に属する屋久島がある。

問6．たとえば，朝鮮出兵のときに連れてこられた陶工の李参平は，名護屋城の置かれた佐賀県で有田焼(伊万里焼)を始めた。

問8．え．「米軍が専用で使用するもの」とあることに注意する。

問9．西南戦争は，不平士族らにかつぎ上げられた西郷隆盛が起こした反乱である。徴兵令で集められた政府軍によって鎮圧された。

問10．(1)は今治市の，(2)は浜松市の「ゆるキャラ」である。(1)はタオルや造船業から，(2)はうなぎ，みかんやピアノなどから考えよう。

問 11. 被ばくした母親の胎内にいた胎児が，生まれてから原爆症の症状を示したりするなど，放射線の被害を受けた人は数多い。

[2] 問1. 邪馬台国の女王卑弥呼は，まじないによって，30 あまりの国々を従えていたと，『魏志倭人伝』に記されている。

問2. 聖徳太子は，おばである推古天皇の摂政として，蘇我馬子と協力して天皇中心の国づくりを目指した。

問3. 写真は，飛鳥寺に安置されている飛鳥大仏である。

問5. (1)溶かされた銅が，大仏の型に流し込まれた。

問6. う. 鑑真は，正式な僧になるために必要な戒律(修行者が守るべき生活上のルール)を授けるための戒壇を東大寺に設けた。

問8. 石と白い砂で山と水を表現する枯山水の技法でつくられた庭を石庭といい，龍安寺(京都府)のものが特に知られている。

問9. 墨絵は水墨画ともいう。雪舟の代表作に『秋冬山水図』などがある。

問10. 応仁の乱は，8代将軍足利義政の跡継ぎをめぐって始まった。

問12. キリストやマリアの像そのものを「踏絵」，踏ませる行為を「絵踏」という。「何をしているところ」かと問われているので，絵踏が適当。

問13. う. 1874 年，板垣退助は政府に国会の開設を求める民撰議院設立の建白書を提出し，自由民権運動を始めた。

問14. あ. 新渡戸稲造は，国産連盟の事務次長をつとめた。問15. い. 神社は神道という宗教に関わりがあるので，これの参拝を市役所(行政)が強制することは，信教の自由(自分の信じたい宗教を信じる自由，また一切の宗教を信じない自由)を侵害することにあたる。

[3] 問3. え. ③には「北方領土」が入る。北方領土には，日本の北のはしである択捉島が含まれる。

問4. 1999 年の様子を見ると，耕地が水路によって長方形に区切られ，きれいに区画されたことがわかる。

※問6. 世界の二酸化炭素排出量の割合は，中国 25.5%・アメリカ 16.9%・EU11.3%・インド 5.6%・ロシア 5.3%・日本 3.8%である(2011 年)。

問7. しまなみ海道は，広島県尾道市と愛媛県今治市を結ぶ。

問8. う. 1964 年，東海道新幹線が東京・新大阪間で開通した。1972 年，山陽新幹線は岡山まで開通し，1975 年，博多まで開通した。

問9. あ. 1992 年にPKO協力法が制定されて以来，カンボジアや東ティモールなどへ自衛隊が派遣されている。

問10. か. 大工場と中小工場の比較で，中小工場の割合が最も高いのが工場数，最も低いのが生産額である。

問11. 1858 年，日本は，アメリカ・イギリス・オランダ・フランス・ロシアと通商条約を結び，貿易を始めた(安政の五か国条約)。

問14. (1)●…「気象記念日」は，国土交通省の外局である気象庁が実施している記念日である。　★…総務省は，放送(地上デジタル放送)・地方自治に関する業務を行う。　▲…「看護の日」や「救急の日」などから考える。

[4] 問1. ビールの原料は大麦，ジュースの原料は果実である。日本において，飲料工場は河川(ここでは太田川)のそばにつくられ，水のないところにはつくられない。したがって，そもそも飲料工場へ水が運ばれることはないので，原料を重いものとしている「あ」は誤り。

問2. 「1894 年に完成しました」に着目しよう。

問5. (1)Aは，4つの都市中，最も総量が多いから東京(23 区)である。Dは，広島から出荷された牡蠣の占める割

合が極めて高いから広島である。BとCで，広島から出荷された牡蠣の占める量が多いCが神戸であり，残ったB
が仙台となる。　(2)2010年頃までは，宮城県も広島県と同様に牡蠣の主産地だった。東日本大震災により，三陸地
域の牡蠣の養殖場が壊滅的被害を受けたため，2014年現在はその復興が進められている。

問6．通常，地図は上が北を指す。

問7．(1)あ．大竹市は化学工業がさかんだからAである。福山市はせんい工業がさかんだからCである。Bは広島
市，Dは呉市，Eは府中市である。　(2)「あ」は，広島市と福山市の値が最も高いので人口である。「い」は，安芸
太田町と神石高原町の値が最も高く，広島市やその隣の東広島市の値が最も低いので，高齢化率である。「う」は，
海田町や府中町の値が最も高いほか，広島市・呉市・福山市など，広島県の主だった市の値も次いで高いから人口
密度である。残った「え」は，工業がさかんな府中市や大竹市の値が最も高いから第二次産業人口の割合である。
(3)「お」は，日本一面積の小さい香川県の値が最も高いから人口密度である。「か」は，秋田県や島根県など，地方
の県の値が最も高いから高齢化率である。「き」は，群馬県・栃木県(関東内陸工業地域)，静岡県(東海工業地域)や
愛知県・三重県(中京工業地帯)の値が最も高いから第二次産業人口の割合である。残った「く」は人口となる。

問8．A．日本一人口の少ない鳥取県より，中心駅からの距離が短い県が5つあるので誤り。　B．日本一面積の
大きい北海道(新千歳)より，中心駅からの所要時間が長い県が2つあるので誤り。　C．広島空港行のバスの平均
速度は$50\div\frac{3}{4}=66.6\cdots(km)$より，約67kmである。たとえば，松山空港行のバスの平均速度は$8\div\frac{1}{4}=32(km)$で，広
島空港行のバスより遅いので誤り。よって，「く」が正答。

＊出典…[3]問6．『日本国勢図会 2014/15』

平成26年度　解答例・解説

━━━━━━━━━━━━━━《解答例》━━━━━━━━━━━━━━

[1]　問1．平家納経　　問2．(1)雁木　(2)あ　　問3．棚田　　問4．皇族や華族のほか，天皇が任命する
　　問5．え　　問6．え　　問7．う　　問8．万葉集　　問9．対馬　　問10．毛利元就
　　問11．複雑に入り組んだ湾をもつため，波や潮流の影響を受けにくいから。　　問12．か　　問13．い

[2]　問1．普天間　　問2．被爆体験者が高齢化し，人数が減ってきているから。　　問3．NGO
　　問4．C→F→A→E→B→D　　問5．A．け　B．き　C．え　D．う　E．お　F．い

[3]　問1．あ，う，お　　問2．(1)基本的人権の尊重　(2)戦争の放棄／戦力の不保持／交戦権の否認のうち2つ
　　(3)主権　　問3．ア．3分の2　イ．国民投票　　問4．ノーマライゼーション　　問5．い
　　問6．あ→い→う→え

[4]　問1．建築用の木材として利用／クリの木を植樹　　問2．え　　問3．か　　問4．すき　　問5．二毛作
　　問6．う　　問7．南蛮　　問8．い　　問9．屋台　　問10．(学校)給食　　問11．い　　問12．お
　　問13．トレーサビリティ

[5]　問1．い　　問2．(1)A．え　B．け　C．い　D．お　E．う　(2)ア．甲府　イ．長野　ウ．福島

[6]　問1．(1)①う　②え　③あ　④い　(2)日本海側に位置する秋田市は冬は季節風の影響で降水量が多く，日照時
　　間が短いから。　(3)記号…あ　農業のやり方…夏野菜を早く生長させて，冬の価格の高い時期に出荷している。
　　問2．(1)1923年に起こった関東大震災で，多くの人が亡くなり，多くの建物がこわれたから。　(2)お
　　(3)政令指定都市／市町村合併

[1] 問1．平氏一族は厳島神社(いつくしま)を一族の守り神として厚く信仰した。

問2．(1)雁木(がんぎ)とは，川に降りる階段のこと。船着き場としても用いられた。　(2)日本の河川は，短く急であるから，うとえを除外する。あといで，信濃川(しなの)は日本で最も長い河川だから，い。よって，残ったあが正答。

問3．棚田(たなだ)とは，傾斜地を切り開いて階段状につくられた水田のこと。

問4．貴族院の議員は，皇族・公爵(こうしゃく)・侯爵(こうしゃく)のほか，伯爵(はくしゃく)・子爵(ししゃく)・男爵(だんしゃく)から互選(関係者同士の選挙)された者，多額納税者から互選された者，天皇が任命した有識者で構成された。

問5．え　内閣不信任決議は，衆議院の優越の1つである。

問6．え　裁判では，裁判官と裁判員が，有罪か無罪かを判断し，有罪の場合には，裁判官と裁判員がどのくらいの刑にするかを判断する。

問7．あ　円墳　い　前方後円墳　う　四隅突出型墳丘墓(よすみとっしゅつがたふんきゅうぼ)え　方墳　お　双方中円墳(そうほうちゅうえんふん)

問8．万葉集は，大伴家持(おおとものやかもち)らによって編さんされた。

問9．対馬藩(つしまはん)が，朝鮮との窓口として機能していたことから考えよう。

問10．エンブレムに描かれている「三本の矢」から考えよう。

問11．広島湾(わん)や松島湾にみられる複雑に入り組んだ地形をリアス海岸という。

問12．か　A/温室効果ガスは二酸化炭素やメタンなどをいい，酸素や水素は含まない。　C/1997年に取り決められた京都議定書がある。

問13．あ　リユース　う　リサイクル　え　リデュース

[2] 問1．普天間(ふてんま)は，沖縄の地名である。

問2．原爆が投下されたのは1945年のこと。2013年現在，1945年に生まれた人でも68歳となっており，被爆の記憶がある世代は高齢化し，今後ますます減少していくものと考えられる。

問3．日本では，国際的な場面で活躍する団体をNGO(非政府組織)と称し，国内的な場面で活躍する団体をNPO(非営利団体)と称することが多い。

問4．A　6月(沖縄戦が終結した月)　B　8月9日(長崎)　C　1月(阪神淡路大震災(あわじ)が起こった月)
D　8月15日E　8月6日(広島)　F　3月(東日本大震災が起こった月)

問5．D…全国戦没者追悼式(ついとう)は，東京の日本武道館で行われる。

[3] 問1．いとえは，満30歳から立候補できる。

問2．(1)②は表現が抽象的でややわかりにくいが，③が平和主義，④が国民主権であることから，②が基本的人権の尊重であることを見ぬこう。

問3．国民投票で過半数の賛成を得た場合，天皇がただちに国民の名で改正された憲法を公布する。

問4．バリアフリー…できるだけ障害となるものを取りのぞこうとする考え方　ノーマライゼーション…障害の有無に関わらず，全ての人が普通に生活できる社会を築こうとする考え方　このちがいは確実におさえよう。

問5．あ　このような事実はない。　う　イギリスのロンドンではなくアメリカのボストン。　え　50年ぶりではなく56年ぶり。

問6．あ　1956年(日ソ共同宣言)　い　1965年(日韓基本条約)　う　1978年(日中平和友好条約)　え　2002年(日朝首脳会談)

[4] 問1．縄文時代の人々が繰り返し住居(建築物)をつくっていたことと，住居をつくるために木が必要になることを結び付けて考えよう。

問2．え　B/青銅器は祭器として用いられた。弥生時代の農具は木製で，古墳時代の農具は鉄製である。　C/弥生土器ではなく須恵器(古墳時代)。

問3．か　A/30％ではなく3％(租)。　C/30日間ではなく10日間(庸)。

問4．牛や馬にすきを引かせる農業方法を牛馬耕という。

問5．二毛作は近畿地方で始まり，室町時代に全国各地に広まった。1年のうちに同じ耕地に同じ作物を植える二期作との混同に注意しよう。

問6．う　コメと雑穀を混ぜたご飯は奈良時代から食べられていた。

問7．南蛮貿易の名は，安土桃山時代に日本と貿易を行っていたポルトガル人やスペイン人が南蛮人と呼ばれたことに由来する。

問8．い　江戸時代の農民は，主に布や木綿でつくられた服を着ていた。

問9．現代でも，縁日には屋台がいくつも並ぶ風景が見られる。

問10．学校給食は戦前にも行われていたが，戦時中は食料難のため中断され，戦後，アメリカやユニセフなどの援助により再開された。

問11．あ　2013年現在，コメには関税をかけている。　う　日本のコメの生産量は減少傾向にある。　え　バイオ燃料の原料には，主にとうもろこしやサトウキビなどが用いられ，コメはあまり用いられていない。

問12．A　「右手」に着目する。サウジアラビアの国教であるイスラム教で左手は不浄なものとされ，食事の際に用いない。

問13．米や牛肉に関しては，消費者がトレーサビリティできるように，生産者に情報の管理義務が課されている。

[5] 問1．い　広島県には中国山地があるため，山地面積が広く，県面積に占める山地の割合が高い。

あ　秋田県　う　千葉県　え　沖縄県

問2．それぞれの地図に描かれている主な都道府県は次の通り。A　山梨県・静岡県・長野県

B　奈良県・和歌山県　C　富山県・長野県・岐阜県　D　山形県・福島県・宮城県　E　岡山県・広島県

⑴A　え/山梨県・長野県・静岡県にまたがる山脈である。　B　け/紀伊山地は紀伊半島の大部分を占める。

C/い　新潟県・長野県・富山県・岐阜県にまたがる山脈である。　D　お/東北地方の中央部に連なっている。

E　う/中国山地に連なる地図中の標高1299mの山は比婆山である。

[6] 問1．⑴秋田市は⑵の解答参照(①)。秋田市と同様に日本海側に位置する松江市は秋田市より日照時間は長いものの，やはり冬の降水量は多いから，④。太平洋側に位置する高知市は冬の日照時間が長く，6月は梅雨の影響を受けるため日照時間が短いから，③。残った宮古市が②となる。

⑶高知県では，冬でも温暖な気候を利用して，ナスやピーマンなどの野菜を早く生長させ，冬の価格の高い時期に出荷する促成栽培がさかんである。

問2．⑴関東大震災は，死者・行方不明者合わせて十数万人，家屋の全焼・全壊合わせて数十万戸という未曽有の壊滅的被害をもたらした。

⑵お　①昭和の大合併で急速に人口が増えているから広島市。　②1960年と比べて人口に大きな変動がないから京都市。　③平成の大合併で急速に人口が増えているから新潟市。　⑶2013年現在，日本には20の政令指定都市がある。

■ ご使用にあたってのお願い・ご注意

（１）問題文等の非掲載

　著作権上の都合により，問題文や図表などの一部を掲載できない場合があります。

　誠に申し訳ございませんが，ご了承くださいますようお願いいたします。

（２）過去問における時事性

　過去問題集は，学習指導要領の改訂や社会状況の変化，新たな発見などにより，現在とは異なる表記や解説になっている場合があります。過去問の特性上，出題当時のままで出版していますので，あらかじめご了承ください。

（３）配点

　学校等から配点が公表されている場合は，記載しています。公表されていない場合は，記載していません。

　独自の予想配点は，出題者の意図と異なる場合があり，お客様が学習するうえで誤った判断をしてしまう恐れがあるため記載していません。

（４）無断複製等の禁止

　購入された個人のお客様が，ご家庭でご自身またはご家族の学習のためにコピーをすることは可能ですが，それ以外の目的でコピー，スキャン，転載（ブログ，ＳＮＳなどでの公開を含みます）などをすることは法律により禁止されています。学校や学習塾などで，児童生徒のためにコピーをして使用することも法律により禁止されています。

　ご不明な点や，違法な疑いのある行為を確認された場合は，弊社までご連絡ください。

（５）けがに注意

　この問題集は針を外して使用します。針を外すときは，けがをしないように注意してください。また，表紙カバーや問題用紙の端で手指を傷つけないように十分注意してください。

（６）正誤

　制作には万全を期しておりますが，万が一誤りなどがございましたら，弊社までご連絡ください。

　なお，誤りが判明した場合は，弊社ウェブサイトの「ご購入者様のページ」に掲載しておりますので，そちらもご確認ください。

■ お問い合わせ

　解答例，解説，印刷，製本など，問題集発行におけるすべての責任は弊社にあります。

　ご不明な点がございましたら，弊社ウェブサイトの「お問い合わせ」フォームよりご連絡ください。迅速に対応いたしますが，営業日の都合で回答に数日を要する場合があります。

　ご入力いただいたメールアドレス宛に自動返信メールをお送りしています。自動返信メールが届かない場合は，「よくある質問」の「メールの問い合わせに対し返信がありません。」の項目をご確認ください。

　また弊社営業日（平日）は，午前９時から午後５時まで，電話でのお問い合わせも受け付けています。

2025 春

株式会社教英出版

〒422-8054　静岡県静岡市駿河区南安倍３丁目 12-28

TEL　054-288-2131　　FAX　054-288-2133

URL　https://kyoei-syuppan.net/

MAIL　siteform@kyoei-syuppan.net

2025　34 の 1　広島学院中７年分

令 和 2 年 度
広 島 学 院 中 学 校 入 学 試 験 問 題

算 数 Ⅰ
【 2 0 分 】

38-(1)
【算 I 2-(1)】

◎試験開始まで，問題用紙に手をふれてはいけません。

次の注意を読みなさい。

注　意

1．問題用紙

問題用紙は別の用紙1枚で，問題は9問あります。解答は直接書きこむようになっています。

2．記入・質問などの注意

（1）答えはすべて問題用紙の □ の中に，ていねいな字で記入しなさい。ただし，割り

切れない数のときは，できるだけ簡単な分数で答えなさい。

（2）問題用紙のあいたところや，この用紙の裏を計算のために使ってもかまいません。

（3）印刷が悪くて字のはっきりしないところなどがあれば，手をあげて監督の先生に

知らせなさい。

令和 2 年度　算　数　Ⅰ　問　題　用　紙

次の各問いの　□　にあてはまる数を記入しなさい。

[1] $\left(1\frac{1}{2}+\frac{1}{6}\right)\times\frac{5}{7}-3\div8.4=$ □

[2] 商品 A の値段を 10% 上げると 1320 円です。商品 A の値段を 8% 上げると □ 円です。

[3] いくつかのりんごがあります。兄が全体の $\frac{1}{2}$ と 1 個を取り，弟が残りの $\frac{3}{4}$ と 1 個を取ると 2 個残ります。りんごは全部で □ 個です。

[4] 図の〇と×をつけた角の大きさはそれぞれ等しいです。
（あ）の角の大きさは □ °です。

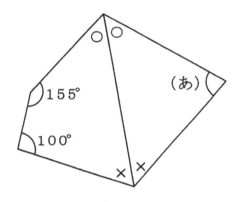

[5] 金属 140 g の値段は 920 円です。この金属 36.8 cm³ の重さは 238 g です。この金属 12 cm³ の値段は □ 円です。

[6] A，B，C の 3 人でテストをしました。3 人の平均点は 88 点で，A と B の 2 人の平均点は C よりも 6 点高く，A は B よりも 2 点高い点数でした。A の点数は □ 点です。

[7] 1 本 60 円のえんぴつ，1 本 120 円の定規，1 本 100 円のペンを合わせて 90 本買うと合計 7300 円でした。えんぴつと定規の本数の比は 3 : 1 です。買ったペンの本数は □ 本です。

[8] 図は正方形 ABCD と，中心が点 A で半径 10 cm の円の一部を重ねたものです。EC は直線で，（あ）と（い）の面積は等しいです。BE の長さは □ cm です。
ただし，円周率は 3.14 とします。

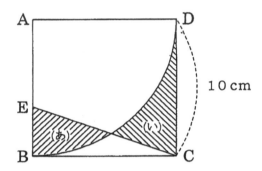

[9] 2 けたの整数に，次の（操作）をくり返し行い，1 けたの整数が得られたら（操作）を終了します。得られた整数が 6 になる 2 けたの整数は □ 個です。
（操作）整数を 4 で割り，商の小数第 1 位を四捨五入して新しい整数を得る。

| 得　点 | □ |

| 受験番号 | ⬚ ⬚ ⬚ | 合　計 | Ⅰ＋Ⅱ
※120点満点
（配点非公表） |

2020(R2) 広島学院中
K 教英出版

［算 I 2-(2)］
38-(2)

令和 2 年度

広 島 学 院 中 学 校 入 学 試 験 問 題

算 数 Ⅱ

【 4 0 分 】

◎試験開始まで，問題用紙にも解答用紙にも手をふれてはいけません。

次の注意を読みなさい。

注　意

1．問題用紙

　　この問題用紙は2ページから6ページまでで，問題は5問あります。

2．解答用紙

　　解答用紙は別の用紙1枚です。

3．記入・質問などの注意

（1）　答えはすべて解答用紙のわくの中に，ていねいな字で記入しなさい。

　　　ただし，割り切れない数のときは，できるだけ簡単な分数で答えなさい。

　　　また，（計算）と書いてあるところはその答えだけでなく，途中の式・計算

　　　も書きなさい。

（2）　問題用紙のあいたところは，解答の下書きに使ってもかまいません。

（3）　印刷が悪くて字のはっきりしないところなどがあれば，手をあげて監督

　　　の先生に知らせなさい。

［1］A, B, C の3人が持久走をしました。9時に3人は同時にスター
　　トし，それぞれ一定の速さで走りました。9時30分にAはBより
　　360m先に，CはBより240m後ろにいました。Aは10時30分
　　に，Bは10時40分にそれぞれゴールしました。次の問いに答えな
　　さい。

（1）Bの速さは毎分何mですか。

（2）Aの速さは毎分何mですか。

（3）Cがゴールした時刻は何時何分ですか。

［5］図のように長方形の土地に木を植えます。木は長方形の頂点には必ず植え，縦と横の間隔(かんかく)が等しくなるように植えていきます。次の問いに答えなさい。

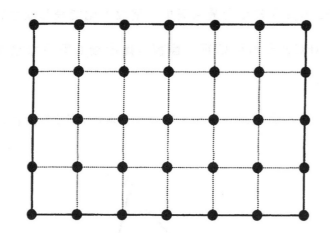

（1）縦の長さが48m，横の長さが120mの土地に最も少ない本数で木を植えます。必要な木は何本ですか。

（2）1mの間隔で植えると，必要な木が650本になる土地のうち，縦と横の長さの差が最も小さくなる土地の面積は何m²ですか。

（3）縦の長さが252mの土地に木を植えます。12mの間隔で植えると，28mの間隔で植えるときより木は880本多く必要です。この土地の横の長さは何mですか。

［2］テーブルの上に1から1000までの数が1つずつ書かれた1000枚のカードを並べ，次の操作1から操作3を順番に行います。

操作1　テーブルの上から3の倍数のカードをすべて抜(ぬ)き取る

操作2　テーブルの上から5の倍数のカードをすべて抜き取る

操作3　抜き取ったカードの中から4の倍数のカードをすべてテーブルの上に戻(もど)す

次の問いに答えなさい。

（1）操作1終了後にテーブルの上にあるカードは何枚ですか。

（2）操作2終了後にテーブルの上にあるカードは何枚ですか。

（3）操作3終了後にテーブルの上にあるカードは何枚ですか。

［３］水そう A, B, C に水が入っています。AからBとCに同じ量の水を移します。次の問いに答えなさい。

（１）水の総量は９５０Lです。Aから合わせて１３０Lの水を移すと、A, B, Cの水量の比は５:８:２５になります。水を移す前のAの水量は何Lですか。

（２）Aの水量が移す前の $\dfrac{3}{5}$ になるように水を移すと、AとBの水量の比は１:３になります。水を移す前のAとBの水量の比を最も簡単な整数の比で表しなさい。

（３）A, B, C に入っている水量の比は１:２:３です。Aから水を移すと、AとBの水量の比は３:２６になります。水を移した後のAとCの水量の比を最も簡単な整数の比で表しなさい。

［４］図のような三角形ABCがあります。BFとFCの長さは等しく、AEとEBの長さの比は２:１、ADとDBの長さの比は３:４です。CEとDFは点Gで交わっています。次の問いに答えなさい。

（１）DEとEBの長さの比を最も簡単な整数の比で表しなさい。

（２）三角形ABCと三角形CDFの面積の比を最も簡単な整数の比で表しなさい。

（３）三角形DEGの面積は２５cm²です。三角形ABCの面積は何cm²ですか。

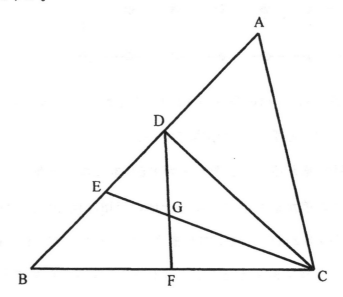

2020(R2) 広島学院中

Ⓚ教英出版

－４－

－５－

38-(6)

【算Ⅱ4-(4)】

令 和 2 年 度

広 島 学 院 中 学 校 入 学 試 験 問 題

理　　科

【 4 0 分 】

◎試験開始まで，問題用紙にも解答用紙にも手をふれてはいけません。
　次の注意を読みなさい。

注　　意

1．問題用紙
　　この問題用紙は2ページから23ページまでで，問題は4問あります。
2．解答用紙
　　解答用紙は別の用紙1枚です。
3．記入・質問などの注意
　（1）答えはすべて解答用紙のわくの中に，ていねいに記入しなさい。
　（2）印刷が悪くて字のはっきりしないところなどがあれば，手をあげて監督の
　　　先生に知らせなさい。

［1］雲の様子と天気の移り変わりについて，後の問いに答えなさい。

下の図1は，ある日の日本付近の雲の様子を，日本の気象衛星
から写したものです。

図1

（1）日本の気象衛星の名前をひらがなで答えなさい。

（2）図1の1日後，2日後，3日後の雲の様子をそれぞれ
　　　（ア）〜（ウ）から選びなさい。

　　　　（ア）　　　　　　（イ）　　　　　　（ウ）

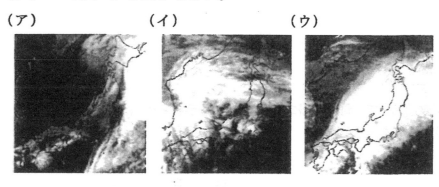

空気には，わずかですが重さがあり，空気が地面を押し付ける
ことを「気圧がある」といいます。空気が上空から降りてくる下
降気流や，空気が上空に上がる上昇気流ができると，地上には，
まわりより気圧が高い「高気圧」や，まわりより気圧が低い「低
気圧」ができます。

空気が上空に上がっていくと，空気中の水蒸気が冷やされて水
滴になります。これが集まって雲になります。

（3）ある地点に雲が増えて雨が降ることが多いのは，高気圧と
　　　低気圧のどちらが近づいたときですか。

（12）図14の回路で手回し発電機のハンドルを時計回りにしば
　　　らく回した後，ハンドルを止めて手を放しました。その後の
　　　LとM，およびハンドルの様子はどうなりますか。最も適当
　　　なものを1つ選びなさい。
　　　　（ア）Lだけが点灯し，ハンドルが時計回りに回転する。
　　　　（イ）Lだけが点灯し，ハンドルが反時計回りに回転する。
　　　　（ウ）Lだけが点灯し，ハンドルは回転しない。
　　　　（エ）Mだけが点灯し，ハンドルが反時計回りに回転する。
　　　　（オ）Mだけが点灯し，ハンドルは回転しない。
　　　　（カ）LもMも点灯し，ハンドルが時計回りに回転する。
　　　　（キ）LもMも点灯し，ハンドルが反時計回りに回転する。

（13）図14の回路のMを取り除き，取り除いた部分を導線でつ
　　　ないで（12）と同じ操作をしました。すると，ハンドルか
　　　ら手を放した後のLの様子は，（12）で点灯していたどれか
　　　のLEDと同じ明るさで点灯しましたが，点灯する時間が短く
　　　なりました。その理由を説明しなさい。

2020(R2) 広島学院中
K教英出版
－ 2 －
38-(8)
【理12-(2)】
－ 23 －

同じLEDを2個，コンデンサーと手回し発電機をそれぞれ1個
ずつ使って，図14のような回路を作りました。2つのLEDをそれ
ぞれL，Mとします。

図14

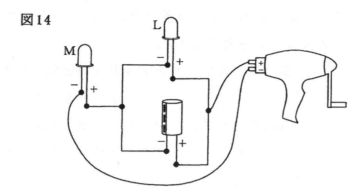

（11）手回し発電機のハンドルを時計回りに一定の速さで回し
　　たときの回路の様子として最も適当なものを1つ選びなさい。
　　図11の回路の性質から考えなさい。
　　（ア）はじめはLよりもMの方が明るく点灯し，しばらくす
　　　　ると同じくらいの明るさになる。
　　（イ）はじめはMよりもLの方が明るく点灯し，しばらくす
　　　　ると同じくらいの明るさになる。
　　（ウ）はじめはLよりもMの方が明るく点灯していたが，し
　　　　ばらくするとMよりもLの方が明るくなる。
　　（エ）はじめはMよりもLの方が明るく点灯していたが，し
　　　　ばらくするとLよりもMの方が明るくなる。
　　（オ）はじめはLもMも同じくらい暗く点灯していたが，し
　　　　ばらくするとどちらもより明るくなる。

あたたかい空気のかたまりを暖気，冷たい空気のかたまりを寒
気といいます。暖気が寒気に向かって進む場合，図2のように暖
気は寒気を押しながら，寒気の上をゆるやかに上がっていきます。
　一方，寒気が暖気に向かって進む場合，図3のように寒気は暖
気を押しながら，暖気を一気に押し上げます。

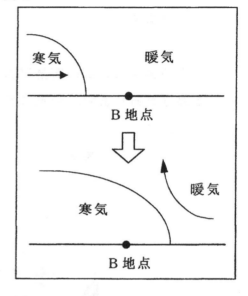

（4）暖気と寒気の境目付近のA地点とB地点では，天気と気温
　　はどのように変化しますか。それぞれ（ア）〜（エ）から選
　　びなさい。
　　（ア）雲が急激に発達して激しい雨が短時間降り，気温が上
　　　　がる。
　　（イ）雲が急激に発達して激しい雨が短時間降り，気温が下
　　　　がる。
　　（ウ）雲がゆっくり発達して雨が長時間降り，気温が上がる。
　　（エ）雲がゆっくり発達して雨が長時間降り，気温が下がる。

（5）下の文章は，台風について説明したものです。（　）に入る適切な雲の名前を答えなさい。

　　日本の南の海上では，海の温度が上がると大量の水蒸気が発生し，あたためられた水蒸気は上昇気流によって上空へ達し，雲をつくります。台風は，低気圧の一種であり，非常に発達した（　）の集まりで，大雨や強風をもたらすことがあります。

　　下の図4は台風の衛星写真で，中心付近には台風の目と呼ばれる部分があります。台風の目では，まわりに比べて風が弱くなっています。

図4

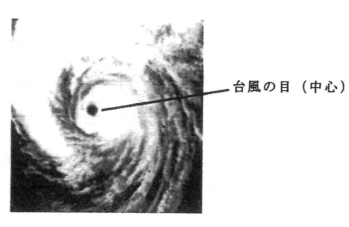

台風の目（中心）

（6）（5）の説明文および図4を参考にして，台風の地表付近での風向きとして最も適当なものを1つ選びなさい。ただし，●は台風の目を表しています。

（ア）　　（イ）　　（ウ）　　（エ）

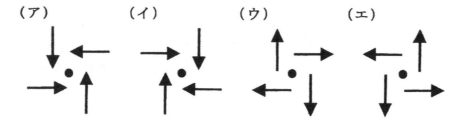

（10）（8）で，スイッチを入れ手回し発電機のハンドルを時計回りにしばらく回した後，スイッチを切らずにハンドルを止めて手を放しました。その後のLEDとハンドルの様子について最も適当なものを1つ選びなさい。ハンドルについてはⅠとⅢの文章から考えなさい。

（ア）LEDは点灯せず，ハンドルが反時計回りに回転する。

（イ）LEDは点灯せず，ハンドルが時計回りに回転する。

（ウ）LEDは点灯せず，ハンドルは回転しない。

（エ）LEDが点灯し，ハンドルが反時計回りに回転する。

（オ）LEDが点灯し，ハンドルが時計回りに回転する。

（カ）LEDが点灯し，ハンドルは回転しない。

2020(R2) 広島学院中
Ⓚ教英出版
－ 4 －
38-(10)
【理12-(4)】
－ 21 －

（8）図13のように，LED，コンデンサーを手回し発電機に並列につないだ回路を作りました。スイッチを入れて手回し発電機のハンドルを時計回りに回したときの回路の様子について最も適当なものを（7）の（ア）〜（エ）から1つ選びなさい。

図13

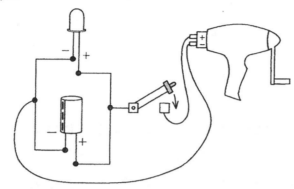

（9）（8）で，スイッチを入れ手回し発電機のハンドルを時計回りにしばらく回した後，すばやくスイッチを切りました。その後のLEDの様子について最も適当なものを1つ選びなさい。

（ア）はじめは点灯せず，しばらくしてから点灯する。

（イ）すぐに点灯し，しばらくしてから消える。

（ウ）点灯したり消えたりをくり返す。

（エ）点灯しない。

港などの海水面の高さは，太陽や月の影響などで周期的に変化していますが，台風が接近したときには通常の高さよりも高くなることがあります。これを高潮といいます。

（7）下の文章は，広島港での高潮の危険性について説明したものです。文章中の①〜③に入る最も適当なものをそれぞれ｛　｝から選びなさい。

台風の中心が近づいたときの①｛上昇・下降｝気流によって，海水面が上昇する吸い上げ効果がどの進路でも同じようにはたらきます。それに加えて，台風が最も接近したときに②｛北・東・南・西｝からの強い風が吹くと，港に海水が吹き寄せられるため，台風が図5の③｛ア・イ・ウ｝の進路をとったときに最も高潮の危険性が高まると考えられます。

図5

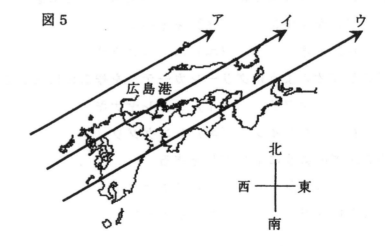

［2］植物と顕微鏡について，後の問いに答えなさい。

Ⅰ　私たちの身のまわりの植物は，種類ごとに様々な特徴をもっています。

（1）次の①～⑥の特徴をもつ植物をそれぞれ（ア）～（エ）から1つずつ選びなさい。

①ヒマワリのように冬には種を残して枯れる

（ア）サクラ　　　（イ）タンポポ

（ウ）ヘチマ　　　（エ）イチョウ

②イネのように子葉が1枚で葉脈が平行である

（ア）ヒマワリ　　（イ）アサガオ

（ウ）キンカン　　（エ）チューリップ

③カボチャのように雄花と雌花に分かれている

（ア）スイカ　　　（イ）イネ

（ウ）トマト　　　（エ）アブラナ

④サンショウのように葉がアゲハの幼虫のえさに適している

（ア）キンカン　　（イ）キャベツ

（ウ）イネ　　　　（エ）エノコログサ

⑤アサガオのようにグリーンカーテンを作るのに適している

（ア）ヒマワリ　　（イ）シダレヤナギ

（ウ）ツルレイシ　（エ）レンゲソウ

⑥クヌギのようにドングリを作る

（ア）コナラ　　　（イ）アカマツ

（ウ）スギ　　　　（エ）イチョウ

Ⅱ　顕微鏡の使い方について，次の問いに答えなさい。

（2）顕微鏡を用いた観察では，プレパラートを作ることで観察をしやすくしています。プレパラートに関する下の説明文中の（①）～（③）にあてはまるものをそれぞれ（ア）～（キ）から選びなさい。

プレパラートとは，（①）の上に適した大きさや厚さの観

（7）図12のように，LED，コンデンサーを手回し発電機に直列につないだ回路を作りました。スイッチを入れて手回し発電機のハンドルを時計回りに回したときの回路の様子について最も適当なものを1つ選びなさい。

図12

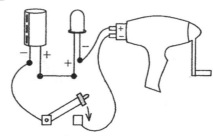

（ア）LEDが点灯し，コンデンサーに電気がたまる。

（イ）LEDは点灯せず，コンデンサーに電気がたまる。

（ウ）LEDが点灯し，コンデンサーに電気はたまらない。

（エ）LEDは点灯せず，コンデンサーに電気はたまらない。

2020(R2) 広島学院中
K教英出版
－ 6 －
38-(12)
【理12-(6)】
－ 19 －

（6）（5）の後，図9のスイッチをすばやくBの側につなぎ変
えました。その後の様子について最も適当なものを1つ選び
なさい。
（ア）電流が図9のCの向きに流れ，LEDがしばらく点灯す
る。
（イ）電流が図9のDの向きに流れ，LEDがしばらく点灯す
る。
（ウ）電流が図9のCの向きに流れるが，LEDは点灯しない。
（エ）電流が図9のDの向きに流れるが，LEDは点灯しない。
（オ）電流が流れず，LEDは点灯しない。

Ⅳ　図10のように違う種類の豆電球XとYを電池に直列につない
で，E，F，Gの3点で電流の大きさを測ると，全て同じ大きさ
でした。また，図11のように豆電球XとYを電池に並列につな
いでH，I，J，Kの4点で電流の大きさを測ると，H点の電流
の大きさはI点とJ点の電流の大きさの和になっていました。そ
して，H点とK点の電流の大きさは同じになっていました。

図10 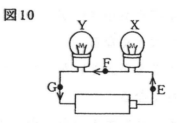　　　図11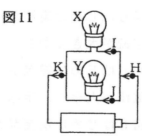

これらの性質はXやYが豆電球でなく，LEDやコンデンサーで
も成り立ちます。また，E点～K点の矢印はそれぞれの点での電
流の向きを表しています。

察したいもの（試料）をのせて（②）をかぶせたものです。
（①）と（②）の間に試料をはさむことで顕微鏡での観察の
際に（③）から試料までの距離を均一にできるので，ピント
があわせやすくなり観察がしやすくなります。
（ア）対物レンズ　　（イ）スライドガラス
（ウ）レボルバー　　（エ）カバーガラス　　　（オ）反射鏡
（カ）調節ねじ　　　（キ）ステージ（のせ台）
図1

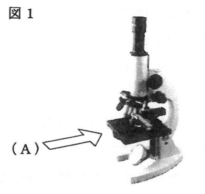

（3）図1の顕微鏡の使い方として正しいものを，（ア）～（オ）
からすべて選びなさい。
（ア）顕微鏡の接眼レンズをのぞいてプレパラートを観察す
るときには，図1の（A）の側に座って観察する。
（イ）顕微鏡を運ぶときには，落とさないように顕微鏡のス
テージとつつの部分を両手でしっかり持って運ぶ。
（ウ）顕微鏡をのぞいて暗く見えるときには，日光が直接当
たらない明るい場所で観察する。
（エ）顕微鏡で観察するときには，対物レンズとプレパラー
トを近づけた状態から，接眼レンズをのぞきながら対物
レンズとプレパラートを遠ざけていき，観察するものが
はっきり見えるところまで調節ねじを回す。
（オ）顕微鏡で細かい部分を観察したいときには，対物レン
ズのうち一番高い倍率のものから使う。

2020(R2) 広島学院中
K教英出版
－ 18 －
38-(13)
【理12-(7)】
－ 7 －

図2 図3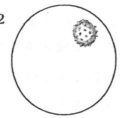

図8 コンデンサー

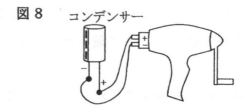

（4）図1の顕微鏡で植物の花粉を観察したところ図2のように
花粉が見えました。このとき，観察したいものが中心に見え
るように移動させるにはプレパラートを自分から見てどの方
向に動かせばよいですか。最も適当なものを1つ選びなさい。

（ア）右上　　　（イ）右下　　　（ウ）左下　　　（エ）左上

（5）顕微鏡で文字を観察する場合，顕微鏡で観察される文字の
向きと，顕微鏡を使わずにプレパラート上に観察される文字
の向きでは違いがあります。顕微鏡で観察したときに図3の
ように“学院”の文字が見えている場合，プレパラート上で
はどのように文字が並んでいますか。最も適当なものを1つ
選びなさい。

（ア）　　　（イ）　　　（ウ）

（エ）　　　（オ）　　　（カ）

Ⅲ　植物の葉を顕微鏡で観察すると気孔と呼ばれる小さな穴が葉の
両面に観察されます。

（6）植物の気孔には，葉に運ばれた水を水蒸気として出す役割
があります。植物が主に葉の気孔を利用して水蒸気を外に放
出する現象を漢字で答えなさい。

（5）コンデンサーを使って図9のような回路を作りました。ま
ずスイッチをAの側につないで手回し発電機のハンドルを時
計回りに一定の速さでしばらく回転させました。このとき流
れる電流の大きさとハンドルの手応えについて，最も適当な
ものを1つ選びなさい。

図9

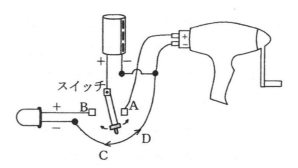

（ア）回しはじめは電流が小さく手応えも小さいが，少しず
つ電流が大きくなり，手応えも大きくなる。

（イ）回しはじめは電流が小さく手応えが大きいが，少しず
つ電流が大きく，手応えが小さくなる。

（ウ）回しはじめは電流が大きく手応えも大きいが，少しず
つ電流が小さくなり，手応えも小さくなる。

（エ）回しはじめは電流が大きく手応えが小さいが，少しず
つ電流が小さくなり，手応えが大きくなる。

（オ）電流も手応えも一定の大きさのままである。

2020(R2) 広島学院中
K 教英出版
－ 8 －
38-(14)
【理12-(8)】
－ 17 －

Ⅱ　発光ダイオード（LED）は長い方の足が＋極，短い方の足が－極になっており，図6のように電池とLEDの＋極どうし，－極どうしをつなぐと電流が流れてLEDが点灯します。また，電池を図6と逆につなぐと電流が流れず，LEDは点灯しません。

図6

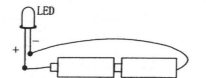

図7

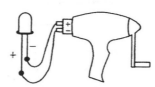

（4）手回し発電機に図7のようにLEDをつなぎ，手回し発電機のハンドルを，時計回りと反時計回りにそれぞれ回転させました。このときのLEDの様子とハンドルの手応えについて最も適当なものを1つ選びなさい。

　（ア）時計回りのときLEDが点灯し，時計回りの方が手応えが大きい。

　（イ）時計回りのときLEDが点灯し，時計回りの方が手応えが小さい。

　（ウ）反時計回りのときLEDが点灯し，時計回りの方が手応えが大きい。

　（エ）反時計回りのときLEDが点灯し，時計回りの方が手応えが小さい。

Ⅲ　コンデンサーも長い方の足が＋極，短い方の足が－極になっています。図8のように手回し発電機とコンデンサーの＋極どうし，－極どうしをつないでハンドルを時計回りに回すと電流が流れてコンデンサーに電気がたまります。逆につないでハンドルを時計回りに回すとコンデンサーが破裂するおそれがあるので，逆にはつなぎません。また，電気がたまったコンデンサーに豆電球やモーターなどをつなぐと，たまった電気がなくなるまで，コンデンサーの＋極から－極に向かって電流が流れます。

（7）気孔には，葉の水分を水蒸気として出す役割のほかに，葉に空気中の酸素や二酸化炭素を取り込むはたらきもあります。また，多くの植物では，気孔は葉の裏側に多く観察されますが，気孔が必要な環境ではその数が増え，必要のない環境ではその数が減ることが知られています。葉の表側にだけ気孔があり，裏側には観察されない植物の名前を1つ答えなさい。

図4

・葉の片面の面積 10cm²
・同じ面積あたりの気孔の数の比
　表：裏＝3：5

図5

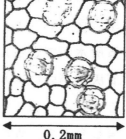

0.2mm

（8）ある植物Xの葉を1枚とって観察すると，図4のような特徴がありました。この葉の裏面では，図5のように気孔が観察できました。また，葉の裏側のどの場所でも図5と同様に気孔が観察されました。これらのことから，植物Xの葉1枚の表と裏の全ての気孔の数を計算で求めようと思います。次の文章中の（①），（②）にあてはまる数を答えなさい。

　　図5は一辺が 0.2mm の正方形なので，その面積は 0.04mm² です。1cm＝10mm なので，1cm²＝100mm² です。図4から植物の葉の片面の面積がわかるので，植物Xの葉の片面の面積は図5の面積の（①）倍になります。これと図4・図5の情報から，植物Xの葉1枚が表と裏に持つ全ての気孔の数は（②）個と求めることができます。

[3] 次の文章を読んで，後の問いに答えなさい。

I　学くんは，お爺ちゃんが畑の土に白い粉をまいていることを
　不思議に思い，お爺ちゃんに聞いてみました。

学「どうして畑に白い粉をまいているの？」

爺「雨が降ると畑の土にふくまれるものが流されて，土が酸性に
　　なりやすいんだ。畑の土が強い酸性になってしまうと作物が
　　育たなくなってしまうから，この白い粉をまいているんだ。」

学「この白い粉は何なの？」

爺「消石灰というんだ。水にとけると石灰水になるから，雨水で
　　石灰水ができるんだよ。」

学「石灰水が強いアルカリ性だということを学校で習ったよ。」

爺「そうだよ。畑の土の酸性と石灰水のアルカリ性が互いに打ち
　　消し合って，畑の土の酸性が弱められるんだ。このように酸
　　性とアルカリ性が互いにその性質を打ち消し合うことを中和
　　というんだよ。畑でとれたムラサキキャベツがあるから，そ
　　のしぼりじるを使って水溶液の性質を調べてみよう。」

実験　石灰水，お酢，アンモニア水，水道水をコップに少しずつとり，
　　ムラサキキャベツのしぼりじるに入れて色の変化を見たところ，
　　下の表1のような結果になりました。

表1

液体	石灰水	お酢	アンモニア水	水道水
色	黄色	赤色	緑色	むらさき色（もとの色）

爺「ムラサキキャベツにはアントシアニンというむらさき色の成
　　分がふくまれているんだ。このアントシアニンが酸性やアル
　　カリ性の液体にふれると，色が変化するんだ。」

学「アルカリ性の水溶液の場合は，色が2種類あるの？」

手回し発電機は結局モーターと同じなので，電池をつないでハ
ンドルから手を放すと，ハンドルが電池によって回転します。図
3のように，手回し発電機の＋端子に電池の＋極を，－端子に電
池の－極をつなぐと，矢印の向きに電流が流れ，ハンドルは時計
回りに回転します。

図3　　　　　　　　　　　図4

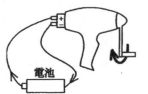
電池

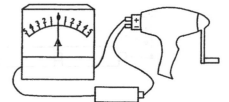

（2）図4のように（1）と同じ検流計，手回し発電機と電池1
　　個をつなぎ，ハンドルから手を放しました。ハンドルと検流
　　計の針の様子はどうなりますか。最も適当なものを1つ選び
　　なさい。

　　（ア）ハンドルは時計回りに回転し，針は右に振れる。

　　（イ）ハンドルは時計回りに回転し，針は左に振れる。

　　（ウ）ハンドルは反時計回りに回転し，針は右に振れる。

　　（エ）ハンドルは反時計回りに回転し，針は左に振れる。

（3）これまでに用いた手回し発電機と同じものを2つ用意し，
　　図5のようにこれらの＋端子どうし，－端子どうしをつなぎ
　　ました。一方の手回し発電機のハンドルを手で時計回りに回
　　転させるともう一方の手回し発電機のハンドルはどうなりま
　　すか。最も適当なものを1つ選びなさい。

　　図5

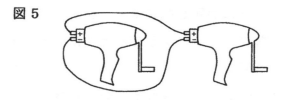

　　（ア）時計回りに回転する。

　　（イ）反時計回りに回転する。

　　（ウ）回転しない。

2020(R2) 広島学院中
K教英出版
－ 10 －
38-(16)
【理12-(10)】
－ 15 －

［4］手回し発電機，豆電球，発光ダイオード，コンデンサーなどを使っていろいろな電気回路を作りました。後の問いに答えなさい。

I　手回し発電機にはモーターが入っていて，その回転軸をハンドルで回すことによって発電することができます。図1のように手回し発電機のハンドル側から見て，時計回りにハンドルを手で回転させると，手回し発電機の＋端子から－端子に向かって電流を流そうとするはたらきが生じます。以下，ハンドルの回転の向きについてはすべて手回し発電機のハンドル側から見たときの様子を表すものとします。

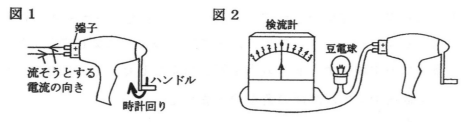

図1　端子　流そうとする電流の向き　ハンドル　時計回り

図2　検流計　豆電球

図2のように，手回し発電機，豆電球と検流計をつなぎ，手回し発電機のハンドルを手で時計回りにある速さで回すと豆電球が点灯し，検流計の針は右に振れました。

（1）図2の回路で手回し発電機のハンドルを反時計回りに，図2のときより速く回すと，豆電球と検流計の針の様子はどうなりますか。最も適当なものを1つ選びなさい。

（ア）豆電球は図2のときより明るくなり，針は右に振れる。
（イ）豆電球は図2のときより明るくなり，針は左に振れる。
（ウ）豆電球は図2のときより暗くなり，針は右に振れる。
（エ）豆電球は図2のときより暗くなり，針は左に振れる。

爺「そうだよ。アルカリ性の水溶液については，その強さによって，アントシアニンの色が変わるんだ。」

学「アントシアニンは，水溶液の性質によって色が変わっていくんだね。ムラサキキャベツのしぼりじるにアンモニア水を加えたものにお酢を加え続けたら，むらさき色になって，最後は赤色になったよ。」

爺「よく調べたね。他にも，アントシアニンをふくんでいる植物は，赤シソやブルーベリーがあるんだ。」

学「赤シソは知っているよ。おばあちゃんが梅ぼしを作るときに梅といっしょにびんに入れていたよ。」

爺「そのびんの梅の色は何色だったかな？」

学「はじめはうすい緑色だったけど，何か月かたってから真っ赤になっていたよ。梅の果汁が（①）だから，赤シソにふくまれる（②）の色が赤くなったのかな。」

爺「いいところに気がついたね。」

（1）下線部について，（ア）〜（カ）の組み合わせのうち，まぜたときに中和が起こるものをすべて選びなさい。
（ア）炭酸水とレモンじる　　（イ）食塩水と砂糖水
（ウ）炭酸水と石灰水　　　　（エ）塩酸とホウ酸水溶液
（オ）アンモニア水と水道水
（カ）お酢と水酸化ナトリウム水溶液

（2）梅ぼしが赤くなった理由について，上の文の（①）と（②）にあてはまる語を答えなさい。

2020(R2) 広島学院中
K教英出版
－ 14 －
38-(17)
【理12-(11)】
－ 11 －

Ⅱ 学くんは，ムラサキキャベツのしぼりじるを使った実験で，水溶液に興味をもちました。そこで，学校の先生にお願いして，水溶液を使った実験をさせてもらいました。

　うすい水酸化ナトリウム水溶液を使って，アルミニウムはくと反応させてみました。このとき発生する気体は，図1のような方法で集めることができます。

図1

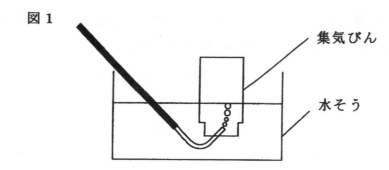

（3）実験を行うときの注意として正しいものを，（ア）～（カ）からすべて選びなさい。

（ア）塩酸や水酸化ナトリウム水溶液を使う場合，目に入ると目をいためるので，安全めがねをつける。

（イ）気体が発生するような実験では，有害な気体が発生すると近所に迷わくになるので，窓を開けたり，かん気せんを回したりしてはいけない。

（ウ）使用している薬品の性質を調べるときは，手でさわったり，口に入れて味を確かめてもよい。

（エ）ビーカーや試験管には，反応をよく観察できるように液体をガラス容器いっぱいに入れて使用する。

（オ）ガスバーナーを使うときは，ぬれぞうきんを用意し，机の上を整理して余計なものを置かないようにする。

（カ）水溶液のにおいをかぐときは，直接鼻を近づける。

（4）気体のアンモニアは，図1のような方法では集めることができません。その理由を説明しなさい。

（5）図1のような方法で気体を集めるとき，はじめに集気びんに水をどのくらい入れたらよいですか。例にならって，水の量を斜線で書き入れなさい。

（例）集気びんに水を半分ほど入れる場合

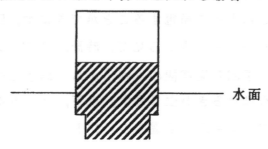

水面

Ⅲ ある濃さの塩酸をそれぞれ 20cm³ ずつ入れたビーカーA～Gを用意しました。これらのビーカーに表2のように同じ濃さで異なる体積の水酸化ナトリウム水溶液を加えました。そこにBTB溶液を数滴加えて水溶液の色を調べました。

表2

ビーカー	A	B	C	D	E	F	G
水酸化ナトリウム水溶液（cm³）	5	10	15	20	25	30	35
水溶液の色	（①）	（①）	（①）	（②）	（③）	（③）	（③）

（6）表2の（①）～（③）にあてはまる色を答えなさい。

（7）表2のように水酸化ナトリウム水溶液を加えたA～Gに，小さく切ったアルミニウムはくを入れたとき，アルミニウムはくが反応して気体が発生すると考えられるものには○，反応しないと考えられるものには×を書きなさい。

（8）仮に，Dに加える予定の水酸化ナトリウム水溶液20cm³に水を足して30cm³にしたとします。それをすべてDに加えてBTB溶液を加えると，水溶液の色は何色になると考えられますか。表2の（①）～（③）のうちから1つ選び，番号で答えなさい。

2020(R2) 広島学院中
教英出版
－ 12 －
38-(18)
【理12-(12)】
－ 13 －

令和 2 年度

広島学院中学校入学試験問題

社　　会

【 4 0分 】

◎試験開始まで，問題用紙にも解答用紙にも手をふれてはいけません。

　次の注意を読みなさい。

<table>
<tr><td colspan="2">注　　意</td></tr>
<tr><td colspan="2">1．問題用紙
　　この問題用紙は，2ページから26ページまでで，問題は5問あります。</td></tr>
<tr><td colspan="2">2．解答用紙
　　解答用紙は別の用紙1枚です。</td></tr>
<tr><td colspan="2">3．記入・質問などの注意
　（1）答えはすべて解答用紙のわくの中に，ていねいな字で記入しなさい。
　（2）記号を選択する問題では，問題の指示する記号で答えなさい。
　（3）印刷が悪くて字のはっきりしないところなどがあれば，手をあげて監督
　　　の先生に知らせなさい。</td></tr>
</table>

[1] 次の年表は，広島県内の資料館や施設についてまとめたものです。これを見て，後の問いに答えなさい。

1955 年	①広島平和記念資料館が開館する。
1985 年	②広島市郷土資料館が開館する。
1988 年	③福山市鞆の浦歴史民俗資料館が開館する。
1988 年	大久野島に（　④　）資料館が開館する。
1995 年	⑤ホロコースト※記念館が開館する。
2005 年	⑥呉市海事歴史科学館（通称大和ミュージアム）が開館する。
2016 年	オバマ米大統領が⑦広島平和記念公園を訪問する。

※　ホロコースト：第二次世界大戦の時，ドイツ軍によってユダヤ人が大量に虐殺されたこと

問 1　下線部①には，被爆者でもある詩人栗原貞子の詩が保管されています。以下の詩は，1976年に栗原貞子が発表した「ヒロシマというとき」という反戦詩です。この詩には，戦争における２つの日本の立場が表現されています。２つの立場をそれぞれ答えなさい。

栗原貞子「ヒロシマというとき」

〈ヒロシマ〉というとき

〈ああ　ヒロシマ〉と

やさしくこたえてくれるだろうか

〈ヒロシマ〉といえば 〈パール・ハーバー〉

〈ヒロシマ〉といえば 〈南京虐殺〉

〈ヒロシマ〉といえば　女や子供を

壕のなかにとじこめ

ガソリンをかけて焼いたマニラの火刑

〈ヒロシマ〉といえば

血と炎のこだまが　返って来るのだ　（後略）

問7　次の**資料１・資料２**のような社会実験は，何を目的として行われた
　　のですか。答えなさい。

資料１

※東京都が舟旅通勤を推奨しているポスター

(東京都webページより引用)

資料２

　7月24日，東京都周辺で首都高速道路の交通規制を行う社会実験が行わ
れた。首都圏の高速道路11カ所の料金所で終日，都心に向かうためのレー
ンを減らしたほか，首都高速では４カ所の入り口を終日閉鎖し，混雑に応
じてほかの入り口も段階的に閉鎖した。新国立競技場からほど近い外苑出
入り口をはじめ，首都高への入り口には赤いコーンが立てられ車両の進入
が規制された。近くには警察官が立ち，誤進入を防ぐために誘導に当たっ
た。

(2019年7月24日朝日新聞デジタルより　一部抜粋・改変)

(問題は以上です)

問2　下線部②には，広島の人々の暮らしの様子が展示されています。
　　県内の市や町と，その特産品の組合せとして**誤っているもの**を，次か
　　ら２つ選び，記号で答えなさい。

あ　福山市＝くわい　　い　庄原市＝りんご　　う　熊野町＝筆
え　世羅町＝なし　　　お　廿日市市＝レモン　か　府中市＝家具
き　東広島市＝酒　　　く　大竹市＝下駄　　　け　三原市＝タコ

問3　下線部③には，江戸時代に朝鮮通信使が通った港がありました。
　　次の**あ～お**の港を，通信使が江戸に向かう際に通った順に並べかえ，
　　記号で答えなさい。

あ　下蒲刈　　い　対馬　　う　下関　　え　明石　　お　大阪

問4　大久野島には1929～45年まで（　④　）を作る施設がありました。
　　（　④　）にあてはまる語句を答えなさい。

問5　下線部⑤について，杉原千畝が，ユダヤ人のためにとった行動の説明として正しいものを次から1つ選び，記号で答えなさい。

あ　外交官であった彼は，リトアニアに押し寄せていたユダヤ人難民に大量のビザを発給し，国外へと逃れるのを助けた。

い　工場経営をしていた彼は，多くのユダヤ人を自分の工場の労働者として雇い入れ，強制収容所へと送られることから助けた。

う　当時のユダヤ人の切迫した状況を記した日記を書き，後世にユダヤ人たちが置かれていた迫害の様子を伝えた。

え　彼もユダヤ人とともに収容所に入れられたが，殺されそうになったユダヤ人の代わりに自分が身代わりとなるよう申し出た。

問6　下線部⑥の施設について，この施設で紹介されている戦艦大和は，1945年に呉を出港し，4月7日にアメリカ軍の攻撃により，沈められました。戦艦大和はどこを目的地として出港しましたか。答えなさい。

問6　次の表は，1世帯あたりの乗用車保有台数の変化（都道府県別に見た順位）を表しています。これについて，（1）・（2）に答えなさい。

表　1世帯あたりの乗用車保有台数の順位

1965年		2016年	
1位	愛知県	1位	福井県
2位	東京都	2位	富山県
3位	京都府	3位	山形県
4位	【 ア 】	4位	群馬県
5位	大阪府	5位	栃木県
:		:	
43位	新潟県	44位	京都府
44位	島根県	45位	【 ア 】
45位	秋田県	46位	大阪府
46位	鹿児島県	47位	東京都

（国土交通省資料などから作成）

（1）1965年の統計では，上位（1〜5位）だった都道府県の多くは，2016年の統計では下位（44〜47位）になっています。この原因として考えられることを答えなさい。

（2）【　ア　】にあてはまる県名を答えなさい。

問5 次のグラフは，日本の自動車メーカーが生産した自動車のうち，国内生産台数，海外生産台数，海外の工場で生産した台数が全体に占める割合の変化を表しています。このグラフについて述べた下の**あ～え**の文のうち，正しいものを1つ選び，記号で答えなさい。

グラフ　日本の自動車生産台数と海外生産の割合の推移

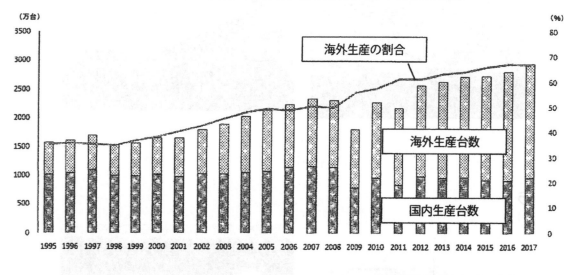

（日本自動車工業会webページより作成）

あ 1995年以降，日本の自動車生産台数の合計は増え続けている。

い 1995年以降，日本の自動車の海外生産台数は3倍以上に伸びている。

う 1995年以降，日本の自動車の国内生産台数は半分以下に減っている。

え 1995年以降，日本の自動車の海外生産比率は，不況や災害の影響で大きく落ち込んだ年もある。

問7 下線部⑦に，昨年の11月24日，下の写真の人物が訪れました。この人物は誰ですか。答えなさい。

[2] 次の各問いに答えなさい。

問1　日本国憲法に定められている基本的人権として，正しいものを次から1つ選び，記号で答えなさい。

あ　個人情報やプライバシーを保護する権利
い　自由に表現したり，集会を開く権利
う　政府に情報公開を求める権利
え　快適な環境（かんきょう）で生活する権利

問2　皇室に関する仕事をしている省庁を何といいますか。答えなさい。

問3　国会について，次のあ～けの説明のうち，現在の衆議院に関するものを3つ選び，記号で答えなさい。

あ　被選挙権（ひ）（さい）は25歳以上の男女にある。
い　被選挙権は30歳以上の男女にある。
う　被選挙権は一定の税金を納めた25歳以上の男子にある。
え　定数は選挙区と比例代表を合わせて245人である。
お　定数は小選挙区で300人である。
か　定数は小選挙区と比例代表を合わせて465人である。
き　任期は4年であり，解散がある。
く　任期は6年であり，3年ごとに半数ずつ改選される。
け　任期は7年であり，皇族や華族（かぞく）などで構成される。

（2）日本で生産した自動車の輸出に主に使用される船はどれですか。次から1つ選び，記号で答えなさい。

あ

い

う

え

問4　日本の自動車の輸出について，（1）・（2）に答えなさい。

（1）日本で作られた自動車は多くの国々へ輸出されていますが，それらの国々から日本が輸入している品目は様々です。下のように，その国との貿易において，日本が輸入している主な品目（輸入額がもっとも大きい品目）と地域によって，表を作成しました。下のあ～けの国々を分類したとき，表のA・Bにあてはまる国を**すべて**選び，それぞれ記号で答えなさい。（統計は2014年）

例）　ガーナ　（アフリカ州）

　　　日本への最大の輸出品目　　カカオ豆（農作物）

　　　なので，表のようにガーナは入る

地域		主な輸入品目		
		農作物	工業製品	地下資源
	アジア州		A	
	ヨーロッパ州			
	南北アメリカ州			B
	アフリカ州	例）ガーナ		
	オセアニア州			

あ　サウジアラビア　　い　中国　　　　う　カタール
え　韓国　　　　　　　お　ブラジル　　か　オーストラリア
き　エジプト　　　　　く　ドイツ　　　け　アメリカ合衆国

問4　内閣の役割として，正しいものを次から1つ選び，記号で答えなさい。

あ　法律案や予算案を国会に提出する。
い　最高裁判所の長官を任命する。
う　憲法改正を国民に提案する。
え　裁判官を裁く裁判を行う。

問5　裁判員制度の説明として，**誤っているもの**を次から1つ選び，記号で答えなさい。

あ　裁判員は選挙権を持っている人の中からくじで選ばれる。
い　裁判員裁判は，地方裁判所で重大な刑事事件の裁判に限って行う。
う　裁判員が有罪か無罪かを判断し，裁判官がどれくらいの刑にするかを決定する。
え　裁判に市民感覚を取り入れ，裁判のスピード化をはかることを目的としている。

問6　地方公共団体の仕組みについて，正しいものを次から1つ選び，記号で答えなさい。

あ　住民が署名により，首相や国会議員の解職を直接請求することができる。
い　市議会議員の選挙には18歳から投票でき，30歳から立候補できる。
う　市議会では，市の予算や住民税などの税金を決めることができる。
え　市議会では，議決により法律を制定・改廃することができる。

問7　先進国が開発途上国に対して行う経済的・技術的な援助を何といいますか。**アルファベット3文字**で答えなさい。

問8　昨年6月に大阪で開催されたG20サミットで，中心的なテーマとして話し合われた地球環境問題の原因となるものは何ですか。次の写真を参考にして答えなさい。

(ニューズウィーク日本版・ダイヤモンドオンラインwebページより作成)

問2　2011年に東日本大震災が発生しました。この地震の後，東北地方から遠く離れた広島県や山口県の自動車組み立て工場でも，自動車の生産が止まってしまいました。その理由を説明しなさい。

問3　次のグラフは，日本の工業生産額のうちわけを示しており，A～Eは，食料品工業，機械工業，繊維工業，金属工業，化学工業のいずれかを，X・Yは1935年・2015年のどちらかを表しています。機械工業をA～Eから，2015年にあてはまるものをX・Yから選び，その正しい組み合わせを表のあ～この記号で答えなさい。

グラフ　日本の工業生産額のうちわけ

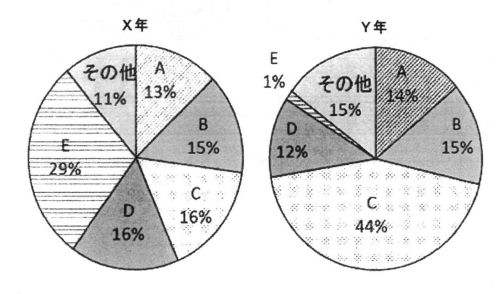

	あ	い	う	え	お	か	き	く	け	こ
機械工業	A	B	C	D	E	A	B	C	D	E
2015年	X	X	X	X	X	Y	Y	Y	Y	Y

[5] 日本の自動車産業について，次の問いに答えなさい。
　問1　次の地図A～Cは，都道府県別にみた「輸送用機械出荷額」，「肉用
　　　牛の飼育頭数」，「米の生産量」（いずれも2015年）のいずれかを表して
　　　います。その組み合わせとして正しいものを下のあ～かから選び，記
　　　号で答えなさい。

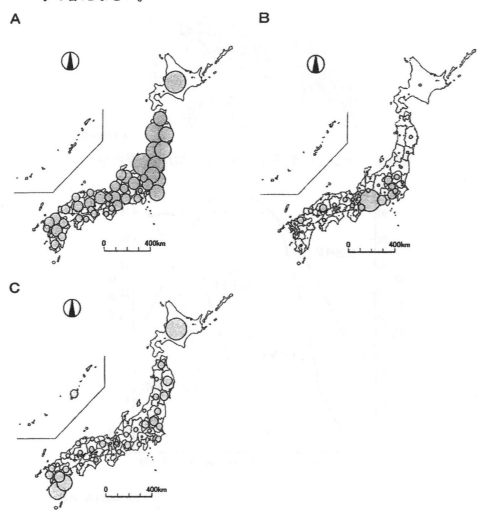

	あ	い	う	え	お	か
輸送用機械出荷額	A	A	B	B	C	C
肉用牛の飼育頭数	B	C	A	C	A	B
米の生産量	C	B	C	A	B	A

問9　次の地図のように，広島県では合併により，市町村が86から23に減少
　　しています。市町村合併にはメリット（良い点）とデメリット（悪い点）
　　があります。自然災害が起こったときに市町村の対策本部が救助活動
　　をする上で，デメリットとして考えられることを説明しなさい。

（国土地理協会webページより作成）

[3] 次の各問いに答えなさい。

問1　次の（　1　）～（　6　）にあてはまる語句を答えなさい。

○　8世紀ころ，『古事記』や『日本書紀』といった書物が天皇の命令で作
られました。そこには，大和政権が日本の各地を統一した様子が描かれ
ています。また，各地の人々の生活や自然などを記した『風土記』も同
じ時期に作られました。完全な形で残るのは，『（　1　）国風土記』だ
けです。

○　大化の改新の後，中国を手本にして，日本で最初の本格的な都である
（　2　）が飛鳥に造られました。また，8世紀ころ，国を治めるため
の法律である（　3　）が定められ，各地の人々は租・庸・調といった
税などを納めなくてはならなくなりました。

○　鎌倉時代，源氏の将軍は3代で絶え，その後の政治は，将軍を助ける
（　4　）の職についた北条氏に引き継がれました。承久の乱の後，武
士の裁判の基準となる法律である（　5　）がつくられ，北条氏を中心
とした幕府の勢力は増していきました。

○　室町時代，3代将軍足利義満の頃，中国（明）との間で貿易が始まり
ました。明は他国から来る船を制限し，使いの船が正式な船であること
を証明するため，日本をはじめ東アジア50ヵ国あまりに（　6　）符
を与えて貿易をしていたので，中国との貿易は，（　6　）貿易と呼ばれ
ます。

問12　次の資料1のような風景がよく見られていた時期の出来事を，資料
2を参考に，あ～えから1つ選び，記号で答えなさい。

資料1　街頭テレビ（白黒）に集まる人々

（郵政博物館webページより作成）

資料2　テレビの普及率と放送時間の移り変わり

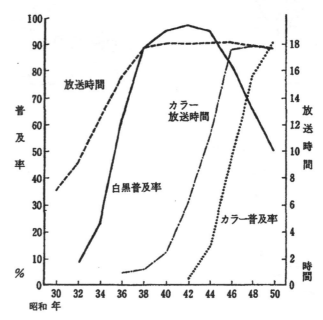

（「消費動向調査年報」などより作成）

あ　経済白書に「もはや戦後ではない」という表現が使われた。

い　東海道新幹線が開通した。

う　万国博覧会が大阪で開かれた。

え　男女雇用機会均等法が公布された。

問10　次のグラフのように，戦後，自作地の比率が増えました。それはなぜですか。答えなさい。

グラフ　自作地と小作地の比率の移り変わり

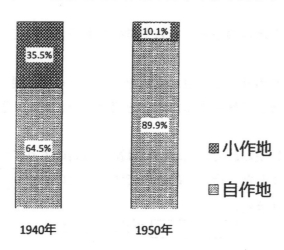

■ 小作地
■ 自作地

『近代日本経済史要覧』より作成

問11　次の写真は，1951年，アメリカで開かれた講和会議にて，ある条約が調印されている様子を撮影したものです。この条約に関する説明として，**誤っているもの**を1つ選び，記号で答えなさい。

（外務省webページより引用）

あ　この条約の調印によって，翌年，日本の主権が回復した。
い　この条約の調印と同じ日に，日米安全保障条約が結ばれた。
う　この条約の調印は，中国を含む48カ国との間で結ばれた。
え　この条約が調印される前年に，朝鮮戦争が始まった。

問2　次のア〜エの歌を読み，（1）〜（5）に答えなさい。

ア　古池や　蛙飛びこむ　水の音
イ　着物のすそにとりすがってなく子どもたちを，わたしは家においてきてしまった。あの子どもたちには母親がいないが，今ごろどうしているだろうか。
ウ　この世をば　わが世とぞ思う　望月の
　　　　　　　　　　欠けたることも　なしと思えば
エ　泰平※の眠りを覚ます上喜撰　たった四杯で夜も眠れず
　　※　泰平：世の中が平和に治まり，おだやかなこと

（1）アの歌が詠まれた時代の人々が楽しみ始めたことで，今も受け継がれているものとして**誤っているもの**を次から1つ選び，記号で答えなさい。
　　あ　狂言　　い　人形浄瑠璃　　う　浮世絵　　え　落語

（2）イの歌は，九州北部の守りにあたった兵士が詠んだ歌です。この兵士を何と呼びますか。答えなさい。

（3）ウの歌が詠まれたころに行われていた年中行事のうちで，現在，国民の祝日となっているものを，次から1つ選び，記号で答えなさい。
　　あ　文化の日　い　海の日　う　こどもの日　え　建国記念の日

（4）エの歌は，200年以上続いてきた泰平の世を打ち破る出来事についての心情を，「『じょうきせん』という名の高級なお茶を飲んで眠れない」ことにたとえて詠んだものです。この出来事とは何ですか。答えなさい。

（5）元号「令和」の由来になった書物に収められている歌をア〜エから1つ選び，記号で答えなさい。

問3　次の文章を読み，（1）・（2）に答えなさい。

「①わたしは，人々とともに仏の世界に近づくことを願っている。そこで，国じゅうの銅を使って大仏をつくり，大きな山をけずってでも大仏殿を建てたいと思う。わたしは，富も権力ももっており，大仏をつくることはやさしいことだ。しかし，それでは，心がこもらないだけではなく，人々の心がはなれてしまう。もし1本の草，ひとすくいの土をもって，②大仏づくりを助けたいと思うものがいたら，願いの通り許可する。」

（1）下線部①の人物が大仏をつくることを命じたのは，紫香楽宮（しがらきのみや）にいたときのことでした。紫香楽宮は現在の何県にありましたか。答えなさい。

（2）下線部②がおこなわれた時代にかかわる建造物として最もふさわしいものを，次のあ〜えから1つ選び，記号で答えなさい。

あ

い

う

え

問8　次の出来事を起きた順に並べかえ，記号で答えなさい。
あ　世界恐慌（きょうこう）　い　満州事変　う　関東大震災（しんさい）　え　真珠湾攻撃（しんじゅわんこうげき）

問9　戦時中から戦後の子どもたちや学校の様子に関して，（1）・（2）に答えなさい。

（1）戦時中，都市部の小学生が空襲（くうしゅう）をさけるために，親元をはなれて遠くの農村に集団で移り住んだことを何といいますか。答えなさい。

（2）終戦直後に使われていた教科書は次の資料のように多くの箇所（かしょ）がすみで消されました。その目的は何ですか。次の　　　　　にあてはまる言葉を答えなさい。

「　　　　　　　を改めるため」

資料　すみぬり前と後の教科書

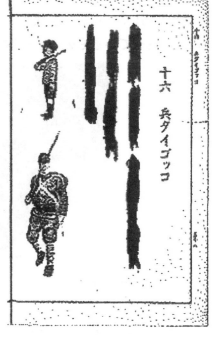

（教科書図書館東書文庫ウェブページより作成）

問4　西郷隆盛と板垣退助は，ともに明治政府の改革に不満を持ち，政府から離れました。そののち，西郷と板垣が起こした具体的な行動を挙げ，2人の行動の違いを説明しなさい。

問5　大日本帝国憲法および帝国議会に関する文として，**誤っているもの**を次から1つ選び，記号で答えなさい。

あ　天皇には，軍隊を率いる権限があった。

い　天皇には，条約を結ぶ権限があった。

う　アジアの国々に先がけて，憲法の発布と国会の開設がなされた。

え　初めての選挙は，北海道から沖縄県まで一斉に実施された。

問6　日本と朝鮮半島の関わりについて述べた文として，**誤っているもの**を次から1つ選び，記号で答えなさい。

あ　明治の初め，日本は朝鮮に不平等な条約を結ばせて勢力を伸ばそうとした。

い　朝鮮に内乱が起きると，日本と清は朝鮮に軍隊を送り，日清戦争が始まった。

う　日露戦争に勝利した日本は，アメリカのなかだちでポーツマス条約を結び，韓国を併合した。

え　韓国併合後，多くの朝鮮の人々が土地を失い，日本人の地主のもとで小作人として働いたり，仕事を求めて日本へ移住したりした。

問7　明治時代以降，国際的に活躍した人物のうち，活躍した分野が他と**異なる人物**を次のあ～えから1つ選び，記号で答えなさい。

あ　北里柴三郎　　い　志賀潔　　う　野口英世　　え　新渡戸稲造

問4　次の資料1～3は，あることを行うために，用いられた道具です。これらは，誰が，何を作るために使った道具ですか。説明しなさい。

資料1　量程車

資料2　象限儀

資料3　羅針盤

[4] 次の各問いに答えなさい。

問1 次の写真は，岩倉使節団に同行した少女たちの写真です。この少女たちのうち，帰国後に女子英学塾を設立し，女性の教育や地位向上のために尽くした人物の名前を答えなさい。

（『日本近代の歴史』より作成）

問2 次の写真がとられた翌年，小田原城の城主は，城と領地を取り上げられました。その理由を述べた下の文中の □□□□□ にあてはまる語句を答えなさい。

解体される小田原城天守（1870年）（横浜開港資料館蔵）

「明治新政府が □□□□□ を行い，政府の方針が日本中に広まるようにするために，役人を派遣したから。」

問3 1872年に学校制度が定められ，学びの場は寺子屋から学校へとうつされました。しかし制度の開始当初，貧しい家庭が多く，**資料1**にあるように学校に通った子どもの割合は低い状況が続きました。**資料2**と**資料3**を参考に，貧しい人々が子どもを学校に通わせることに反発した理由を説明しなさい。

資料1 明治初期における学校に通った子どもの割合

年	男（%）	女（%）	平均（%）
1873	39.9	15.1	28.1
1874	46.2	17.2	32.3
1875	50.8	18.7	35.4
1876	54.2	21.0	38.3
1877	56.0	22.5	39.9
1878	57.6	23.5	41.3
1879	58.2	22.6	41.2

（文部科学省ホームページより作成）

資料2 寺子屋のしくみ

授業料として決まった額はなく，先生に対するお礼として払える額を払う。始まりの時刻，終わりの時刻に決まりがなく行きたい時に行く，帰りたい時に帰る。

資料3 明治初期の学校制度

各家庭が決まった額の授業料を払う。始まりの時刻，終わりの時刻が決まっている。

令 和 2 年 度　　　算 数 Ⅱ　　　解 答 用 紙

[1]
(1)（計算）　　　　　　(2)（計算）　　　　　　(3)（計算）

答　毎分　　　m　　　答　毎分　　　m　　　答　　時　　分

[2]
(1)（計算）　　　　　　(2)（計算）　　　　　　(3)（計算）

答　　　　枚　　　答　　　　枚　　　答　　　　枚

[3]
(1)（計算）　　　　　　(2)（計算）　　　　　　(3)（計算）

答　　　　L　　　答　　：　　　答　　：

[4]
(1)（計算）　　　　　　(2)（計算）　　　　　　(3)（計算）

答　　：　　　答　　：　　　答　　cm²

[5]
(1)（計算）　　　　　　(2)（計算）　　　　　　(3)（計算）

答　　本　　　答　　m²　　　答　　m

得点欄（ここには何も記入しないこと）

1	
2	
3	
4	
5	
合計	Ⅰ＋Ⅱ ※120点満点 （配点非公表）

受 験 番 号

令和 2 年度　理　科　解　答　用　紙

（右はしの※のわくには何も記入しないこと）

[1]

(1)	(2)			(3)
	1日後	2日後	3日後	

(4)		(5)	(6)
A地点	B地点		

(7)		
①	②	③

[2]

(1)					
①	②	③	④	⑤	⑥

(2)			(3)	(4)	(5)
①	②	③			

(6)	(7)	(8)	
		①	②

[3]

(1)	(2)	
	①	②

(3)	(4)

(5)	(6)		
	①	②	③

(7)						
A	B	C	D	E	F	G

(8)

[4]

(1)	(2)	(3)	(4)	(5)	(6)	(7)	(8)	(9)	(10)

(11)	(12)

(13)

受験番号

※80点満点
（配点非公表）

令和2年度　　社会　　解答用紙

[1]

問1 ⬚

問2 ⬚ 　問3 ⬚ → ⬚ → ⬚ → ⬚ 　問4 ⬚

問5 ⬚ 　問6 ⬚ 　問7 ⬚

[2]

問1 ⬚ 　問2 ⬚ 　問3 ⬚ 　問4 ⬚ 　問5 ⬚

問6 ⬚ 　問7 ⬚ 　問8 ⬚

問9 ⬚

[3]

問1 （1） ⬚ 　（2） ⬚ 　（3） ⬚

（4） ⬚ 　（5） ⬚ 　（6） ⬚

問2 （1） ⬚ 　（2） ⬚ 　（3） ⬚ 　（4） ⬚ 　（5） ⬚

問3 （1） ⬚ 県 　（2） ⬚

問4 ⬚

[4]

問1 ⬚ 　問2 ⬚

問3 ⬚

問4 ⬚

問5 ⬚ 　問6 ⬚ 　問7 ⬚ 　問8 ⬚ → ⬚ → ⬚ 　問9 （1） ⬚

問9 （2） ⬚ 　問10 ⬚ が行われたから。

問11 ⬚ 　問12 ⬚

[5]

問1 ⬚ 　問2 ⬚

問3 ⬚ 　問4 （1） A ⬚ 　B ⬚ 　（2） ⬚ 　問5 ⬚

問6 （1） ⬚

（2） ⬚ 県 　問7 ⬚

受験番号 ⬚⬚⬚⬚　　※80点満点
（配点非公表）

2020(R2) 広島学院中

K 教英出版

（20分）　　　平 成 26 年 度　　算 数 Ⅰ　　問 題 用 紙

次の各問いの □ にあてはまる数を記入しなさい。

[1] $\dfrac{9}{4} \div 2\dfrac{3}{8} \times \left(0.75 - \dfrac{1}{6}\right) =$ □

[2] 分速40mで45分かかる道のりを、時速4kmで進むと □ 分かかります。

[3] 兄と弟が持っているカードの枚数の比は8：3で、兄は弟の2倍より58枚多く持っています。兄は □ 枚のカードを持っています。

[4] 米3kg としょう油5kg は同じ値段です。米2.3kgとしょう油3.5kg を合わせた値段は1980円です。米1kg の値段は □ 円です。

[5] 長方形の紙を図のように折りました。（あ）の角度は □ ° です。

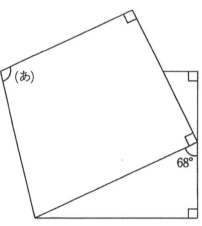

[6] 5倍しても、6倍しても、四捨五入で千の位までのがい数にすると2000になる整数は □ 個あります。

[7] 半径21cm の円形のひもがあります。図のようにひもを3等分する印○と、4等分する印●をつけ、その7か所を切って7本に分けました。一番短いひもの長さが4.5cmのとき、二番目に短いひもの長さは □ cmです。ただし、円周率は3.14とします。

[8] 20をたすと14で割り切れ、14をひくと20で割り切れる整数のうち、もっとも小さいものは □ です。

[9] 図の長方形ＡＢＣＤと正方形ＥＦＧＨの面積は等しく、重なった部分（図の斜線部分）は正方形です。重なった部分の正方形の1辺の長さは □ cmです。

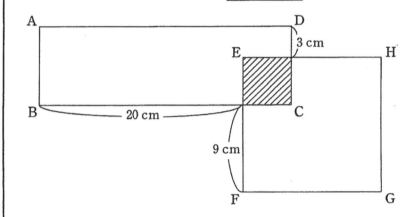

得 点	

受験番号	合 計	Ⅰ＋Ⅱ ※120点満点（配点非公表）

平成 26 年度

広島学院中学校入学試験問題

算 数 Ⅱ

【 40 分 】

◎試験開始まで，問題用紙にも解答用紙にも手をふれてはいけません。

次の注意を読みなさい。

注 意

1. 問題用紙

   この問題用紙は2ページから6ページまで5問あります。

2. 解答用紙

   解答用紙は別の用紙1枚です。

3. 記入・質問などの注意

   （1） 答えはすべて解答用紙のわくの中に，ていねいな字で記入しなさい。

   ただし，割り切れない数のときは，できるだけ簡単な分数で答えなさい。

   また，（計算）と書いてあるところはその答えだけでなく，途中の式・計算

   も書きなさい。

   （2） 問題用紙のあいたところは，解答の下書きに使ってもかまいません。

   （3） 印刷が悪くて字のはっきりしないところなどがあれば，手をあげて監督

   の先生に知らせなさい。

［1］ある中学校の1年生，2年生，3年生をそれぞれの学年で，余る
生徒がいないように2人組，4人組，5人組に分けると，どの学年
も全部で48組できました。次の問いに答えなさい。

（1）1年生は，どの組も同じ数だけできました。1年生の人数は何
人ですか。

（2）2年生は，4人組の生徒をすべて5人組に組みかえたところ，
5人組の数は8組増えて余った生徒はいませんでした。2年生の
人数は185人です。2人組は何組ありますか。

（3）3年生は，2人組の数と4人組の数が同じで，5人組になった
生徒の人数は3年生の人数の半分でした。3年生の人数は何人で
すか。

［5］ 3つの物体P，Q，Rが1辺の長さ120cmの正方形ABCDの周の上を動きます。PはAの位置から左回りに，QはDの位置から右回りに，RはAの位置から右回りに，同時に動き始めます。物体が出会うと，その2つの物体のうち左回りに動いていたものは右回りに，右回りに動いていたものは左回りに向きを変えます。左回りのときは秒速5cm，右回りのときは秒速3cmで動きます。次の問いに答えなさい。

（1）QとRが最初に出会うのは動き始めてから何秒後ですか。

（2）PとRが最初に出会うのは動き始めてから何秒後ですか。

（3）PとQが3回目に出会うのは動き始めてから何秒後ですか。

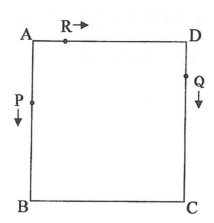

［2］ 底面が正方形の直方体A，B，Cがあります。直方体A，B，Cの底面の1辺の長さはそれぞれ2cm，4cm，5cmです。直方体の6つの面の面積を合わせたものをその直方体の表面積といいます。次の問いに答えなさい。

（1）直方体Aの体積は36cm³です。直方体Aの表面積は何cm²ですか。

（2）直方体Bを底面に平行な平面で1回切って2つの直方体を作りました。この2つの直方体の表面積の合計が152cm²でした。直方体Bの高さは何cmですか。

（3）直方体Cを底面に平行な平面で6回切って，7つの直方体を作りました。この7つの直方体の表面積の合計が，もとの直方体Cの表面積の2倍になりました。直方体Cの高さは何cmですか。

2014(H26) 広島学院中
教英出版
－6－
36-(5)
【算②4-(3)】
－3－

［3］図のような三角形ABCがあります。AD，BDの長さはそれぞれ6cm，10cmです。三角形DBEの面積は三角形AECの面積の半分です。直線AFと直線DEは平行で，直線AFと直線DCは点Gで交わっています。次の問いに答えなさい。

（1）BEとECの長さの比を，もっとも簡単な整数の比で表しなさい。

（2）EFとFCの長さの比を，もっとも簡単な整数の比で表しなさい。

（3）三角形DFGの面積は7.8cm²です。三角形ABCの面積は何cm²ですか。

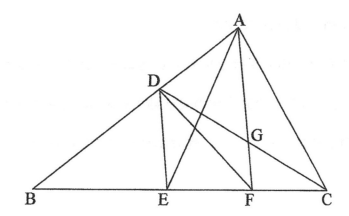

［4］A君，B君，C君はノートに連続したいくつかの整数を書きました。次の問いに答えなさい。

（1）A君は6個の整数を書き，その平均は8.5でした。

（あ）A君が書いたもっとも大きい整数は何ですか。

（い）B君が書いた整数の平均は33で，A君とB君が書いたすべての整数の平均は26でした。B君が書いた整数は何個ですか。

（2）C君は11個の整数を書き，そのうちの73を除いた10個の整数の平均の小数第1位の数字は8でした。C君が書いたもっとも大きい整数は何ですか。

2014(H26) 広島学院中

K 教英出版

－4－

－5－

36-(6)
【算②4-(4)】

平成 26 年度

広島学院中学校入学試験問題

理　科

【40分】

◎放送の指示があるまで，問題用紙にも解答用紙にも手をふれてはいけません。
　次の注意を読みなさい。

注　意

1．問題用紙
　　この問題用紙は２ページから 13 ページまで４問あります。
2．解答用紙
　　解答用紙は別の用紙１枚です。
3．記入・質問などの注意
　（1）答えはすべて解答用紙のわくの中に，ていねいに記入しなさい。
　（2）印刷が悪くて字のはっきりしないところなどがあれば，手をあげて監督の
　　　先生に知らせなさい。

[１] 次の文章を読んで後の問いに答えなさい。

　　水は，地面や水面から蒸発して雲となり，雨や雪となって地球
　上に降るなどして地球をめぐっています。このように地球にある
　水は固体・液体・気体の状態で存在し，姿を変えながら地球をめ
　ぐっていますが，氷・水・水蒸気の量はそれぞれほとんど変化し
　ていません。

　　図は地球にある水がめぐるようすを表したもので，図の中の数
　字は１年間に地球全体で降る雨や雪の量を100としたときのそれ
　ぞれの割合を表しています。

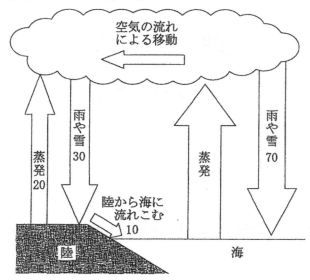

（１）お湯をわかした時に出てくる白い湯気は氷・水・水蒸気のど
　　れですか。

（２）次の①〜④の文は，下の（ア）〜（カ）のどの雲を説明した
　　ものですか。

　　①　この雲はかみなりを伴った大雨を降らせることが多い。

　　②　筋雲ともよばれ，氷のつぶでできていて雨は降らせない。

　　③　長時間雨を降らせることが多く，雨雲とも呼ばれる。

　　④　白い小さな雲がたくさん集まったような形をしており，こ
　　　の雲がすぐに消えると晴れることが多い。

　　（ア）巻雲　　　　（イ）高積雲　　　（ウ）乱層雲

　　（エ）高層雲　　　（オ）層雲　　　　（カ）積乱雲

（3）多くの地域では天気に関するさまざまな言い伝えがあります。次の①～③に当てはまるものを選びなさい。ただし、同じものをくり返し使っても構いません。

太陽や月にかさがかかると（　①　）。

つばめが低いところを飛ぶと（　②　）。

夕焼けが見えると次の日は（　③　）。

（ア）晴れる　（イ）暑くなる　（ウ）雨がふる　（エ）寒くなる

（4）図について、次の文章の①～③に当てはまる数字を答えなさい。

陸に降る雨や雪の割合が 30，海に降る雨や雪の割合が 70，陸から蒸発する水の割合が 20 であることから、海から蒸発する水の割合は（　①　）である。また、海の上から陸の上に移動する水蒸気や雲の割合は（　②　）である。1 年間に地球全体で降る雨や雪をすべて水にして計算すると 40 万 km³ である。このことから 1 年間に陸から海に流れこむ水の量は（　③　）万 km³ であることがわかる。

（5）1 年間に地球全体で降る雨や雪の量が 50 万 km³，陸に降る雨や雪の量が 15 万 km³，陸から蒸発する量が 9 万 km³ になったとすると、次の①～③の量はいくらになりますか。ただし、これらの量はすべて水にして計算したものです。

①　海に降る雨や雪の量

②　海から蒸発する量

③　陸から海に流れこむ量

（6）1 年間に降る雨や雪をすべて水にして計算すると、地球全体では 1m の高さになります。一方、空気中の水蒸気をすべて水にすると、地球全体では 2.5 cm の高さになります。空気中の水蒸気はおよそ何日ですべて入れかわると考えることができますか。

（ア）9 日　　（イ）25 日　　（ウ）40 日　　（エ）75 日

[2] ヒトの体について，後の問いに答えなさい。

　　食べ物に含まれる養分は小腸で吸収され，残りは大腸へ運ばれます。小腸で吸収された養分は，血液に取り入れられて肝臓に運ばれます。肝臓は養分を一時的にたくわえておいたり，害になるものをこわしたり，食物の消化を助ける液体の一種である（Ａ）を作ったりと，非常にたくさんのはたらきをもっています。そのため肝臓には小腸からだけではなく心臓からも血液が送られています。

（１）食べ物を体に吸収されやすい養分に変えるはたらきをもつ液体のことを何といいますか。

（２）養分を吸収しやすくするため小腸の内側の面積は大きくなっています。面積を大きくするための小腸の内側の特ちょうを答えなさい。

（３）大腸の主なはたらきは何ですか。

（４）血液の流れを示した次の図の①～③に入るものをそれぞれ選びなさい。

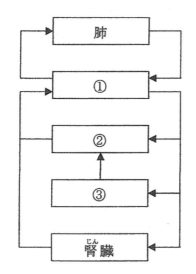

（ア）胃　　　（イ）肝臓　　　（ウ）小腸
（エ）大腸　　（オ）心臓

実験３　図７のように，元のとう明なパイプよりも少しだけ太いパイプを元のパイプにつぎ足しました。パイプをつぎ足したときとそうでないときで同じようにゆっくりと後玉を押し棒で押して空気鉄砲を打つと，前玉はどちらもほぼ同じ場所に落ちました。

図７

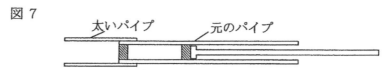

　　実験３の結果からパイプの中にあった空気はパイプから出た後も，同じ太さのまま，元の長さまでもどると考えられます。

（８）これまでの結果から考えて，前玉が飛び出した後，前玉が後ろの空気から押されながら進む距離は何cmになりますか。初めの空気柱の長さが50cm，40cm，30cmのそれぞれの場合について答えなさい。

　　実験１，２で用いた空気鉄砲のうち，前玉が飛んだ距離の長いほうから並べると，初めの空気柱の長さが50cm，40cm，30cmの順でした。

図８

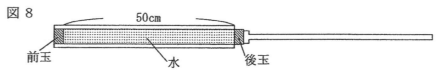

（９）図８のように51cmのパイプに水を入れ，その長さを50cmにしました。後玉を押し棒でゆっくり押すと，前玉は飛ばずに落ちました。これまでの結果から考えて，その理由を説明する文を下のようにまとめました。（ａ）と（ｂ）に当てはまる文をそれぞれ15文字以内で答えなさい。

　　水の体積は（　　ａ　　）ので，前玉が飛び出した後
（　　ｂ　　）ため飛ばずに落ちた。

2014(H26) 広島学院中
K教英出版
－4－
36－(10)
【理8－(4)】
－13－

（5）表1～表3の結果から考えられることを次の文章の①と②に
まとめました。文章中の（a）に当てはまるものを下の（ア）
～（ウ）から，（b）に当てはまるものを下の（エ）～（キ）か
ら選びなさい。

①　初めの空気柱の長さが同じであれば，前玉を引きぬくのに
必要な力は（a）。

②　初めの空気柱の長さがちがっていても，（b）が同じであれ
ば前玉を引きぬくのに必要な力は同じになる。

（a）に当てはまるもの

（ア）縮めた空気柱の長さが短いほど大きくなる

（イ）縮めた空気柱の長さが短いほど小さくなる

（ウ）縮めた空気柱の長さが変わっても変わらない

（b）に当てはまるもの

（エ）縮めた空気柱の長さ

（オ）初めの空気柱の長さと縮めた空気柱の長さを足したもの

（カ）初めの空気柱の長さから縮めた空気柱の長さを引いた
もの

（キ）初めの空気柱の長さを1としたときの縮めた空気柱の長
さの割合

（6）表2，表3の中の**あ**，**い**に入る数字を答えなさい。

（7）実験1，2と（5）から考えて，前玉が飛び出すときの縮め
た空気柱の長さは何cmになりますか。初めの空気柱の長さが
40cmと30cmのそれぞれの場合について答えなさい。

体積が小さくなった空気は，元の体積にもどるまで周りの物を
押します。空気鉄砲でも空気は前玉を押しますが，前玉がパイプ
から出た後もパイプの中にあった空気は元の体積にもどるまで前
玉を押します。その押し方を調べるため実験3をしました。

（5）肝臓は体のどのあたりにありますか。

（ア）胃よりも上の方で，体の右手側に片寄っている。

（イ）胃よりも上の方で，体の左手側に片寄っている。

（ウ）胃よりも下の方で，体の右手側に片寄っている。

（エ）胃よりも下の方で，体の左手側に片寄っている。

（6）文章中の（A）に入る言葉を答えなさい。

（7）小腸から肝臓に送られる血液と，心臓から直接肝臓に送られ
る血液にはどのような違いがありますか。

（ア）小腸から送られる血液の方が養分も酸素も多い。

（イ）小腸から送られる血液の方が養分も二酸化炭素も多い。

（ウ）心臓から送られる血液の方が養分も酸素も多い。

（エ）心臓から送られる血液の方が養分も二酸化炭素も多い。

（8）心臓から直接肝臓に送られる血液の量は，小腸から肝臓に送
られる血液の量の25%です。肝臓から心臓に送られる血液が1
分間に1.5Lであるとすると，1時間に小腸から肝臓に送られ
る血液は何Lですか。割り切れないときは，四捨五入して小数
第1位まで答えなさい。

［3］20℃のA〜Hが入っている8個のビーカーを用意しました。後の
問いに答えなさい。ただし，答えが割り切れないときは，四捨五入
して小数第1位まで答えなさい。

A　炭酸水　100mL

B　うすい塩酸　100mL

C　うすいアンモニア水　100mL

D　水 50 g に食塩を 10 g 加えてよくかき混ぜたもの

E　水 240 g に食塩を 10 g 加えてよくかき混ぜたもの

F　水 50 g に白い固体Xを 10 g 加えてよくかき混ぜたもの

G　水 135 g に白い固体Xを 15 g 加えてよくかき混ぜたもの

H　食塩 10 g に水を加えて全体の体積を 100mL にした水溶液

　　水 1 mL の重さは 20℃ のとき 1 g でした。20℃ の 水 100 g にとけ
きれる食塩の重さは 36 g で，20℃ の水 100 g にとけきれる白い固
体Xの重さは 16 g でした。

　　同じ体積で比べると，白い固体Xの重さは食塩の3倍でした。

（1）A，Bにとけているものの名前をそれぞれ答えなさい。

（2）A，C，Dをそれぞれ少量ずつ取って加熱を続けたときの様
　　子として正しいものはどれですか。

　　（ア）においが出て，水が蒸発した後には何も残らない。

　　（イ）においはなく，水が蒸発した後には何も残らない。

　　（ウ）においが出て，水が蒸発した後には白い固体が残る。

　　（エ）においはなく，水が蒸発した後には白い固体が残る。

（3）次の①〜③の2種類の水溶液を区別することができる方法を
　　（ア）〜（エ）からすべて選びなさい。

　　①　AとB　　②　BとC　　③　AとC

　　（ア）ＢＴＢ液を加える。

　　（イ）リトマス紙を使って調べる。

　　（ウ）加熱して出てきた気体を石灰水に通す。

　　（エ）アルミニウムを加える。

ます。さらに41cmのパイプ，31cmのパイプでも同じ実験を
行ったところ，表2，表3のような結果になりました。

図6

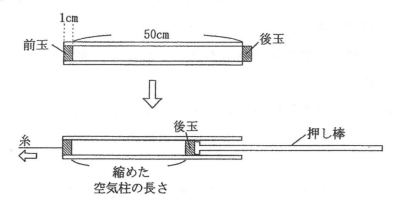

表1　初めの空気柱の長さ50cm

縮めた空気柱の長さ(cm)	45	40	35	32	30	25	21	20
前玉を引きぬくのに必要な力(kg)	1.39	1.25	1.07	0.94	0.83	0.50	0.12	0

表2　初めの空気柱の長さ40cm

縮めた空気柱の長さ(cm)	36	35	32	30	28	24	18
前玉を引きぬくのに必要な力(kg)	1.39	1.36	1.25	1.17	あ	0.83	0.28

表3　初めの空気柱の長さ30cm

縮めた空気柱の長さ(cm)	28	27	25	24	21	18	い
前玉を引きぬくのに必要な力(kg)	1.43	1.39	1.3	1.25	1.07	0.83	0.50

閉じこめられた空気の力を使ったものに空気鉄砲があります。3本のとう明なパイプ，押し棒，厚さが1cmの2つの玉を準備して次の実験1と2をしました。ただし，3本のパイプは長さがそれぞれ51cm，41cm，31cmで，長さ以外はすべて同じものです。また，玉の1つを前玉，もう1つを後玉と呼ぶことにします。

実験1　図4のように51cmのパイプの左はしから前玉を入れ，前玉に糸をつけて図の左向きにゆっくりと引っぱりました。こうして前玉をパイプから引きぬくのに必要な力を測ったところ1.5kgでした。次に，図5のように前玉を押し棒で左向きにゆっくりと押しました。こうして前玉をパイプから押し出すのに必要な力を測ったところ，このときも1.5kgでした。さらに41cmのパイプ，31cmのパイプでも結果は同じでした。

図4

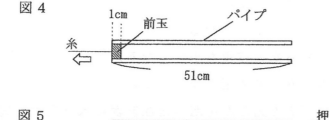

図5

実験2　図6のように51cmのパイプの左はしに前玉を入れ，右はしに後玉を押し当てて空気を閉じこめました。このとき空気が入っている部分の長さは50cmになります。このように空気が入っている部分の長さを「空気柱の長さ」と呼ぶことにします。この初めの空気柱の長さから後玉を押し棒で少しずつ押しこんで適当な位置で止めて空気柱の長さを縮めました。そして，後玉はそのままにして前玉を左向きに引きぬくのに必要な力の大きさを測りました。同じことをくり返して，縮めた空気柱の長さに対する，前玉を引きぬくのに必要な力を測ったところ表1のようになりました。表1の縮めた空気柱の長さが20cmのとき，前玉を引きぬくのに必要な力が0kgになっているのは，このとき前玉が飛び出したことを表してい

（4）D〜Gのうち，とけ残りがあるものが1つあります。それを完全にとかすためには，20℃の水を少なくとも何g加えたらよいですか。

（5）DとFの水を全て蒸発させました。残ったものの体積を比べるとどうなりますか。

（ア）Dの方が大きい。

（イ）Fの方が大きい。

（ウ）同じである。

（6）EとGを50gずつ別々に取り，その水を全て蒸発させました。残ったものの重さはそれぞれ何gですか。

（7）（6）で残ったものの体積を比べるとどうなりますか。

（ア）Eの方が大きい。

（イ）Gの方が大きい。

（ウ）同じである。

（8）Hについて，次の文章の①，②，④に当てはまる数字を答え，③，⑤に最もふさわしいものを下の（ア）〜（ク）から選びなさい。

　　水溶液全体の重さを100としたときの，水にとけたものの重さの割合を「水溶液の濃さ」という。10%の濃さの食塩水100mLを作ろうとしてHを用意したが，加えた水の重さは97gだったので，Hの濃さは（　①　）%になり，10%にはならなかった。また，食塩10gを水（　②　）gにとかすと，10%の食塩水はできたが，このときの全体の体積は100mLよりも（　③　）なった。これらのことから，10%の食塩水が100mL必要なときには，例えば食塩（　④　）gを水180gにとかし，（　⑤　）を使ってはかりとればよいと考えられる。

（ア）大きく　　（イ）小さく　　（ウ）電子てんびん

（エ）ビーカー　（オ）蒸発皿　　（カ）メスシリンダー

（キ）ろうと　　（ク）三角フラスコ

［４］閉じこめられた空気の力について後の問いに答えなさい。

（１）図１のようにゴムで先たんを閉じた注射器を用意し，空気を閉じこめて縦に置きました。ピストンを下向きに押しながら空気の体積を小さくしていき，その後ゆっくり元の体積までもどしました。このとき感じる手ごたえはどのようになりますか。

図１

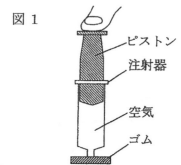

（ア）体積を小さくしていくにつれて大きくなり，元の体積にもどしていくにつれて小さくなる。

（イ）体積を小さくしていくにつれて大きくなり，元の体積にもどしていっても変わらない。

（ウ）体積を小さくしていくにつれて小さくなり，元の体積にもどしていくにつれて大きくなる。

（エ）体積を小さくしていくにつれて小さくなり，元の体積にもどしていっても変わらない。

（オ）体積を小さくしていっても，元の体積にもどしていっても変わらない。

（２）注射器に水を入れ，空気が入らないように閉じこめました。

（１）と同じようにこれを縦に置き，ピストンを下向きに押しました。このとき水の体積や感じる手ごたえはどのようになりますか。

（ア）押す力を大きくすると水の体積は小さくなり，手ごたえは大きくなる。

（イ）押す力を大きくすると水の体積は小さくなり，手ごたえは変わらない。

（ウ）押す力を大きくしても水の体積は変わらず，手ごたえは大きくなる。

（エ）押す力を大きくしても水の体積は変わらず，手ごたえも変わらない。

（３）図２のようにゴムで先たんを閉じた注射器に水と空気を同じ体積ずつ入れて縦に置き，（１）と同じようにピストンを下向きに押しました。このときの様子はどのようになりますか。

図２

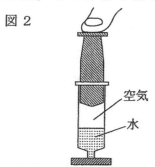

（ア）空気の体積だけが小さくなる。

（イ）水の体積だけが小さくなる。

（ウ）空気の体積も水の体積も小さくなる。

（エ）空気の体積も水の体積も変わらない。

（４）図３のようにゴムで先たんを閉じた注射器に水と空気を同じ体積ずつ入れ，横にして壁に付けて置きました。ピストンを左向きに押したときの様子は（ア）～（カ）のどれになりますか。

図３

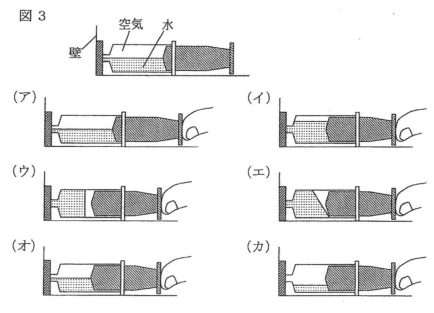

2014(H26) 広島学院中

Ｋ教英出版

－8－

36-(14)
【理8-(8)】

－9－

平 成 ２ ６ 年 度

広 島 学 院 中 学 校 入 学 試 験 問 題

社　　会

【 ４ ０ 分 】

◎放送の指示があるまで，問題用紙にも解答用紙にも手をふれてはいけません。
　次の注意を読みなさい。

注　　意

1．問題用紙

　　この問題用紙は，２ページから 29 ページまでで，問題は６問あります。

2．解答用紙

　　解答用紙は別の用紙１枚です。

3．記入・質問などの注意

　　（1）答えはすべて解答用紙のわくの中に，ていねいな字で記入しなさい。

　　（2）印刷が悪くて字のはっきりしないところなどがあれば，手をあげて監督
　　　　の先生に知らせなさい。

［1］　次の文章は，ある小学生が書いた昨年の日記です。これを読んで，後の問いに答えなさい。

4月29日

　今日は，宮島に行った。最初に①厳島神社にお参りして，ロープウェーに乗った。宮島から帰る前に，商店街でもみじまんじゅうを買って食べた。とてもおいしかった。

7月14日

　今日は，お父さんと②太田川をさかのぼるドライブにでかけた。太田川沿いを走って上流の安芸太田町に着いた。最初は三段峡を訪れ，かなり歩いたのでとても疲れた。その後，帰る途中で③地形を上手に利用している田んぼを見た。この景色にはとてもおどろいた。

7月21日

　夜，テレビを見ようとしたら，④参議院議員選挙の開票速報しかやっていなかった。そういえば，今朝早くから，父と母が投票に行っていた。学校では，投票に行かない人が増えていると習った。でも，選挙権は⑤国会のメンバーを決める大切な権利だ。ぼくは，大人になったら，しっかり考え投票し，⑥政治に参加していきたい。

8月21日

　今日は，家族で出雲大社に行った。平成の大遷宮が終わり本殿の建物がきれいになっていた。隣にある県立出雲歴史博物館には，出雲地方についてさまざまな展示があり，とても勉強になった。出雲地方には，⑦弥生時代からクニがあり，独特な形の墓が造られていたことがよくわかった。

9月14日

今日は，福山市にある鞆の浦に行った。鞆の浦は，奈良時代に作られた歌集（　⑧　）にも出てくるそうだ。江戸時代には⑨朝鮮通信使の寄港地になり，景色の美しい場所として有名になったのもよくわかった。

10月26日

今日は，広域公園に⑩サンフレッチェ広島のサッカーの試合を観に行った。昨年は，⑪ベガルタ仙台と激しく争って優勝したサンフレッチェは，今年も，優勝争いをしていて，毎試合，目が離せない。

12月31日

今年の天気は，本当に異常だった。8月は，35℃を超える日が続き，外に出るのも嫌だった。大雨も続いた。特に台風による大雨で京都，伊豆大島などで大きな被害が出た。関東地方での竜巻の被害も深刻だ。⑫温暖化など，地球環境問題について学校で習ったが，まじめに⑬地球環境の将来について考えなければいけないと思った。

問1　下線部①について，次の写真は，ある武士の一族が，自分たちの繁栄を願って，厳島神社におさめたものです。これを何といいますか。漢字で答えなさい。

問2　下線部②について，（1）・（2）に答えなさい。

（1）太田川には次の写真のような場所があります。このような施設のことを何といいますか。答えなさい。

（2）次の図は，セーヌ川（フランス），コロラド川（アメリカ），太田川（広島県），信濃川（新潟県など）の比較をしたものです。太田川を示しているものを，次のあ～えから選び，記号で答えなさい。

世界の川と日本の川の比較

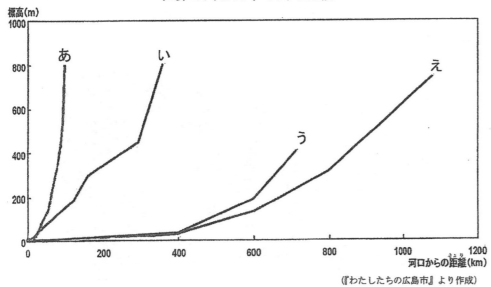

『わたしたちの広島市』より作成

（2）①～③にあてはまる都市の組み合わせとして正しいものを，選択肢あ～かから選び，記号で答えなさい。

選択肢	①	②	③
あ	新潟市	広島市	京都市
い	新潟市	京都市	広島市
う	京都市	広島市	新潟市
え	京都市	新潟市	広島市
お	広島市	京都市	新潟市
か	広島市	新潟市	京都市

（3）①はXの時期に，③はYの時期にそれぞれ大きく人口が増えていますが，この理由は共通しています。その理由とは何ですか。解答欄にあてはまるように答えなさい。

（これで問題は終わりです）

問2　次の①〜③は，広島市，新潟市，京都市，および東京（特別区）の
　　　いずれかの都市において，それぞれ1960年の人口を１としたときの，
　　　人口変化を示したものです。これを見て，（１）〜（３）に答えなさい。

都市の人口の変化

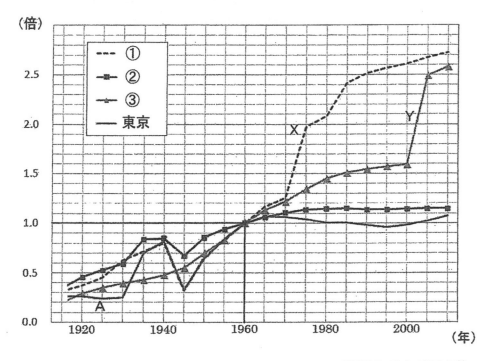

（統計局ウェブページより作成）

（１）東京でＡのころに，人口が伸び悩んでいた理由を答えなさい。

問3　下線部③について，安芸太田町には，次の写真のような田がありま
　　　す。このような田のことを何といいますか。答えなさい。

問4　下線部④について，次の表は，大日本帝国憲法，日本国憲法のもと
　　　での国会議員の決め方を示したものです。大日本帝国憲法のもとでは，
　　　貴族院議員は，どのような方法で決められていましたか。（　　　）に
　　　あてはまる決め方を答えなさい。

	大日本帝国憲法		日本国憲法	
	貴族院	衆議院	参議院	衆議院
決め方	（　　　）	国民が選挙する	国民が選挙する	国民が選挙する

問5　下線部⑤について，国会の仕事のうち，衆議院のみに認められているものを次から選び，記号で答えなさい。

あ　内閣総理大臣を選ぶ。

い　裁判官を裁く裁判所をつくる。

う　外国と結んだ条約を承認する。

え　内閣を信任しないことを決める。

問6　下線部⑥について，国民が政治に参加する機会の一つとして，裁判員制度があります。この制度についての説明として，**誤っているもの**を次から選び，記号で答えなさい。

あ　裁判員は，選挙権をもっている人のなかからくじで選ばれる。

い　裁判員制度の目的は，国民の感覚や視点を裁判に生かすことである。

う　裁判員が参加できるのは，地方裁判所で行われる刑罰の重い犯罪に関する裁判のみである。

え　裁判では，裁判員が，有罪か無罪かを判断し，有罪の場合には，裁判官がどのくらいの刑にするかを判断する。

（2）①をそのように選んだ理由を，気候の特徴に触れて説明しなさい。

（3）一年の合計日照時間が一番長いのは，4つのうちどの都市ですか。（1）のあ〜えの記号で答えなさい。また，長い日照時間を生かして行われる，この地域に特徴的な農業のやり方を答えなさい。

[6] グラフに関して，後の問いに答えなさい。

問1 次の①～④は，高知市，松江市，秋田市，宮古市（岩手県）のいずれかの都市における月別日照時間を表したものです。これを見て，（1）～（3）に答えなさい。

月別日照時間（2012年）

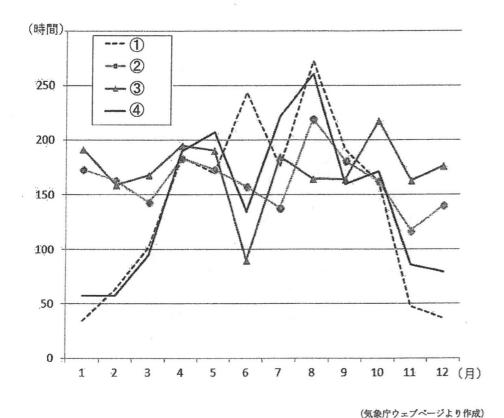

（気象庁ウェブページより作成）

（1）①～④にあてはまる都市名を，次のあ～えから選び，それぞれ記号で答えなさい。

あ　高知市　　い　松江市　　う　秋田市　　え　宮古市

問7　下線部⑦について，島根県や鳥取県，広島県などでは独特の形の墓が発見されています。特に島根県ではこの形の墓が40ほど発見されています。島根県に多く見られる，この墓の形を次から選び，記号で答えなさい。

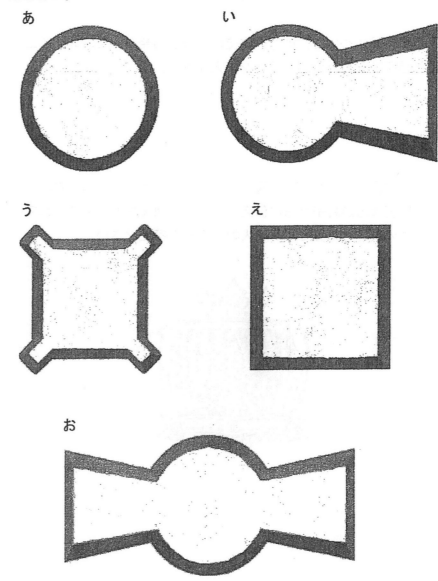

問8 （ ⑧ ）にあてはまる歌集を漢字で答えなさい。

問9 下線部⑨について，朝鮮通信使が朝鮮を出発した後，最初に立ち寄った場所はどこですか。地名を答えなさい。

問10 下線部⑩について，下の図はこのチームのエンブレムです。これは，ある戦国大名が息子たちに伝えたとされる教えをもとに作られています。この大名とは誰ですか。人物の名前を答えなさい。

D
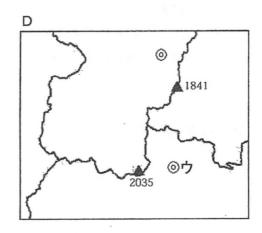

E
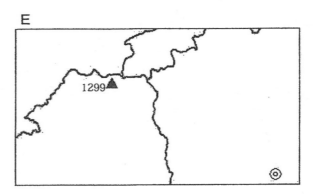

（1）地図A〜Eに含まれる山地または山脈を次のあ〜しの中から一つ選び，それぞれ記号で答えなさい。

あ 四国山地	い 飛騨山脈	う 中国山地	え 赤石山脈
お 奥羽山脈	か 日高山脈	き 白神山地	く 九州山地
け 紀伊山地	こ 北上高地	さ 越後山脈	し 北見山地

（2）地図A・C・Dの中の都府県庁所在都市ア〜ウをそれぞれ答えなさい。

問2 下線部②について，次の地図A～Eは，それぞれ次の条件で作成しました。

- 名前に「山」のつく都府県が必ず一つ含まれています。
- 実線は都府県境を表しています。
- ▲は主な山とその標高を，◎は地図の範囲にある都府県庁所在都市を表しています。
- 地図の上は北を表していますが，縮尺はそれぞれ異なっています。

これらの地図に関して，（1）・（2）に答えなさい。

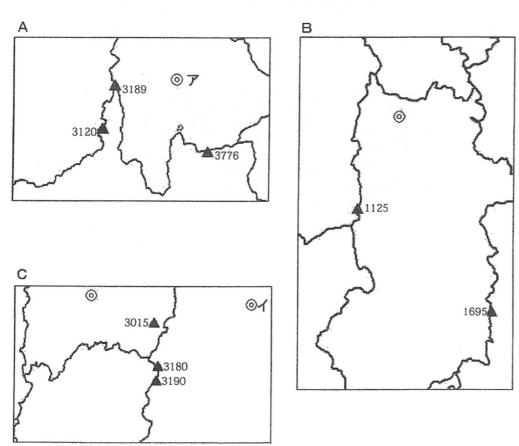

問11 下線部⑪について，仙台市のある宮城県と広島県は，カキの養殖が盛んです。下の地図を見て，これらの地域でカキの養殖が盛んな理由を一つ答えなさい。

＜広島湾＞

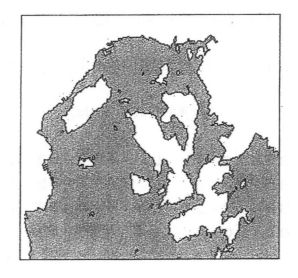

＜松島湾＞

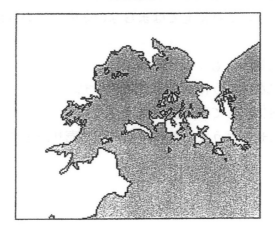

問12　下線部⑫について，地球温暖化に関して述べた次の文A〜Cについて，その正誤の組み合わせとして正しいものを，下のあ〜くから選び，記号で答えなさい。

A　地球温暖化は，酸素や水素などの温室効果ガスの増加が原因とされている。

B　地球温暖化が進めば，海面からの高さが低い国などが海に沈んでしまう恐れがある。

C　地球温暖化防止への世界的な取り決めは，存在していない。

あ　A＝正　B＝正　C＝正　　い　A＝正　B＝正　C＝誤
う　A＝正　B＝誤　C＝正　　え　A＝正　B＝誤　C＝誤
お　A＝誤　B＝正　C＝正　　か　A＝誤　B＝正　C＝誤
き　A＝誤　B＝誤　C＝正　　く　A＝誤　B＝誤　C＝誤

問13　下線部⑬について，増えるゴミ問題に対応する活動として，「3R」が言われています。これにあてはまらないものを次から選び，記号で答えなさい。

あ　製品を分別して，もう一度使う。

い　ゴミを出さないように，各家庭で燃やす。

う　ゴミを原料に戻して再び使えるようにする。

え　ゴミを減らせるような，ものの作り方や売り方をする。

[5]　次の文章を読んで，後の問いに答えなさい。

　日本は①国土面積の7割近くを山地が占める山がちな国です。そのため，②地名には「山」がつくものが多く見られ，また，都府県や市町村の境界も，ほとんどが山地や山脈によって定められています。

問1　下線部①について，次の表は，広島県，沖縄県，秋田県，千葉県の4つの県における山地面積と，県の面積に占める山地の割合を示したものです。広島県にあてはまるものを，選択肢あ〜えから選び，記号で答えなさい。

選択肢	山地面積（km²）	県面積に占める山地の割合（％）
あ	6,755	58.1
い	6,754	79.7
う	388	7.6
え	547	24.0

（『日本統計年鑑　平成22年』などより作成）

問12 下線部⑫について，次の文A〜Cは，それぞれある国の食生活を説明した文です。どこの国のことを述べていますか。その組み合わせとして正しいものを下のあ〜かから選び，記号で答えなさい。

　A　大きな皿に分けて盛られた料理を右手で食べる。
　B　食器を手に持ったり，口につけたりして食べるのは行儀の悪いことである。
　C　ハンバーガーを代表とするファストフードの文化が生まれ，世界中に広まっている。

あ　A＝アメリカ　　　　　B＝サウジアラビア　　C＝韓国
い　A＝韓国　　　　　　　B＝ブラジル　　　　　C＝サウジアラビア
う　A＝サウジアラビア　　B＝韓国　　　　　　　C＝ブラジル
え　A＝ブラジル　　　　　B＝サウジアラビア　　C＝アメリカ
お　A＝サウジアラビア　　B＝韓国　　　　　　　C＝アメリカ
か　A＝ブラジル　　　　　B＝アメリカ　　　　　C＝サウジアラビア

問13 下線部⑬について，食品の生産地や肥料，えさや薬品などを記録し，食品とその情報を追跡できるようにすることを何といいますか。**カタカナ**で答えなさい。

[2]　次の文章は，昨年の1月から12月に日本で開かれた式典や追悼行事のようすについて，新聞記事をもとにまとめたものです。これを読んで，後の問いに答えなさい。

　A　ここでは，全戦没者追悼式が開かれ，アメリカ軍との戦いで犠牲となった方々を追悼し，世界の恒久平和が誓われました。知事は，追悼式の平和宣言の中で，アメリカ軍（　①　）飛行場の県外移設を政府に強く要望しました。

　B　ここでは，原爆が投下された午前11時2分に黙とうが行われました。市長は，平和宣言の中で，核不拡散条約（NPT）に加盟せず核保有したインドとの原子力協定交渉再開をとりあげ，「日本政府に，被爆国としての原点に帰ることを求めます。」と二度繰り返し，核兵器に対する政府の姿勢を厳しく批判しました。

　C　ここでは，震災18年追悼の集いが開かれました。この集いは，震災で亡くなられた方々を追悼するとともに，震災で生まれた「きずな・支えあう心」を次世代へ語り継いでいくために行われました。会場となったルミナリエの終着地東遊園地では，地震発生時刻の午前5時46分，参列者による黙とうがささげられ，追悼のことばのあと献花がなされました。

　D　ここでは，終戦記念日に政府主催の全国戦没者追悼式が開かれました。この式には，天皇，皇后両陛下と首相，遺族らが参列し，戦争の犠牲となった人々の冥福を祈り，改めて平和を誓いました。首相は「世界の恒久平和に，能うる限り貢献し，万人が心豊かに暮らせる世を実現するよう，全力を尽くす」と訴えました。

E　ここでは，原爆が投下された午前8時15分をむかえると，参列者が黙とうをささげました。平和宣言の中で，市長は②被爆者の体験談をふまえてその苦しみを語り，「終生にわたり心身をさいなみ続ける原爆は，非人道兵器の極（きわ）みであり『絶対悪』です。」と断じ，「平和市長会議を構成する加盟都市とともに，国連や志を同じくする（　③　）などと連携（れんけい）して，2020年までの核兵器廃絶（はいぜつ）をめざし，核兵器禁止条約の早期実現に全力を尽くします。」と訴えました。

F　ここでは，震災から2年目の追悼式が市の主催によって開かれました。震災で多くの被害を受けたこの地では，地震発生時刻の午後2時46分に黙とうがささげられ，犠牲者への祈りと復興への新たな決意がなされました。

問1　（　①　）にあてはまる地名を答えなさい。

問2　下線部②について，被爆体験を語り継ぎ，伝えていくことが，現在難しくなっています。その理由を答えなさい。

問3　（　③　）には，各国の政府や国連から独立して活動している民間の団体を表す語句が入ります。あてはまる語句を**アルファベット3文字**で答えなさい。

問9　下線部⑨について，当時の人々は手軽に食事や買い物ができる店を利用しました。下の図にある移動式の店のことを何といいますか。答えなさい。

問10　下線部⑩について，戦後の食料不足の時，アメリカの援助（えんじょ）によって学校で始まったものは何ですか。**漢字で**答えなさい。

問11　下線部⑪について，近年日本では，コメの輸出量が少しずつ増加しています。その理由として，最もふさわしいものを次から選び，記号で答えなさい。

あ　コメが関税なしで貿易できるようになったため。

い　良質な日本産のコメが，海外で好まれるようになったため。

う　コメの生産量が著しく増え，外国のコメより値段が安くなったため。

え　地球環境（かんきょう）に対する関心が高まり，コメがバイオ燃料の原料として使われるようになったため。

問5　下線部⑤について，この時代から始まった，イネを刈った後，同じ土地に他の農作物を植える農業のやり方を何といいますか。**漢字で答えなさい。**

問6　下線部⑥について，この時代の食生活の説明として**誤っているもの**を次から選び，記号で答えなさい。

あ　大豆が多く栽培されるようになり，豆腐や納豆が食べられるようになっていった。

い　ムギが多く栽培されるようになり，うどんやまんじゅうが食べられるようになっていった。

う　アワなどの雑穀が多く栽培されるようになり，コメと雑穀を混ぜたご飯が食べられるようになっていった。

え　1日の食事の回数が，2回から3回になっていった。

問7　下線部⑦について，これらの物が日本にもたらされた貿易を何といいますか。答えなさい。

問8　下線部⑧について，この時代の農民の説明として**誤っているもの**を次から選び，記号で答えなさい。

あ　商人から油かすや干したイワシなどを買い，肥料として使った。

い　生糸の生産が増加したため，着物に絹織物を用いるようになった。

う　千歯こきやとうみなど進んだ農具を使用し，農作業を速く楽にできるようにした。

え　コメのほかに綿や菜種，茶などをつくり，商品の原料を生産して収入を増やす者もみられた。

問4　A〜Fの式典を行われた順（1月〜12月）に並べかえ，記号で答えなさい。

問5　A〜Fの文の式典が行われたのはどこですか。地図中のあ〜けから選び，それぞれ記号で答えなさい。

[3] 次の文章を読んで，後の問いに答えなさい。

日本国憲法前文（要旨）

日本国民は，①選挙で選ばれた国会議員を国民の代表者とします。

わたしたちは，世界の国々となかよく協力し合い，②国全土にわたって自由がもたらすすばらしさをみなぎらせ，③政府の行いによって二度と戦争が起こることのないようにすることを決意しました。

そして，④わたしたちは，（　　　　）が国民にあることを宣言して，⑤この憲法をつくりあげました。

わたしたちは，世界がいつまでも平和であることを，心から願います。わたしたちは，平和と正義を愛する世界の人々の心を信頼して，平和を守っていきたいと思います。

わたしたちは，平和を守り，⑥平等で明るい生活を築こうと努力している⑦国際社会のなかで，名誉ある国民になることを誓います。わたしたちは，全世界の人々が，みな平等に，恐怖や欠乏もなく，平和な状態で生きていくことができる権利をもっていることを確認します。

どんな国であろうと，自分の利益と幸福だけを考えて，⑧他国のことを忘れるようなことがあってはなりません。

（『新しい社会6下』より作成）

問1　下線部①について，満25歳から立候補できるものを次から**すべて**選び，記号で答えなさい。

あ　衆議院議員　　い　参議院議員　　う　都道府県・市町村議会議員
え　都道府県知事　　お　市町村長

問3　下線部③について，これは農民が地方の特産物を都に納めるという税から成り立っています。このころの税や労働に関して述べた次の文A～Cについて，その正誤の組み合わせとして正しいものを，下のあ～くから選び，記号で答えなさい。

A　イネのとれ高のおよそ30%を地方の役所に納める。
B　都や九州を守る兵士の役を務める。
C　1年に30日間，都で働くか，その代わりに布を納める。

あ　A＝正　B＝正　C＝正　　い　A＝正　B＝正　C＝誤
う　A＝正　B＝誤　C＝正　　え　A＝正　B＝誤　C＝誤
お　A＝誤　B＝正　C＝正　　か　A＝誤　B＝正　C＝誤
き　A＝誤　B＝誤　C＝正　　く　A＝誤　B＝誤　C＝誤

問4　下線部④について，下の図のような田畑を深く耕すために使われた農具を何といいますか。答えなさい。

問1 下線部①について，次の文A・Bは三内丸山遺跡の発掘調査について述べたものです。これを読んで，ここに住んでいた人々の生活の様子を，解答欄に合わせて答えなさい。

　A　遺跡の縄文時代の地層から，集落の周囲にクリの木がたくさん植えられていた跡が発見された。

　B　遺跡の縄文時代の地層から，たて穴住居の跡が何世代にもわたって重なり合って多数発見された。

問2 下線部②について，この時代の社会の大きな変化に関して述べた次の文A〜Cについて，その正誤の組み合わせとして正しいものを，下のあ〜くから選び，記号で答えなさい。

　A　集落の人口が次第に増えるとともに，日本列島の人口も増加していった。

　B　大陸から金属の製法が伝わり，青銅製の農具が広く使われるようになっていった。

　C　大陸から新しい土器の製法が伝わり，弥生土器として広く使われるようになっていった。

あ　A＝正　B＝正　C＝正　　い　A＝正　B＝正　C＝誤
う　A＝正　B＝誤　C＝正　　え　A＝正　B＝誤　C＝誤
お　A＝誤　B＝正　C＝正　　か　A＝誤　B＝正　C＝誤
き　A＝誤　B＝誤　C＝正　　く　A＝誤　B＝誤　C＝誤

問2 下線部②〜④は，日本国憲法の三つの原則をあらわしています。これについて，（1）〜（3）に答えなさい。

（1）下線部②の原則を答えなさい。

（2）下線部③の原則は憲法第9条に定められています。その内容を2つ答えなさい。

（3）下線部④の（　　　）にあてはまる語句を漢字で答えなさい。

問3 下線部⑤について，憲法を改正するには，どのような手続きが必要ですか。次の（　ア　）と（　イ　）にあてはまる語句を答えなさい。

　衆議院・参議院それぞれの総議員の（　ア　）以上の賛成に加えて，（　イ　）で過半数の賛成を必要とする。

問4 下線部⑥について，障がいをもつ人々もみんなと同じように安心して生活できる社会にしようとする考え方を何といいますか。**カタカナ**で答えなさい。

18

15

問5　下線部⑦について，2013年の出来事として正しいものを選び，記号で答えなさい。

　あ　シリアが国内で化学兵器を使用したため，国連の安全保障理事会での決議にもとづき，アメリカ軍がシリア政府に対して武力による攻撃を加えた。

　い　エジプトでは2011年の民主化運動によって，長く続いた独裁政権が倒れたが，新しい大統領に対しても反政府デモがおこり，再び政権が交代した。

　う　イギリスのロンドンで開かれた国際マラソン大会の競技中，ゴール付近で爆弾テロ事件が発生し，ランナーや観客など多くの人々が死傷した。

　え　アルゼンチンで開かれたＩＯＣ総会において，2020年の夏季オリンピックとパラリンピックが，50年ぶりに東京で開催されることになった。

問6　下線部⑧について，日本と周辺諸国とのあいだの出来事として，年代の古いものから順に記号で答えなさい。

　あ　ソ連との間で国交が回復した。
　い　韓国との間で国交が正常化された。
　う　中国との間で平和友好条約が結ばれた。
　え　北朝鮮との間で初めて首脳会談が開かれた。

[4]　次の文章を読んで，後の問いに答えなさい。

　日本の歴史をたどりながら，私たちの食生活がどのように変化してきたかをみてみましょう。

　①縄文時代に，人々は狩りや漁をして食料を得ていました。弥生時代になると米づくりが日本に定着し，②社会は大きく変化して貧富の差がひろがっていきました。奈良時代には，③都の貴族の食生活は充実していましたが，人々の食生活は貧しかったことが記録からうかがえます。

　鎌倉時代になると，④牛や馬を使って田畑を深く耕せるようになり，肥料も使われ，⑤生産力が向上しました。室町時代には，イネを品種改良するなどして収かく量がさらに増え，⑥人々の食生活も豊かになっていきました。

　安土桃山時代には，⑦カステラやコンペイトウなどの海外の食べ物も日本に伝わり始めました。

　江戸時代になると，きびしい身分制度のもとで，⑧農民は生産力の向上のために努力を重ねました。また，生産物を売りさばくため，全国の流通網が整備されました。こうした中で，江戸や城下町などの都市が発達し，⑨都市に住む人々の食生活も変化していきました。

　明治時代になると，外国との交流が進み，次第に食生活も西洋風のものへと変化していきました。昭和時代になり，不景気や戦争が続いて，⑩大変な食料不足におちいりました。

　戦後日本では，⑪海外との交流や貿易が盛んになっていきました。そのため，⑫海外の食文化の影響を受けて食生活も多様化しています。一方で，食品への残留農薬や遺伝子組み換え食品など，⑬食の安全に対する意識も高まってきています。

平 成 26 年 度　　算 数 Ⅱ　　解 答 用 紙

[1]

（1）（計算）	（2）（計算）	（3）（計算）
答　　　　人	答　　　　組	答　　　　人

[2]

（1）（計算）	（2）（計算）	（3）（計算）
答　　　　cm²	答　　　　cm	答　　　　cm

[3]

（1）（計算）	（2）（計算）	（3）（計算）
答　　：	答　　：	答　　　　cm²

[4]

（1）（あ）（答えだけ記入）　答

（1）（い）（計算）

答　　　　個

（2）（計算）

答

[5]

（1）（計算）

答　　　　秒後

（2）（計算）

答　　　　秒後

（3）（計算）

答　　　　秒後

得点欄（ここには何も記入しないこと）	1	
	2	
	3	
	4	
	5	
	合計	Ⅰ＋Ⅱ ※120点満点（配点非公表）

受 験 番 号

2014(H26) 広島学院中
K教英出版

平成２６年度　理　科　解　答　用　紙

（右はしの※のわくには何も記入しないこと）

[1]

(1)	(2)			
	①	②	③	④

(3)			(4)		
①	②	③	①	②	③

(5)			(6)
① 万km³	② 万km³	③ 万km³	

※

[2]

(1)	(2)	(3)

(4)			(5)	(6)	(7)	(8)
①	②	③				L

※

[3]

(1)		(2)		
A	B	A	C	D

(3)			(4)
①	②	③	g

(5)	(6)	(7)
E	g G	g

(8)				
①	②	③	④	⑤

※

※

[4]

(1)	(2)	(3)	(4)	(5)		(6)	
				(a)	(b)	あ	い

(7)		(8)		
40cm cm	30cm cm	50cm cm	40cm cm	30cm cm

(9)	(a)	
	(b)	

※

※

※

※80点満点
（配点非公表）

※

受験番号

36−(33)
【解答用紙3−(2)】

平成26年度　　社会　　解答用紙

[1]

問1 [　　　　　] 問2 （1） [　　　　] （2） [　] 問3 [　　　　]

問4 [　　　　　　　　　　　　] 問5 [　] 問6 [　] 問7 [　]

問8 [　　　　　] 問9 [　　　　　] 問10 [　　　　　]

問11 [　　　　　　　　　] 問12 [　] 問13 [　]

[2]

問1 [　　　　　] 問2 [　　　　　　　　　　　]

問3 [　　　　] 問4 [　→　　→　　→　　→　　→　　]

問5 A [　] B [　] C [　] D [　] E [　] F [　]

[3]

問1 [　　　　　] 問2 （1） [　　　　　　　]

（2） [　　　　　　│　　　　　　] （3） [　　　　　]

問3 ア [　　　　] イ [　　　　] 問4 [　　　　　]

問5 [　] 問6 [　→　　→　　→　　]

[4]

問1 [　するために　　　　　していた。] 問2 [　] 問3 [　]

問4 [　　　　] 問5 [　　　　　] 問6 [　] 問7 [　　　貿易]

問8 [　] 問9 [　　　　　] 問10 [　　　　　] 問11 [　] 問12 [　]

問13 [　　　　　]

[5]

問1 [　] 問2 （1） A [　] B [　] C [　] D [　] E [　]

（2） ア [　　市] イ [　　市] ウ [　　市]

[6]

問1 （1） ① [　] ② [　] ③ [　] ④ [　]

（2） [　　　　　　　　　　　　　]

（3） 記号 [　] 農業のやり方 [　　　　　　]

問2 （1） [　　　　　　　　] （2） [　]

（3） [　になるために　　　　　を行ったから。]

※80点満点
（配点非公表）

受験番号 [　│　│　│　]

平 成 27 年 度　　算 数 I　　問 題 用 紙

(20分)

次の各問いの □ にあてはまる数を記入しなさい。

[1] $\left(\boxed{} - 3.2 \right) \div \dfrac{3}{8} - 1\dfrac{2}{5} = \dfrac{11}{15}$

[2] 直方体があります。たての長さと横の長さの比は4：3，横の長さと高さの比は2：3で，高さは15cmです。この直方体の体積は □ cm³です。

[3] 長さ1mのひもを切ってA，B，Cの3本に分けました。AはBより23cm短く，BはCより18cm長いです。Bの長さは □ cmです。

[4] 空の円柱の容器A，Bがあります。底面積はAが40cm²，Bが60cm²です。A，Bそれぞれの容器に毎秒80cm³の水を同時に入れはじめると，深さの差が18cmになるのは □ 秒後です。

[5] 7枚のカードに，1から7までの数字が1枚に1つずつ書いてあります。この中から3枚のカードを取り出します。取り出したカードの3つの数字の和と積がともに3の倍数となるような組み合わせは，全部で □ 通りあります。

[6] 栗と柿があります。栗は柿より43個多いです。これを何人かに配ります。栗を1人に5個ずつ配ると2個足りず，柿を1人に2個ずつ配ると3個余ります。柿は □ 個あります。

[7] 何人かの生徒の平均身長を調べると，146.8cmでした。そこへ身長151.6cmのA君が加わったので，平均身長が147.2cmになりました。またそこへB君が加わったので，平均身長はさらに0.5cm高くなりました。B君の身長は □ cmです。

[8] ある品物を何個か仕入れ，1個80円の定価をつけました。いくつかが売れ残り，利益が123400円になると予想しましたが，売れ残った品物の個数は予想の $\dfrac{3}{7}$ だったので，利益は133000円になりました。売れ残った品物の個数は □ 個です。

[9] 図1の図形は，図2の4つの図形を重ねて直線を加えたものです。影の部分の面積は □ cm²です。ただし，円周率は3.14とします。

図1

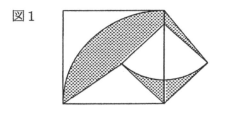

図2

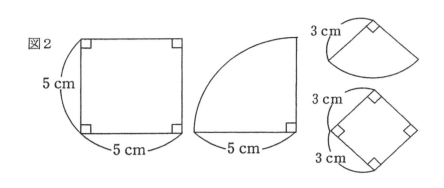

得　点 □

受験番号 □ : □ : □ 　合　計 | I ＋ II ※120点満点 (配点非公表)

平成27年度

広島学院中学校入学試験問題

算 数 Ⅱ

【 40分 】

◎試験開始まで，問題用紙にも解答用紙にも手をふれてはいけません。

次の注意を読みなさい。

注 意

1. 問題用紙

この問題用紙は2ページから6ページまでで，問題は5問あります。

2. 解答用紙

解答用紙は別の用紙1枚です。

3. 記入・質問などの注意

（1） 答えはすべて解答用紙のわくの中に，ていねいな字で記入しなさい。

ただし，割り切れない数のときは，できるだけ簡単な分数で答えなさい。

また，（計算）と書いてあるところはその答えだけでなく，途中の式・計算

も書きなさい。

（2） 問題用紙のあいたところは，解答の下書きに使ってもかまいません。

（3） 印刷が悪くて字のはっきりしないところなどがあれば，手をあげて監督

の先生に知らせなさい。

［１］　ＡさんとＢさんがたいこをたたきます。「開始」と同時にＡさんとＢさんはともに「１回目」のたいこをたたき，これが「同時にたたいた１回目」です。次の問いに答えなさい。

（１）　Ａさんは１５秒ごとに，Ｂさんは２１秒ごとにたいこをたたきます。「同時にたたいた６回目」は開始から何秒後ですか。

（２）　Ａさんは６秒ごとにたいこをたたきますが，Ｂさんは２秒，３秒，２秒，３秒，……の間かくでたたきます。「同時にたたいた１２回目」は開始から何秒後ですか。

（３）　Ａさんは１６秒ごとにたいこをたたきますが，Ｂさんははじめの何秒間かは７秒ごとにたたいて，そのあとは１０秒ごとにたたきます。Ａさんが１７回目をたたくのと同時にＢさんは３２回目をたたきました。Ｂさんが７秒ごとにたたいたのは，開始から何秒間ですか。

2015(H27) 広島学院中
Ｋ教英出版

［５］ある整数を５で割った商を○，余りを□で表すことにします。

例えば，㊳＝７，⃞38＝３です。次の問いに答えなさい。

（１）○と□が等しくなる整数のうち，もっとも大きい整数は何

　　　ですか。

（２）整数Ｂは整数Ａより１９大きく，Ａ＝４で，Ⓐ＋Ⓑ＝３０

　　　です。整数Ｂは何ですか。

（３）整数Ｄは整数Ｃより５７大きく，ＥはＤより大きい２００以下の

　　　整数です。Ⓒ＋Ⓓ＋Ⓔ＝９９で，Ｃ＋Ｄ＋Ｅ＝Ｆとすると，

　　　Ⓕ＝１０１です。整数Ｃは何ですか。

［２］合同な２つの正方形を図のようにならべました。EGとGFの長さ

　　の比は４：３です。直線AGと直線CEは点Hで交わっています。次

　　の問いに答えなさい。

（１）三角形CGEと三角形ACEの面積の比をもっとも簡単な整数の

　　　比で表しなさい。

（２）三角形ACGと三角形ACEの面積の比をもっとも簡単な整数の

　　　比で表しなさい。

（３）三角形ACHの面積は三角形EHGの面積より７８cm²大きいです。

　　　正方形ABCDの面積は何cm²ですか。

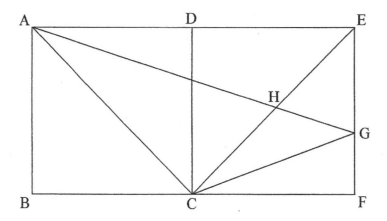

2015(H27) 広島学院中

－６－

－３－

34-(5)
【算②4-(3)】

Ｋ教英出版

[3] 車 A，B，C，D はそれぞれ時速 40km，時速 45km，時速 50km，時速 60km で走ります。ただし，9 時から 10 時の間だけは，すべての車は時速 20km で走ります。次の問いに答えなさい。

（1）A が 7 時 45 分に出発して 2 時間走ると何 km 進みますか。

（2）B が 8 時 50 分に出発して 80km 進むのに何時間何分かかりますか。

（3）D は C が出発してから 30 分後に出発し，C と D は同じ距離を進みました。C は 9 時 3 分，D は 9 時 27 分に到着しました。D は何時何分に出発しましたか。

[4] 同じ大きさの正方形の紙を重ならないようにすきまなくしきつめて，たて 63cm，横 105cm の長方形を作ります。次の問いに答えなさい。

（1）正方形がたてに 6 枚ならんでいるとき，横には何枚ならんでいますか。

（2）しきつめる正方形は 500 枚以下とします。正方形の数がもっとも多くなるのは，1 辺の長さが何 cm のときですか。

（3）1 辺の長さが 7cm の正方形の紙をしきつめ，できあがった長方形の対角線を 1 本ひきます。その対角線が通る正方形は何枚ありますか。ただし，線が頂点だけを通る正方形は数えないものとします。

2015(H27) 広島学院中

K教英出版

－4－

－5－

34-(6)
【算②4-(4)】

平成 27 年度

広島学院中学校入学試験問題

理　科

【 4 0 分 】

◎試験開始まで，問題用紙にも解答用紙にも手をふれてはいけません。
　次の注意を読みなさい。

注　意

1．問題用紙
　　この問題用紙は2ページから14ページまでで，問題は4問あります。
2．解答用紙
　　解答用紙は別の用紙1枚です。
3．記入・質問などの注意
　（1）答えはすべて解答用紙のわくの中に，ていねいに記入しなさい。
　（2）印刷が悪くて字のはっきりしないところなどがあれば，手をあげて監督の
　　　先生に知らせなさい。

［1］植物のはたらきを調べるために次のような実験をしました。これらについて後の問いに答えなさい。

実験1　同じような大きさのホウセンカを2つ選び，一方は葉をつけたままで，もう一方は葉を取り除いてそれぞれとう明なふくろをかぶせた。しばらくすると，2つのふくろの様子にちがいが見られた。

（1）2つのふくろの様子のちがいについて，解答欄の文章を完成させなさい。

（2）実験1は植物の葉で行われる何という現象を確かめる実験ですか。

実験2　ホウセンカを根ごとほり取り，根を水で洗った後，赤いインクを水でうすめた液にひたしておいた。しばらくして葉を真ん中で切ってみると，赤く染まった部分があった。くきを2cmの長さに切りとり，横に切った断面と縦に切った断面を見るとどちらも赤く染まった部分があった。

（3）横に切った断面と縦に切った断面の赤く染まった部分を，黒くぬりつぶしなさい。

（4）実験2からどのようなことがわかりますか。

実験3　光の当たるところで，とう明なガラスびんに鉢植えの植物といっしょにネズミを入れてふたをしたものと，同じ種類のびんにネズミだけを入れてふたをしたものをしばらく置いて比べたところ，植物を入れないほうのネズミだけが死んでいた。なお，ネズミがこの植物を食べた様子はなかった。

（5）実験3の結果から植物には何を作るはたらきがあると考えられますか。

実験4　実験3を暗いところで行ったところ，植物といっしょに入れたネズミも植物を入れないほうのネズミも死んでしまった。

（6）実験3と実験4の結果を比べると，どのようなことがわかりますか。

（9）（8）でつり合った４つのおもりの重さや場所はそのままにして，Ｏにあった糸をＯの東１cm南２cmのところに移動させ，そこを引き上げます。この板を水平につり合わせるためにさらに14ｇのおもりを板につるしました。このおもりをつるした場所はＯの東または西何 cm，北または南何 cm のところですか。方位については正しいものをそれぞれ○で囲みなさい。

実験５　二酸化炭素がとけている水を入れた水槽と，二酸化炭素がとけていない水を入れた水槽にそれぞれ水草を入れて光の当たるところに置いたところ，二酸化炭素がとけている水を入れた水槽の水草からはあわが出たが，二酸化炭素がとけていない水を入れた水槽の水草からはあわは出なかった。

（７）水に二酸化炭素がとけていることは，どのような方法でどのような結果になれば確かめられますか。

（８）実験５の結果からどのようなことが考えられますか。

実験６　ホウセンカの葉の一部をアルミニウムはくでおおって光に当てた。葉を切り取ってしばらくお湯につけた後，温めたエタノールにつけた。その後，でんぷんがあるかどうかを調べたところ，アルミニウムはくでおおわなかった部分にはでんぷんがあることがわかった。

（９）実験６で葉をエタノールにつける理由を答えなさい。

（10）実験６ででんぷんがあることは，どのような方法でどのような結果になれば確かめられますか。

［２］次の文章を読んで，後の問いに答えなさい。

　　塩酸にアルミニウムを入れると，アルミニウムは表面からあわを出しながらとけます。この液体を加熱して，水をすべて蒸発させると固体が出てきます。

　　ある濃さの塩酸とアルミニウムはくを用意し，塩酸にとかすことのできるアルミニウムの重さを調べる実験をしました。

　　12本の試験管①～⑫を用意し，ある濃さの塩酸を試験管①～④には５mL ずつ，試験管⑤～⑧には 10mL ずつ，試験管⑨～⑫には15mL ずつ入れました。次に，それぞれの試験管に色々な重さのアルミニウムを入れてとかしました。このとき入れたアルミニウムはくの重さをＡ（ｇ）とし，とけ残ったアルミニウムの重さをＢ（ｇ）とします。続いて，とけ残ったアルミニウムをすべて取り除いた後の液体を加熱して，水をすべて蒸発させて出てきた固体

2015(H27) 広島学院中
教英出版
－14－

34-(9)
【理8-(3)】

－3－

の重さを調べました。このときの固体の重さをC（g）とします。
それぞれの試験管で量ったA〜Cの重さは下の表のようになりました。

	①	②	③	④
A（g）	0.3	0.7	0.9	1.1
B（g）	0	0.2	(あ)	0.6
C（g）	0.9	1.5	(い)	1.5

	⑤	⑥	⑦	⑧
A（g）	0.7	0.9	1.1	1.5
B（g）	0	(う)	0.1	0.5
C（g）	2.1	(え)	3	3

	⑨	⑩	⑪	⑫
A（g）	1.1	1.3	1.5	1.9
B（g）	0	0	0	0.4
C（g）	3.3	3.9	4.5	(お)

（1）表の（あ）〜（お）に入る重さを答えなさい。

（2）表をもとにして，試験管に入れる塩酸の体積と，その塩酸にとけるアルミニウムの重さの関係を示すグラフをかきなさい。

（3）さらに試験管⑬と⑭を用意しました。試験管①〜⑫に入れたものと同じ濃さの塩酸を，試験管⑬には6mL，試験管⑭には12mL入れました。アルミニウムはくを試験管⑬には1.5g，試験管⑭には1.1g入れました。それぞれの試験管のBとCの重さを答えなさい。

適当に回転させても同じような関係が成り立つと考えられます。

図12

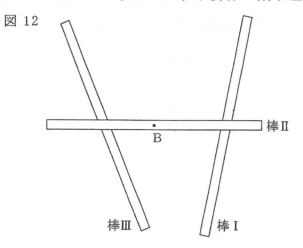
棒Ⅱ
B
棒Ⅲ 棒Ⅰ

（8）図13のように，1辺が20cmの軽い板の中心Oを糸でつるし，東西南北の方位に合わせて水平につり合わせました。さらに，この板に4つのおもりをつるして板を水平につり合わせました。このとき，Oを糸で引く力の大きさは42gでした。
4つのおもりの重さとつるした場所を示す表の空欄（あ）〜（え）を答えなさい。板の重さは考えないものとします。

重さ	場所	
18 g	Oの 西 2 cm	Oの 北 3 cm
5 g	Oの 西 4 cm	Oの 南 4 cm
(あ) g	Oの 東 2 cm	Oの 北 2 cm
(い) g	Oの 東 4 cm	Oの (う)(え)cm

図13

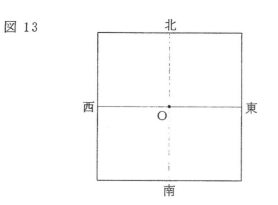
北
西　O　東
南

このことは，板につるされた4つのおもりは，（5）で求めた重さのおもりがBにつるされているのと同じはたらきをしていることになります。

（6）図10の板を手前側から水平に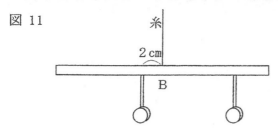の向きに見ると，図11のように，Bの左2cmに2つのおもりがつるされ，Bの右にも同じところに2つのおもりがつるされている棒に見えます。

図11

① 図11で，Bの左2cmにつるされているおもりのうち，20gのおもりが棒を左にかたむけようとするはたらきは，同じ場所につるされたもうひとつのおもりが棒を左にかたむけようとするはたらきの何倍ですか。

② 図11で，Bの右につるされている2つのおもりが棒を右にかたむけようとするはたらきの合計は，Bの左2cmの，20gのおもりのはたらきの何倍ですか。

③ 図11で，Bの左の2つのおもりが棒を左にかたむけようとするはたらきと，Bの右の2つのおもりが棒を右にかたむけようとするはたらきの間には，どんな関係がありますか。4つのおもりのはたらきを示す式を完成させなさい。

（7）図10の板を右側から水平に◁の向きに見ると，Bで糸につるされた棒に4つのおもりがつるされている棒に見えます。右側から見える棒を4つのおもりがかたむけようとするはたらきの間にはどんな関係がありますか。4つのおもりのはたらきを示す式を（6）の③にならって完成させなさい。

このように水平につり合った板につるされたおもりの間には，水平な2方向から見たときにそれぞれ（6）の③，（7）のような関係が成り立つと考えられます。また，図12のように棒Ⅰ，Ⅲを水平に

［3］次の文章を読んで，後の問いに答えなさい。

　地層は，れき・砂・どろや火山灰などが広いはん囲で層になって重なったものです。また，地層にはれき岩・砂岩・泥岩などの岩石でできたものもあります。

　地層はつぶの大きさが大体そろった層が，水平にいくつも重なってできます。そのような層は，火山活動で火山灰が降り積もったり，流れる水によってけずられた地面や石・砂などが，流れのゆるやかな場所で積もったときにできたりすると考えられています。

　地面や地層を観察すると，昔の大地の様子を知ることができます。たとえば，地層にふくまれているれきが河原で見られるれきに似ていることから，その地層が川のはたらきでできたものであるとか，地層の中に海の生物の化石が見つかることから，その地層が海の底でできた後に長い年月の間に押し上げられて陸になった（これを地殻変動といいます）ものであることがわかります。また，地層ができた後の火山活動や地殻変動で地層がかたむくことがあります。図1はある場所の地層の重なりの様子を表したものです。また，図2は図1と同じ地層ですが，地層が積もった後に地層全体が地殻変動でかたむいた場所での様子を表しており，地表は水平になっています。

　また，1つの地層が積もるのにかかる時間は，地殻変動による地層の動きや火山活動など地層が積もるときの周りの様子によって変わりますが，どの地層がどれくらいの時間で積もったのか，地層の境目がいつごろできたのかは，さまざまな方法で科学者がほぼ正確に求めています。図1の地層では，地層Bが100年で10cm，地層Cが1000年で25cm，地層Dが10000年で75cm積もり，地層Bと地層Aの境目は今から20000年前にできたことがわかっています。

図1

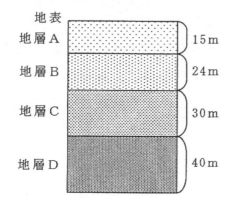

地表
地層A　15m
地層B　24m
地層C　30m
地層D　40m

図2

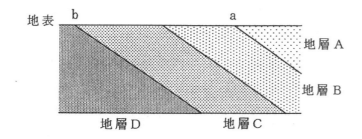

地表　b　　　　　　a
地層A
地層B
地層D　　地層C

（1）下の①〜⑤の文章について正しいものには○を，まちがっ
　　ているものには×を解答欄に書きなさい。

　　①　川の上流では下流よりも大きな石がたくさん見られる。

　　②　れき岩・砂岩・泥岩をつくっているつぶの大きさを比べ
　　　　ると，砂岩をつくっているつぶが最も小さい。

　　③　れき岩・砂岩・泥岩のどれも，よう岩が冷えてできたも
　　　　のである。

　　④　下流の川底を観察すると，どろは川の真ん中よりも岸で
　　　　よく見られる。

　　⑤　泥岩・砂岩をつくっているつぶには，丸い形をしたもの
　　　　が多く見られる。

図8

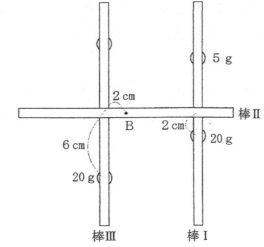

5g
棒II
2cm
B
6cm　　2cm
20g
20g
棒III　　棒I

図9

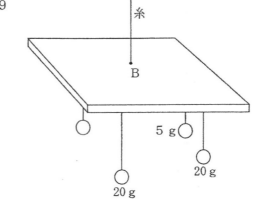

糸
B
5g
20g
20g

図10

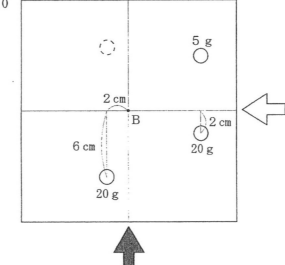

5g
2cm
B
6cm　　2cm
20g
20g

（5）このときBを糸で引く力の大きさは何gですか。

2015(H27) 広島学院中

K教英出版

－6－

34-(12)
【理8-(6)】

－11－

（3）で，棒Ⅱにつるされた棒Ⅰを水平のまま回転させて，その様子を真上から見ると，図6のように棒Ⅰと棒Ⅱが垂直になっていました。

図6

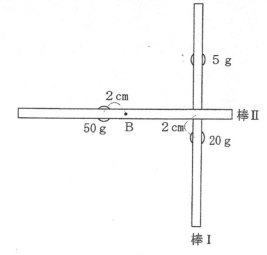

Bの左2cmのところに，50gのおもりのかわりに2つのおもりをつるした棒Ⅲをつるしました。このとき，Ⅰ，Ⅱ，Ⅲの棒はすべて水平につり合っていました。

（4）棒Ⅲには，図7のように棒の中央Cの左6cmのところに20gのおもりがつるしてあります。もう1つのおもりはCの右何cmのところに何gのものがつるしてありますか。

図7

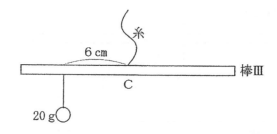

棒Ⅱにつるされた棒Ⅲも水平のまま回転させて，その様子を真上から見ると，図8のように棒Ⅰと棒Ⅲが棒Ⅱに垂直になっていました。これは図9のように，軽い板に4つのおもりがつるされて，Bを糸で引くと板が水平につり合っているように見ることができます。板の重さは考えないものとします。図9の様子を真上から見たものが図10です。

（2）次の生物の化石と，その化石がふくまれる地層ができた場所の組み合わせとして正しいものをすべて選びなさい。
　（ア）シジミ　－　河口や湖の底
　（イ）アンモナイト　－　川の上流や高い山の上
　（ウ）サンゴ　－　暖かい海の底
　（エ）タニシ　－　広い草原

（3）図1から，地表から45mの深さの位置は，今から何年前に積もり始めたと考えられますか。

（4）図2で，地表にある点a（地層Aと地層Bの境目）を30m下にほると，地層Bと地層Cの境目が出てきました。このとき，aから左に何m進むと点b（地層Cと地層Dの境目）に着きますか。必要であれば，図3の直角三角形の3辺の長さの比を用いなさい。

図3

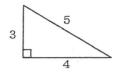

（5）図2で点aから左に45m進んだ場所は，今から何年前に積もり始めたと考えられますか。

（6）点bを下に30mほったところから貝の化石が出てきました。この貝が死んだのは今から何年前と考えられますか。

［4］図1のような長さ20cmの軽い棒があり，その中央を糸でつるすと，棒は水平につり合いました。棒の各点にはおもりをつるすことができます。このような棒Ⅰ，Ⅱ，Ⅲを準備しました。棒の重さは考えないものとします。答えが割り切れないときには，分数で答えなさい。

図1

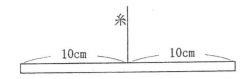

（1）図2のように棒Ⅰの中央Aの左2cmのところに 20gのおもりをつるしました。さらに棒Ⅰに5gのおもりをつるし，Aを糸で引き上げて棒Ⅰを水平につり合わせます。

① Aの右何cmのところに5gのおもりをつるせばよいですか。

② Aにつないだ糸で棒Ⅰにつるした2つのおもりを支えています。糸が棒Ⅰを引く力の大きさは何gですか。

このことは，棒Ⅰにつるされた2つのおもりは，②で求めた重さのおもりがAにつるされているのと同じはたらきをしていることになります。

図2

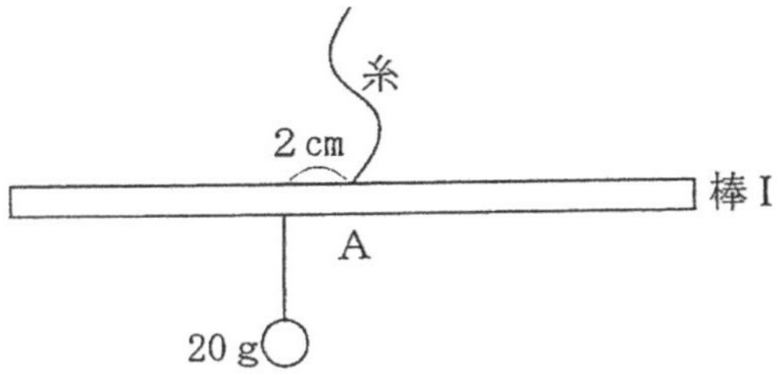

　　　　　　　　　糸
　　　2cm
────────────棒Ⅰ
　　　A

　　　20g

（2）図2のようにAの左2cmのところに 20gのおもりをつるしました。Aの右にいろいろな重さのおもりを1つつるして棒Ⅰを水平につり合わせます。おもりをつるす場所のAからの距離とおもりの重さにはどのような関係がありますか。漢字で答えなさい。

（3）図3のように棒Ⅱの中央Bの左2cmのところに 50gのおもりをつるし，Bの右に（1）でつり合わせた棒Ⅰを糸でつるしてⅠ，Ⅱを水平につり合わせます。このとき，ⅠとⅡは平行になっています。

① Bの右何cmのところに棒Ⅰを糸でつるせばよいですか。

② 図3のようにつり合った様子を真上から見ると，図4のようにBを糸で引かれた1本の長い棒に，3つのおもりがつるされているように見えます。これを図5のように，1本の棒に3つのおもりがつるされたと考えます。このとき，50gのおもりは，Bの左2cmにつるされています。残りのおもりはそれぞれBから何cmのところにつるされていますか。

③ 図5のような3つのおもりがつるされた1本の棒のBを糸で引き上げているとするとこの棒はどうなりますか。

（ア）水平につり合う 　（イ）右に傾く 　（ウ）左に傾く

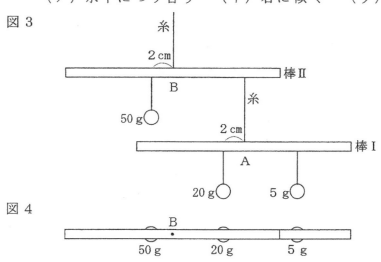

図3

図4

図5

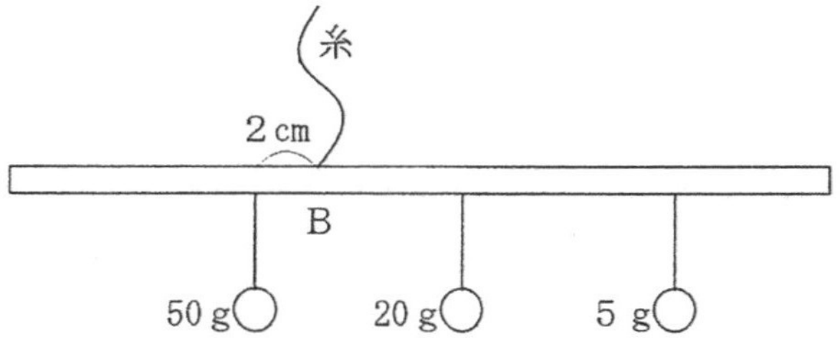

問8　下線部⑧について，下の図は，おもな空港から県庁所在地の中心駅までの距離と所要時間（交通手段）を表したものです。この図から読み取れる内容A〜Cの正誤の組み合わせとして正しいものを，あ〜くから選び，記号で答えなさい。

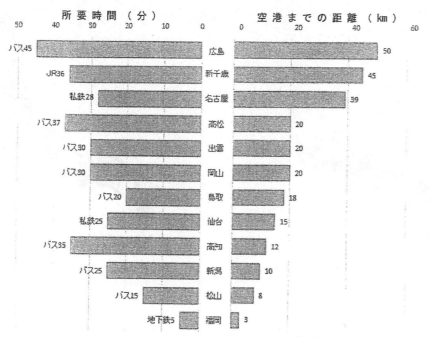

おもな空港から県庁所在地の中心駅までの距離と所要時間

（各空港資料より作成）

A　人口の多い都道府県の空港ほど，中心駅からの距離が長い。

B　面積の小さい都道府県の空港ほど，中心駅からの所要時間が短い。

C　平均速度がもっとも遅いのは，広島空港行のバスである。

あ　A＝正　B＝正　C＝正　　　　い　A＝正　B＝正　C＝誤

う　A＝正　B＝誤　C＝正　　　　え　A＝正　B＝誤　C＝誤

お　A＝誤　B＝正　C＝正　　　　か　A＝誤　B＝正　C＝誤

き　A＝誤　B＝誤　C＝正　　　　く　A＝誤　B＝誤　C＝誤

（これで問題は終わりです）

27

34-(15)
【社14-(1)】

平　成　２７　年　度

広島学院中学校入学試験問題

社　　会

【４０分】

◎試験開始まで，問題用紙にも解答用紙にも手をふれてはいけません。

　次の注意を読みなさい。

注　意

1．問題用紙

　　この問題用紙は，２ページから27ページまでで，問題は４問あります。

2．解答用紙

　　解答用紙は別の用紙１枚です。

3．記入・質問などの注意

　（1）答えはすべて解答用紙のわくの中に，ていねいな字で記入しなさい。

　（2）印刷が悪くて字のはっきりしないところなどがあれば，手をあげて監督

　　　の先生に知らせなさい。

問題は次のページから始まります。

（3） 次の図お〜くは，日本の都道府県別に見た人口，人口密度，高齢化率，第二次産業人口の割合，のいずれかを表しています（2012年）。第二次産業人口の割合を表しているものを選び，記号で答えなさい。

お　　　　　　か

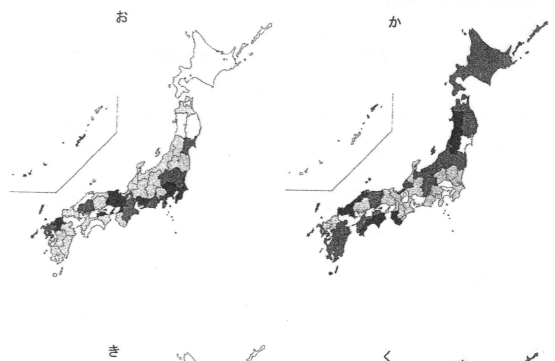

き　　　　　　く

※図は色が濃いほど値が高い（大きい）ことを示しています。

26

（2）次の図あ〜えは，広島県の市町村別に見た人口，人口密度，高齢化率（65歳以上の人口の割合），第二次産業人口の割合（製造業で働く人の割合），のいずれかを表しています（2012年）。第二次産業人口の割合を表しているものを選び，記号で答えなさい。

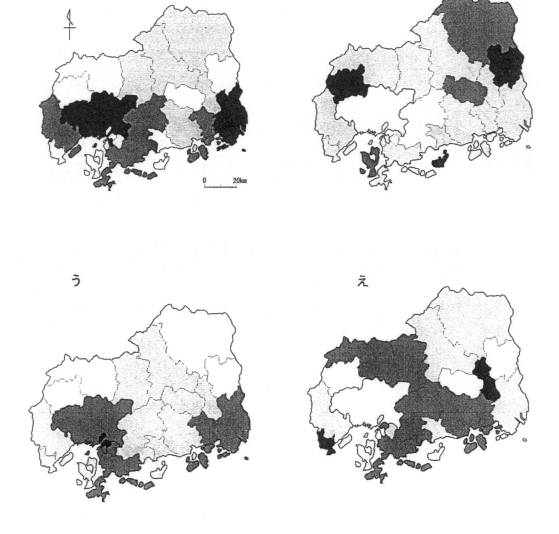

あ

い

う

え

※図は色が濃いほど値が高い（大きい）ことを示しています。

[1] 次の文章は，太郎君が立てた九州地方をめぐる旅行計画です。これを読んで，後の問いに答えなさい。

＜1日目＞

新幹線に乗って広島駅から博多駅に移動し，福岡市内の観光地をめぐります。西鉄バスに乗って①板付遺跡を見学し，福岡城跡の近くにある②鴻臚館跡展示館を見学します。その後は，博多駅に戻り，人気の列車ソニックに乗って大分県に向かいましょう。途中下車して，③黒田官兵衛（孝高）ゆかりの中津城も見学し，別府温泉で宿泊です。

＜2日目＞

日豊本線で大分県から宮崎県に入ります。昼ごろに宮崎駅に着いたら④宮崎のおいしいものを食べましょう。宮崎市内を観光した後，日豊本線で宮崎県から鹿児島県に入ります。夕方に霧島神宮駅に到着し，霧島温泉で宿泊です。九州は温泉がたくさんあるので毎日温泉に入ることができます。

＜3日目＞

鹿児島県の霧島高原は，霧島錦江湾⑤国立公園に指定されています。霧島高原の自然散策をした後，日豊本線で鹿児島中央駅に到着します。鹿児島市では鹿児島と沖縄を支配した島津氏の別邸である雄大な仙巌園を散策します。ここでは⑥陶磁器の絵付け体験ができるのでしてみましょう。夕方，鹿児島港からフェリーに乗って沖縄県の那覇市へ出発します。

＜4日目＞

1日フェリーに乗ります。夕方に那覇市に到着。この日は市内で宿泊です。

<5日目>

　那覇市から観光バスに乗って，沖縄本島北部の美ら海水族館へ行きます。水族館ではジンベエザメをぜひ見ましょう。沖縄の美しい⑦サンゴ礁の海も見てみたいです。この日は恩納村に宿泊します。

<6日目>

　恩納村から糸満市の平和祈念公園に行き，沖縄戦の激戦地であった摩文仁の丘にある慰霊碑や平和祈念資料館，平和の礎を見学します。途中，バスの窓から⑧アメリカ軍基地が見えるそうです。那覇市に戻ったら，国際通りで沖縄のおみやげを買って，市内で宿泊します。

<7日目>

　朝からフェリーに乗り鹿児島県に戻ります。この日はフェリーで宿泊です。

<8日目>

　朝，鹿児島港に到着します。鹿児島市からは九州新幹線で熊本駅へ。⑨熊本城を見て，⑩くまモンのおみやげを買ったら，九州新幹線と長崎本線を乗り継いで夕方に長崎駅に到着です。

<9日目>

　この日は長崎の町をめぐります。松山町駅まで路面電車で移動し，平和記念公園，浦上天主堂，如己堂などを見学します。如己堂は，⑪原爆による病気の研究をし，⑫核兵器の廃絶を訴えた永井隆博士が生活した場所です。その後，長崎本線で博多駅に戻り，新幹線で広島駅に帰ります。

　長い旅行計画ですが，九州地方にはまだまだ行ってみたい所がたくさんあります。太郎君は，大人になったらこの旅行を実現しようと思いました。

問7　下線部⑦について，（1）～（3）に答えなさい。

（1）次の表のA～Eは，広島市，福山市，呉市，大竹市，府中市のいずれかであり，それぞれ業種別に工場（事業所）の数を比べたものです。福山市，大竹市を示した組み合わせとして正しいものを，次のあ～かから選び，記号で答えなさい。

広島県のおもな都市における工場数（2013年）

A		B		C		D		E	
化学工業	10	食料品	202	せんい工業	206	金属製品	84	生産用機械	38
プラスチック	8	金属製品	162	生産用機械	178	輸送用機械	77	家具・装備品	34
食料品	7	生産用機械	141	金属製品	142	食料品	55	せんい工業	32
金属製品	4	印刷関連	128	食料品	109	生産用機械	49	木材・木製品	29
生産用機械	4	プラスチック	75	輸送用機械	89	はん用機械	36	金属製品	24

（「広島の統計」webページより作成）

選択肢	あ	い	う	え	お	か
福山市	C	C	C	D	D	D
大竹市	A	B	E	A	B	E

（1）A～Dにあてはまる都市を次から選び，それぞれ記号で答えなさい。

　あ　東京　　　い　広島　　　う　仙台　　　え　神戸

（2）Aの都市では，2011年度以降，広島からの出荷量が大きく増えています。この理由として考えられることを答えなさい。

問6　下線部⑥について，次の図はこの地域の地図で，ア・イは病院・消防署のいずれかを示しています。ア・イに当てはまる地図記号をそれぞれ解答欄に書きなさい。

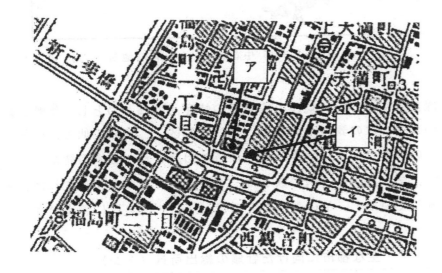

問1　下線部①について，この遺跡からは，次のような道具が発掘されました。これは，何に使われたものですか。次から選び，記号で答えなさい。

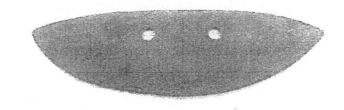

　あ　代かき　　い　稲刈り　　う　脱穀　　え　精米

問2　下線部②について，このような施設は奈良時代から平安時代にかけて，京都や福岡などに設けられました。何のために設けられた施設ですか。答えなさい。

問3　下線部③について，この人物はキリシタン大名としても知られています。九州の戦国大名がキリスト教の宣教を認めた目的は何ですか。キリスト教の教えを信仰し，広めようとしたことの他に，1つ答えなさい。

問4　下線部④について，宮崎県の農業や畜産業の生産物のうち，生産量が全国5位以内（2012年）に入っていないものを次から選び，記号で答えなさい。

　あ　レタス　　い　ピーマン　　う　きゅうり　　え　肉用牛

問5　下線部⑤について，地図に示された**あ～き**の地域のうち，世界自然遺産が含まれているものを選び，記号で答えなさい。

問6　下線部⑥について，江戸時代初期，鹿児島をはじめ，九州の各地に陶磁器の生産地が生まれました。これらの地域に陶磁器の技術が伝えられたのはなぜですか。説明しなさい。

問7　下線部⑦について，近年，沖縄のサンゴが赤土の流出により次々と失われている問題が起きています。赤土が海に流れ込んでいるのはなぜですか。気象条件以外の理由を説明しなさい。

問4　下線部④について，この建物に使われている石材は古くから瀬戸内地方の特産品で，下の図のように広島にも広く分布しています。この岩石の名前を答えなさい。

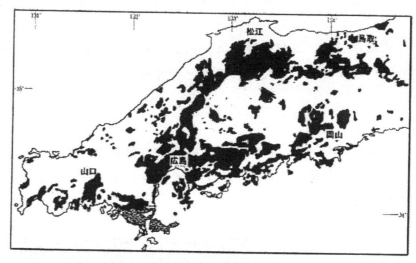

（『中国地方（日本の地質7）』より作成）

問5　下線部⑤について，現在の広島県の特産品のひとつとして牡蠣が知られています。次の表のＡ～Ｄは，東京（23区），広島，仙台，神戸のいずれかの都市であり，数字はその都市に出荷された牡蠣の総量を示しています。また，かっこ内の数字は，そのうち広島から出荷された牡蠣の量を表しています。この表について，（1）・（2）に答えなさい。

主な都市に向けた牡蠣の総出荷量（トン）

	Ａ	Ｂ	Ｃ	Ｄ
2009年度	3047（757）	313（22）	323（212）	292（285）
2010年度	2665（544）	303（31）	279（89）	283（270）
2011年度	2394（1189）	303（49）	224（164）	274（262）
2012年度	2549（1026）	214（28）	198（140）	255（254）

（「広島の統計」webページより作成）

（2）次のグラフは，広島県内に住む外国人の数を，国籍別に示したものです。A〜Cに当てはまる国名の組み合わせとして正しいものを次のあ〜えから選び，記号で答えなさい。

広島県に住む外国人の数（2010年）

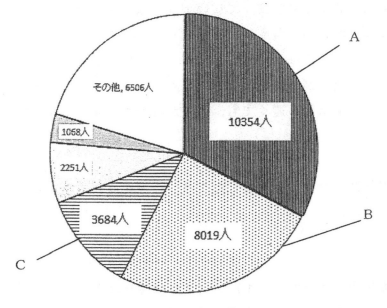

（「広島の統計」webページより作成）

選択肢	A	B	C
あ	中国	韓国・朝鮮	フィリピン
い	イギリス	アメリカ	中国
う	韓国・朝鮮	中国	オーストラリア
え	アメリカ	ブラジル	韓国・朝鮮

問8　下線部⑧について，日本にあるアメリカ軍基地（米軍が専用で使用するもの）の面積のうち，沖縄県にあるアメリカ軍基地の面積がしめる割合として最もふさわしいものを次から選び，記号で答えなさい。

あ　約15％　　　い　約35％　　　う　約55％　　　え　約75％

問9　下線部⑨について，熊本城は明治初期に起きた士族の反乱で焼けました。この反乱を何といいますか。漢字で答えなさい。

問10　下線部⑩について，近年，「くまモン」のような「ゆるキャラ」が各地でつくられています。（1）・（2）の「ゆるキャラ」はどこの県にある都市でつくられましたか。県名をそれぞれ答えなさい。

（1）

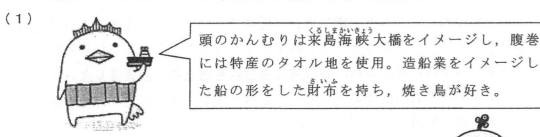

頭のかんむりは来島海峡大橋をイメージし，腹巻には特産のタオル地を使用。造船業をイメージした船の形をした財布を持ち，焼き鳥が好き。

（2）

ちょんまげはうなぎ，羽織にはみかんの印，はかまはピアノの柄と特産品が盛り込まれている。

問11　下線部⑪について，原爆投下当日に直接被ばくをしていない人でも，その後，放射線の被害に苦しんだ人が多くいました。それはなぜですか。説明しなさい。

問12　下線部⑫について，解答欄にしたがって非核三原則を答えなさい。

[２] 次の文章を読み，後の問いに答えなさい。

　宗教は人間の歴史の中で大切にされてきました。日本人と宗教の関係を歴史から考えてみましょう。

　日本の人々は，古くから自然の中に宿る神々を信じていました。縄文時代や①弥生時代の遺跡からそのことがわかります。

　次の時代になると，②聖徳太子が登場し，③仏教を人々の間に広めようとしました。奈良時代になると，聖武天皇は東大寺を建て，④行基などの協力を得て⑤大仏づくりをはじめました。またこのころ，中国から⑥鑑真が来日しました。仏教はこうして日本の中心的な宗教になっていきました。

　その後，平安時代の終わりから鎌倉時代にかけて，源平の戦いや⑦元軍が攻めてくるなど，戦乱の多い不安定な世の中になりました。その中で仏教の新しい宗派が次々とうまれました。室町時代になると，禅宗の影響を受けた文化が花開き，⑧砂と石で作られた庭園や⑨墨絵が流行しました。またこのころには金閣，⑩銀閣といった代表的な寺院も建てられました。

　安土桃山時代になると，織田信長は延暦寺や（　⑪　）宗の信者と対立しました。一方で，信長はキリスト教を保護しました。しかし，江戸時代になるとキリスト教は禁止され，⑫宗教は幕府に統制されていきました。こうした中でキリスト教の信者を中心として島原・天草一揆が起こり，その後，取りしまりは一層厳しくなりました。

　明治時代になると，⑬板垣退助を中心に国民の間で自由や権利を求める声が高まり，大日本帝国憲法には信教の自由が定められました。明治時代から⑭大正時代にかけてミッションスクール（キリスト教の学校）が各地につくられました。

　昭和時代になり戦争がはじまると，信教の自由が大きく制限されるようになりました。ミッションスクールでは，外国人の教員が自国に帰ることを強制されました。

　戦後には⑮日本国憲法によって，信教の自由が保障されるようになりました。このように，日本人と宗教との関係はさまざまな変化をへて今日に至っています。

問１　下線部①について，この地に飲料工場が建てられた理由について述べた文として，最もふさわしいものを次から選び，記号で答えなさい。

　あ　原料・製品ともに重く，運ぶのに手間がかかるので，原料が豊富に得られ，かつ都市に近い場所が適していたから。

　い　原料・製品ともに軽く，運ぶのにあまり手間がかからないため，交通の便が悪くても，安くて広い土地が適していたから。

　う　原料は軽いが，製品になると重く，運ぶのに手間がかかるので，原料が近くで得られなくても，都市に近い場所が適していたから。

　え　原料は重いが，製品になると軽く，運ぶのにあまり手間がかからないため，都市から遠くても，原料が得やすい場所が適していたから。

問２　下線部②について，開通したころ，この鉄道の主な役割は何でしたか。答えなさい。

問３　下線部③について，（１）・（２）に答えなさい。
（１）この国は欧州連合（EU）に加盟しています。EUに加盟している国の組み合わせとして正しいものを次から選び，記号で答えなさい。

あ　イギリス	ギリシャ	アイルランド	コロンビア
い　ロシア	フランス	ウクライナ	ポルトガル
う　ドイツ	オランダ	スウェーデン	フィンランド
え　イタリア	スペイン	コスタリカ	アイスランド

A　この商業施設は安芸郡府中町にある大型のショッピングモールです。もともとは①大きな飲料工場があったところで，1938年から1998年までビールやジュースがつくられていました。

B　この橋は広島市民球場の目の前にあり，車や歩行者で混み合っています。かつてここに②広島駅と宇品港を結ぶ鉄道が通っていました。この鉄道は1894年に完成しましたが，第二次世界大戦後，利用客が減少し続け，廃線となりました。近くの公園に線路の跡が一部残っています。

C　この建物は被爆建物として知られ，現在は多くの人に親しまれる③デンマーク風ベーカリーとなっています。1925年に完成した④石造りの洋風建築は当時珍しいもので，銀行として利用されていました。

D　この建物は⑤広島県の物産品の展示・販売を行うほか，博物館・美術館としての役割も担っていました。戦争が激しくなってからは主に会社の事務所として使用されました。現在この建物は平和の象徴となっています。

E　このあたりには「福島川」と呼ばれる川が流れていましたが，太田川放水路が建設された際，改修工事により埋め立てられました。現在は道路をはさんで⑥東側に消防署，西側に病院がならんでいます。

F　このあたりは海沿いの広い敷地を利用した⑦工業地区となっています。また，現在のヘリポートがある場所は，かつては広島県で唯一の飛行場でした。⑧1993年より三原市に広島空港が開港したため，定期路線があった空港としては，日本で初の廃港となりました。

問1　下線部①について，この時代に女王となった卑弥呼はどのような方法で人々を治めていましたか。答えなさい。

問2　下線部②について，「冠位十二階を定めたこと」，「十七条の憲法を定めたこと」の他に，この人物の主な業績を2つ答えなさい。

問3　下線部③について，次の写真はこの時代の代表的な仏像です。この仏像がある寺を建てた一族を答えなさい。

問4　下線部④について，この人物の説明として，最もふさわしいものを次から選び，記号で答えなさい。
　あ　座禅の修行を広めた。
　い　踊りながら念仏を唱えた。
　う　中国からお経を持ち帰った。
　え　橋や道，池や水路などをつくった。

問5　下線部⑤について，（1）・（2）に答えなさい。

（1）大仏づくりの作業では大量のまきが燃やされました。それは何のためですか。答えなさい。

（2）このころの出来事として，**誤っているもの**を次から選び，記号で答えなさい。

　あ　伝染病が流行した。

　い　外国から攻撃を受けた。

　う　貴族の反乱が起こった。

　え　全国各地で災害が起こった。

問6　下線部⑥について，この人物の説明として，最もふさわしいものを次から選び，記号で答えなさい。

　あ　極楽浄土への信仰を伝えた。

　い　山で修行する仏教を広めた。

　う　日本の仏教の制度をととのえた。

　え　日本古来の宗教を仏教に取り入れた。

問7　下線部⑦について，この時の執権の名前を**漢字**で答えなさい。

問8　下線部⑧について，このような庭園の様式を何といいますか。答えなさい。

問9　下線部⑨について，この時代に墨絵をえがいた代表的な画家を1人答えなさい。

〔4〕二郎君は，広島市周辺の今と昔の様子について調べたことをレポートにまとめました。これを見て，後の問いに答えなさい。

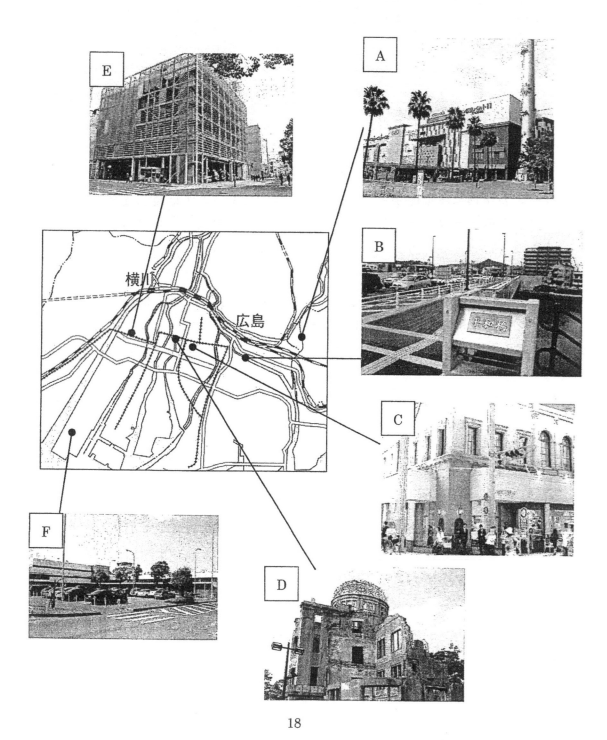

9

18

問12　下線部⑫について，デジタル放送の特色として，**誤っているもの**を次から選び，記号で答えなさい。

　あ　いつでも天気予報などの情報を見ることができる。

　い　クイズやアンケートに答えるなど，番組に参加できる。

　う　コマーシャルをとばして，番組のみを見ることができる。

　え　高齢者や障がい者に対し，字幕放送などのサービスを提供できる。

問13　下線部⑬について，2020年に東京で開催されることが決定した，世界の障がい者によるスポーツの祭典を何といいますか。答えなさい。

問14　表を見て，（1）・（2）に答えなさい。

（1）表中の●，★，▲について，これらの記念日に関係する仕事は，国のある省が行っています。それぞれの省を**漢字**で答えなさい。

（2）表中には，世界で深刻な広がりを見せる感染症を予防するために，世界保健機関（WHO）が定めた記念日がいくつかあります。その記念日を表から1つ選び，月日を答えなさい。

問10　下線部⑩について，この建物が建てられたころ，ある出来事をきっかけに，京都を中心に生まれた文化が地方の都市に急速に広がりました。その理由を説明しなさい。

問11　（　⑪　）にあてはまる語句を**漢字**で答えなさい。

問12　下線部⑫について，次の図は当時，正月に長崎で行われていた行事の様子を示したものです。何をしているところですか。答えなさい。

問13　下線部⑬について，この人物の考えとして最もふさわしいものを次から選び，記号で答えなさい。

　あ　天皇の権力を強めた憲法をつくるべきである。

　い　農民は最も人口が多いので，政治の中心につくべきである。

　う　政党をつくり，広く国民の意見を聞いて議会を開くべきである。

　え　政府を批判する演説会や新聞などは厳しく取りしまるべきである。

問14　下線部⑭について，この時代に活躍した新渡戸稲造にかかわりのある出来事を次から選び，記号で答えなさい。

あ　国際連盟の設立

い　ペスト菌の発見

う　全国水平社の結成

え　八幡製鉄所の生産開始

問15　下線部⑮について，下の日本国憲法の条文（第20条，要旨）を読んで，この内容にふさわしくないものを次から選び，記号で答えなさい。

> 信教の自由は，だれに対してもこれを保障する。どんな宗教団体も，国から特権を受けたり，政治上の権力を使ったりしてはならない。

あ　友人たちと一緒に，自分たちの考えを広めようと思い，新しい宗教団体を作った。

い　市役所が，市民に近所の神社にお参りしなければならないとお知らせを送った。

う　両親は仏教の信者だが，キリスト教の考え方に共感したので，その信者になった。

え　1月に初もうでのため神社へ行き，2月に親戚の結婚式に出席するために，キリスト教の教会へ行った。

問10　下線部⑩について，日本では，多くの中小工場が優れた技能を持っています。次のグラフは，従業者数，工場数，生産額のいずれかについて，大工場と中小工場を比べたものです。正しい組み合わせを次のあ～かから選び，記号で答えなさい。

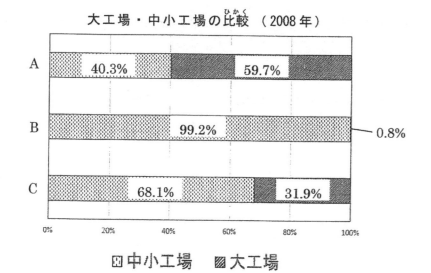

大工場・中小工場の比較　（2008年）

	中小工場	大工場
A	40.3%	59.7%
B	99.2%	0.8%
C	68.1%	31.9%

▨ 中小工場　▧ 大工場

（経済産業省『我が国の工業』より作成）

あ　A－従業者数　　B－工場数　　C－生産額

い　A－従業者数　　B－生産額　　C－工場数

う　A－工場数　　　B－従業者数　C－生産額

え　A－工場数　　　B－生産額　　C－従業者数

お　A－生産額　　　B－従業者数　C－工場数

か　A－生産額　　　B－工場数　　C－従業者数

問11　下線部⑪について，長崎・横浜・箱館（函館）に日本で初めて税関が設けられました。江戸時代に外国と結んだ通商条約で，これら3つの港以外に日本が開くことを約束した港はどこですか。1つ答えなさい。

問7 下線部⑦について，次の3つの文は，同じ都市について説明しています。この都市名を答えなさい。

> 町の景観を保つための条例を2008年に定めた。
> 広島県の東部に位置し，多くの文学や映画の舞台となった。
> 本州と四国とを結ぶ「しまなみ海道」が通っている。

問8 下線部⑧について，日本の鉄道に関する説明として誤っているものを次から選び，記号で答えなさい。

あ 1872年に日本で最初の鉄道が新橋・横浜間で開通した。
い 1912年に広島市内で路面電車が走るようになった。
う 1964年に東海道・山陽新幹線が東京・博多間で開通した。
え 2015年に北陸新幹線が開通する予定である。

問9 下線部⑨について，自衛隊の説明として誤っているものを次から選び，記号で答えなさい。

あ これまで海外に派遣されたことはない。
い 災害時には，救助活動をおこなっている。
う 武力によって外国の人の命をうばったことはない。
え 防衛省が陸上・海上・航空の各隊を管理・運営している。

[3] 次の表は，国際機関や国の機関が定めた主な記念日です。これらの記念日に関して，後の問いに答えなさい。

1月	10日　110番の日	18日●118番の日
	17日　防災と（　①　）の日	26日　文化財防火デー
2月	2日　世界②湿地の日	20日　旅券の日
	7日　　③　の日	
3月	7日★消防記念日	22日　世界水の日
	10日　④農山漁村女性の日	24日　世界結核デー
4月	2日　世界自閉症啓発デー	18日　発明の日
	10日　交通事故死ゼロを目指す日	23日　子ども読書の日
5月	10日　地質の日	22日　国際⑤生物多様性の日
	12日▲看護の日	31日　世界禁煙デー
6月	1日●気象記念日	5日　⑥環境の日
	3日●測量の日	
7月	1日　国民安全の日	7日●川の日
8月	1日●水の日	10日●道の日
9月	1日　防災の日	10日　世界自殺予防デー
	9日▲救急の日	12日●水路記念日
10月	1日　法の日	10日▲目の愛護デー
	4日●⑦都市景観の日	14日●⑧鉄道の日
	6日　国際協力の日	18日★統計の日
11月	1日●灯台記念日	11日▲介護の日
	1日　⑨自衛隊記念日	11日●公共建築の日
	9日★「119番」の日	28日　⑪税関記念日
	10日▲⑩技能の日	
12月	1日★⑫デジタル放送の日	3日　国際⑬障害者デー
	1日　世界エイズデー	10日　世界人権デー

（政府広報オンラインWebページより作成）

問1　（　①　）について，次の３つの文を参考にして，（　①　）に当てはまる語句をカタカナで答えなさい。

> 阪神・淡路大震災をきっかけに多くの市民が活発に行うようになった。
> 東日本大震災や広島の土砂災害でも多くの人が参加した。
> お金をもらわず，自分からすすんで行うことなどが原則である。

問2　下線部②について，水鳥など多くの生物の生息地である湿地を保護するために結ばれた条約を何といいますか。答えなさい。

問3　⬚③には，他国と領土問題になっている島々の呼び名が入ります。この島々は日本の領土のどこにありますか。次から選び，記号で答えなさい。

　　あ　東のはし　　い　西のはし　　う　南のはし　　え　北のはし

問4　下線部④について，秋田県の横手盆地では，生産量を増やすために田の形が変えられました。なぜ田の形を変えると，生産量の増加につながるのですか。写真を参考に，理由を説明しなさい。

1974年の様子

1999年の様子

問5　下線部⑤について，次の３つの文は，同じ生物について説明しています。この生物を答えなさい。

> 2014年に，この生物とクロマグロが絶滅危惧種に指定された。
> 国内の養殖生産量は，鹿児島県，愛知県，宮崎県の順で多い（2012年）。
> 世界で７割近くを日本人が消費している。

問6　下線部⑥について，地球温暖化の原因のひとつとされている二酸化炭素の排出量が多い上位２か国を答えなさい。

平 成 27 年 度 　 算 数 Ⅱ 　 解 答 用 紙

[1]

（1）（計算）	（2）（計算）	（3）（計算）
答　　　　秒後	答　　　　秒後	答　　　　秒間

[2]

（1）（計算）	（2）（計算）	（3）（計算）
答　　：	答　　：	答　　　cm²

[3]

（1）（計算）	（2）（計算）	（3）（計算）
答　　　km	答　時間　　分	答　　時　　分

[4]

（1）（計算）

答　　　枚

（2）（計算）

答　　　cm

（3）（計算）

答　　　枚

[5]

（1）（答えだけ記入）　答

（2）（計算）

答

（3）（計算）

答

得点欄（ここには何も記入しないこと）	1	
	2	
	3	
	4	
	5	
	合計	Ⅰ＋Ⅱ ※120点満点 （配点非公表）

※120点満点
（配点非公表）

受 験 番 号

34-（29）
【解答用紙3-（1）】

2015（H27）広島学院中

K 教英出版

平成27年度　理　科　解　答　用　紙

（右はしの※のわくには何も記入しないこと）

[1]

(1)
葉のついた方のふくろは

(2)	(3)	
	横に切った断面	縦に切った断面

(4)	(5)

(6)

(7)

(8)	(9)

(10)

[2]

(1)				
あ	い	う	え	お

(2)

アルミニウム（g）

2　1.5　1　0.5　0

塩酸 (mL)　0　5　10　15

(3)

	⑬	⑭
B（g）		
C（g）		

[3]

(1)					(2)
①	②	③	④	⑤	

(3)	(4)	(5)	(6)
年前	m	年前	年前

[4]

(1)		(2)
① cm	② g	

(3)				(4)	(5)
① cm	② 20g cm	5g cm	③ cm	g	g

(6)		
① 倍	② 倍	③ ×　＋　× ＝ ×　＋　×

(7)	(8)			
＝	あ	い	う	え

(9)
〇の 東　cm 北　cm 西　　　南

受験番号

※80点満点
（配点非公表）

34-(31)
【解答用紙3-(2)】

平成２７年度　社会　解答用紙

[1]

問1 [　　] 問2 [　　　　　　　　　　　　　　]

問3 [　　　　　　　　　　　　　] 問4 [　　] 問5 [　　]

問6 [　　　　　　　　　　　]

問7 [　　　　　　　　　　　] 問8 [　　]

問9 [　　　　　　] 問10（1）[　　　　県] （2）[　　　　県]

問11 [　　　　　　　　　　　　　]

問12 核兵器を [　　　　　　] , [　　　　　　] , [　　　　　　] 。

[2]

問1 [　　　　　　　]

問2 [　　　　　　┊　　　　　　]

問3 [　　　　氏] 問4 [　　]

問5（1）[　　　　　　　　　] （2）[　　] 問6 [　　]

問7 [　　　　　　] 問8 [　　　　　] 問9 [　　　　　]

問10 [　　　　　　　　　　　　]

問11 [　　　宗] 問12 [　　　　　] 問13 [　　] 問14 [　　] 問15 [　　]

[3]

問1 [　　　　　] 問2 [　　　　条約] 問3 [　　]

問4 [　　　　　　] 問5 [　　　　　　]

問6 [　　　　┊　　　　] 問7 [　　　市] 問8 [　　]

問9 [　　] 問10 [　　] 問11 [　　　　] 問12 [　　] 問13 [　　　　]

問14（1）●[　　　　省] ★[　　　　省] ▲[　　　　省]

（2）[　　月　　日]

[4]

問1 [　　] 問2 [　　　　　　　　　　]

問3（1）[　　] （2）[　　] 問4 [　　　　岩] 問5（1）A[　　] B[　　] C[　　] D[　　]

（2）[　　　　　　　　　　　]

問6（1）ア[　　] イ[　　] 問7（1）[　　] （2）[　　] （3）[　　] 問8 [　　]

受験番号 [　|　|　|　]

※80点満点
（配点非公表）

34-(33)
【解答用紙3-(3)】

2015(H27) 広島学院中
K 教英出版

（20分） 平 成 28 年 度 算 数 Ⅰ 問 題 用 紙

次の各問いの □ にあてはまる数を記入しなさい。

[1] $2\dfrac{4}{9} - \left(7 - 2\dfrac{3}{5}\right) \div \dfrac{9}{25} \times \dfrac{8}{55} =$ □

[2] 電車は15分ごとに，バスは35分ごとに駅を出発します。8時40分に電車とバスが同時に駅を出発しました。次に電車とバスが同時に駅を出発するのは □ 時 □ 分です。

[3] 縮尺12500分の1の地図上で10cmになる道のりを，時速 □ kmで歩くと25分かかります。

[4] 太さが一定の針金があります。18gが28円，8cmが35円のとき，225gは □ cmです。

[5] 図の五角形ABCDEは正五角形，三角形AFEは正三角形です。（あ）の角度は □ °です。

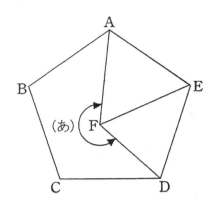

[6] 連続した21個の整数をたすと2016になりました。21個の整数のうち，もっとも小さいものは □ です。

[7] 図は対角線の長さが8cmの正方形ABCDに，4つの頂点をそれぞれ中心とする半径4cmの円の一部をかいたものです。影の部分の面積は □ cm² です。ただし，円周率は3.14とします。

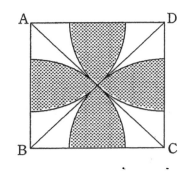

[8] 袋の中に赤玉と白玉があり，個数の比は8：7です。A君が袋から25%の玉を取り出したところ，袋に残った赤玉と白玉の個数の比は4：5でした。A君は赤玉の □ %を取り出しました。

[9] 3つの整数A，B，Cがあり，Aを12で割った余りは1，Aを120で割った余りはB，CをBで割った余りは100です。Bは □ です。

得点 □

受験番号 □ 合計 □ Ⅰ＋Ⅱ ※120点満点（配点非公表）

32-(1)
【算①1-(1)】

平成 28 年度

広島学院中学校入学試験問題

算　数　Ⅱ

【 40 分 】

◎試験開始まで，問題用紙にも解答用紙にも手をふれてはいけません。

次の注意を読みなさい。

注　意

1. 問題用紙

　　この問題用紙は2ページから6ページまでで，問題は5問あります。

2. 解答用紙

　　解答用紙は別の用紙1枚です。

3. 記入・質問などの注意

（1）　答えはすべて解答用紙のわくの中に，ていねいな字で記入しなさい。

　　　ただし，割り切れない数のときは，できるだけ簡単な分数で答えなさい。

　　　また，（計算）と書いてあるところはその答えだけでなく，途中の式・計算

　　　も書きなさい。

（2）　問題用紙のあいたところは，解答の下書きに使ってもかまいません。

（3）　印刷が悪くて字のはっきりしないところなどがあれば，手をあげて監督

　　　の先生に知らせなさい。

［1］びんの中に１０円玉と５０円玉が何枚かあります。翌日から毎日１０円玉を３枚ずつびんの中に入れ，５０円玉を３枚ずつびんの中から取り出します。びんの中の５０円玉は途中でなくならないものとして，次の問いに答えなさい。

（1）９日後にびんの中の１０円玉は３４枚，５０円玉は１２枚になります。はじめのびんの中の金額は何円ですか。

（2）７日後にびんの中の金額は，はじめの３分の１になります。はじめのびんの中の金額は何円ですか。

（3）はじめにびんの中の１０円玉は５０円玉より１４枚多くあります。何日か後にびんの中の１０円玉は５０円玉より８０枚多くなり，１０円玉と５０円玉の枚数の比は２：１になります。はじめのびんの中の金額は何円ですか。

－2－

［５］２つの円柱の容器ＡとＢがあります。ＡとＢの底面積の比は
４：１です。Ａには容積の$\frac{1}{3}$，Ｂには容積の$\frac{1}{10}$の水を入れたところ，
ＡとＢの水面の高さは同じになりました。次の問いに答えなさい。

（１）ＡとＢの容積の比をもっとも簡単な整数の比で表しなさい。

（２）Ａには容積の$\frac{1}{3}$の水を入れたままＢを空にして，ＡとＢに毎分
　　３Ｌずつ水を入れるとともに，ＡからＢへ毎分一定の量の水を移
　　したところ，１５分後にＡもＢも同時に満水になりました。

　　（あ）ＡからＢへ毎分何Ｌの水を移しましたか。

　　（い）ＡとＢの水面の高さが同じになるのは，水を入れ始めてから
　　　　何分後ですか。

［２］１個５０円のお菓子Ａと，１個８０円のお菓子Ｂが売られていま
す。１個ずつの販売のほかに，Ａが１２個箱に入ったセットが箱代
を入れて６４０円，Ｂが１０個箱に入ったセットが箱代を入れて
８３０円で売られています。次の問いに答えなさい。

（１）ある日の売り上げは６１４０円でした。売れたお菓子は合わせて
　　１００個で，すべて箱に入っていないお菓子でした。売れたお菓子
　　Ａは何個ですか。

（２）ある日はＡだけが２００個売れて，売り上げは１０４８０円でし
　　た。２００個のうち箱に入っていたお菓子Ａは何個ですか。

（３）ある日の売り上げは２１２４０円でした。Ａは２５０個，Ｂは
　　１００個売れて，販売に使った箱は２０個でした。２５０個のうち
　　箱に入っていたお菓子Ａは何個ですか。

－６－

－３－

［３］図のような面積が７０cm²の三角形ABCがあります。直線BFと

　　直線DCは点Eで交わっています。ADとDBの長さの比は１：１で，

　　DEとECの長さの比は２：３です。次の問いに答えなさい。

（１）三角形BEDの面積は何cm²ですか。

（２）三角形ADFの面積は何cm²ですか。

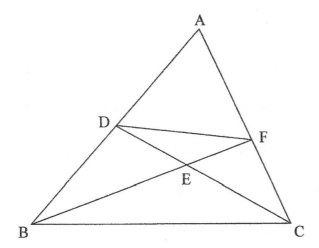

［４］兄と弟が家から登校します。兄は弟が出発してから６分後に出発

　　し，分速８０mで歩きます。弟が分速６０mで歩くと，２人は同時

　　に学校に着きます。次の問いに答えなさい。

（１）家から学校までの道のりは何mですか。

（２）弟は出発して分速６０mで歩きますが，忘れものに気づいて

　　　途中で引き返し，家に着いて２分後にまた学校に向かいます。引

　　　き返してから家に着くまでの間と，再び家を出発してから学校に

　　　着くまでの間は分速１２０mで走ります。

　　（あ）弟が出発して１２分後に引き返す場合，兄と弟のどちらが何

　　　　分早く学校に着きますか。

　　（い）兄と弟が同時に学校に着く場合，弟が引き返すのは家から

　　　　何mのところですか。

（11）図13の花のふりこで，花と支点の間の長さを25cmにしました。また，正面から見て２つの支点の間の長さを54cmにしました。花が２往復する間にミツバチが３往復して，再び花とミツバチが重なって見えるようにしました。ミツバチのふりこで，ミツバチと支点の間の長さは何cmですか。表１を使って考えなさい。またこのとき，図14のように正面から見て，花とミツバチが重なって見える位置の角度Ｘは何°になりますか。図15と表２を使って考えなさい。ただし，図15のような三角形の辺の長さＬ(cm)と角度あ(°)，角度い(°)の関係を表２に表しています。

図15

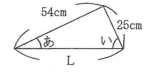

表２

L (cm)	30	35	40	45	50	55	60	65
あ(°)	10	22	26	27	27	26	25	22
い(°)	158	128	110	97	86	75	64	53

平成２８年度

広島学院中学校入学試験問題

理　　科

【４０分】

◎試験開始まで，問題用紙にも解答用紙にも手をふれてはいけません。
次の注意を読みなさい。

注　意

1．問題用紙
この問題用紙は２ページから15ページまでで，問題は４問あります。
2．解答用紙
解答用紙は別の用紙１枚です。
3．記入・質問などの注意
（１）答えはすべて解答用紙のわくの中に，ていねいに記入しなさい。
（２）印刷が悪くて字のはっきりしないところなどがあれば，手をあげて監督(かんとく)の先生に知らせなさい。

（10）図12のように棒のふりこのおもりをゆらすと花もゆれます。花と支点の間の長さを30cmにすると、花が1往復する時間は何秒になりますか。表1を使って考えなさい。

図12

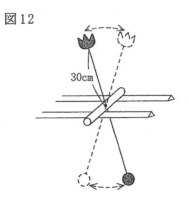

　図10と同じ棒と同じおもりをもう1つずつ用意し、ミツバチの形に切りぬいた折り紙を棒の上の端にはりつけたふりこを作りました。花のふりことミツバチのふりこの支点を図13のように同じ高さで、正面から見て前後にずらした位置に置きます。初め正面から見て花とミツバチが重なって見えるように手で持ち、同時に手を放すと、花とミツバチが重なったり、離れたりするように見えるおもちゃになります。

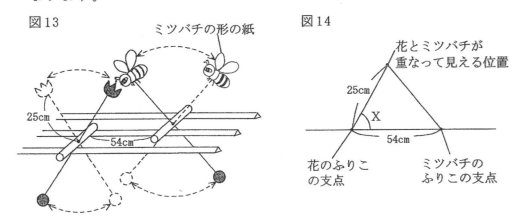

図13　ミツバチの形の紙

図14　花とミツバチが重なって見える位置

（ア）Gのふりこの方がふれはば（角度）が大きい。

（イ）Hのふりこの方がふれはば（角度）が大きい。

（ウ）2つのふりこのふれはば（角度）は同じである。

（エ）Gの方が重い。

（オ）Hの方が重い。

（カ）GとHの重さは同じである。

（キ）Gのふりこの方が長い。

（ク）Hのふりこの方が長い。

（ケ）2つのふりこの長さは同じである。

次に図10のように，長さ70cmの細くてかたい棒と折り紙を使って，ふりこのおもちゃを作りました。棒や折り紙は軽いので重さはないものとします。棒の下の端には30gのおもりをつけ，上の端には折り紙を花の形に切りぬいたものをはりました。棒を支える点を支点といい，おもりから支点までの長さは自由に変えることができます。

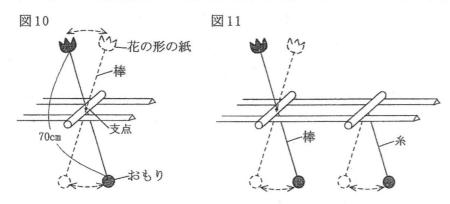

棒で作ったふりこと糸で作ったふりこをくらべるため，図11のように，支点からおもりまでの長さと，糸の長さを同じにした2つのふりこを並べました。またおもりの大きさは小さいので，支点からおもりまでの長さはふりこの長さと同じとします。おもりの重さを同じにし，同じふれはばでゆらすと，1往復する時間は同じになることがわかりました。

[1] 下の文章を読んで後の問いに答えなさい。

7種類の水溶液A～Gを用意しました。Aは塩酸，Bは石灰水，Cは炭酸水，Dは砂糖水，Eは食塩水，Fは水酸化ナトリウム水溶液，Gはアンモニア水です。これらの水溶液に操作1～4を行うことで水溶液の性質を調べる実験をしました。操作5，6についてはこれから実験を行っていきます。この実験の流れを，下の図のように表します。例えば，操作1で結果（あ）を示し，操作2で結果（う）を示したものは③に分類されます。操作1で結果（い）を示し，操作3で結果（か）を示したものは⑥に分類されます。操作1～4とその結果（あ）～（く）については，表1，表2にまとめています。下の図中の点線で示した部分は，まだ実験を行っていないことを表しています。

図

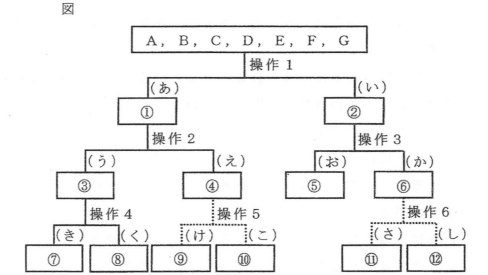

表1

操作1	水溶液を蒸発皿で加熱する。
操作2	水溶液を赤色リトマス紙，青色リトマス紙につける。
操作3	水溶液を試験管に分けとって，BTB溶液を加える。
操作4	水溶液を蒸発皿で加熱し，固体が出ても加熱を続ける。

表2

結果（あ）	固体が残った。
結果（い）	何も残らなかった。
結果（う）	どちらのリトマス紙も色は変化しなかった。
結果（え）	赤色リトマス紙だけ色が変化した。
結果（お）	水溶液は青色になった。
結果（か）	水溶液は（　　　　）色になった。
結果（き）	白い固体の結晶がいくつも残った。
結果（く）	黒い固体が残った。

（1）①に分類される水溶液をA～Gからすべて選び，記号で答えなさい。

（2）表2中の結果（か）の（　　　）にあてはまる色を答えなさい。

（3）⑦，⑧に分類される水溶液をA～Gからそれぞれ選び，記号で答えなさい。

（4）④に分類される水溶液の性質がたがいに違うことを示す操作5について，その方法を説明しなさい。

（5）（4）で答えた操作5で予想される結果（け），（こ）を答えなさい。ただし，（け），（こ）は入れかわってもかまいません。また，そのときに⑨，⑩に分類される水溶液をA～Gから選び，記号で答えなさい。

（6）⑤に分類される水溶液をA～Gから選び記号で答えなさい。

（7）⑥に分類される水溶液の性質がたがいに違うことを示す操作6として次のa，bの操作を行ったときに，それぞれの場合で予想される結果（さ），（し）を答えなさい。ただし，（さ），（し）は入れかわってもかまいません。また，そのときに⑪，⑫に分類される水溶液をA～Gから選び，記号で答えなさい。

　a　アルミニウム片を入れてしばらくおく。

　b　温めた水溶液のにおいをかぐ。

重さのちがう2つのおもりEとFを用意し，これらにいろいろな長さの糸をつけてふりこを作りました。2つのふりこを同時にゆらし，図6と同様に，様子を真上から観察しました。

（7）ある2つのふりこを図6と同様に観察すると，図8のようにおもりEとFが同じ長さのはん囲を行ったり来たりしていることがわかりました。この観察結果だけからいえることをすべて選びなさい。ないときは「なし」と答えなさい。

図8

（ア）Eのふりこの方がふれはば（角度）が大きい。

（イ）Fのふりこの方がふれはば（角度）が大きい。

（ウ）2つのふりこのふれはば（角度）は同じである。

（エ）Eの方が重い。

（オ）Fの方が重い。

（カ）Eのふりこの方が長い。

（キ）Fのふりこの方が長い。

（ク）2つのふりこの長さは同じである。

（8）（7）の観察を行うとき，1往復する時間も計ったところ，Eの方がFよりも長いことがわかりました。このことと（7）の観察結果からいえることを（7）の（ア）～（ク）からすべて選びなさい。ないときは「なし」と答えなさい。

別の2つのおもりGとHを使って2つのふりこを作りました。

（9）2つのふりこを（7）と同じように観察すると図9のように見えました。このときGとHが1往復する時間は同じでした。このことからいえることをすべて選びなさい。

図9

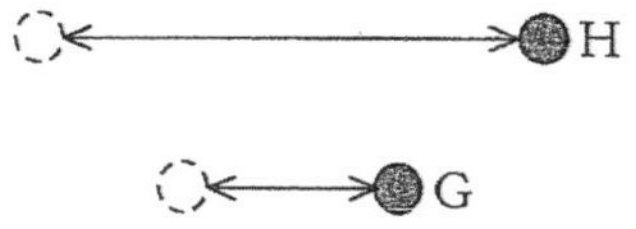

（6）長さが同じ2本の糸3と糸4をそれぞれAとBにつけ，2つのふりこを作りました。図4のようにこれらを図2の棒の点Cと点Dに固定し，Aは小さいふれはば，Bは大きいふれはばとなるよう持ち上げました。その様子を正面から観察すると図5のように見えました。同時に手を放した後，正面から見て糸3と糸4が最初に重なって見えるのはどこですか。

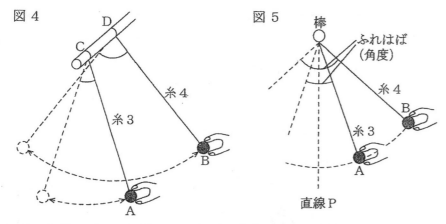

図4　　　　　　　　　図5

（ア）直線Pより右側　　（イ）直線Pより左側
（ウ）直線Pの上　　　　（エ）重なって見えるところはない

　次に図6のように図2の2つのふりこを真上から見下ろすと図7のように2つの直線上をおもりAとBが行き来している様子が見られます。

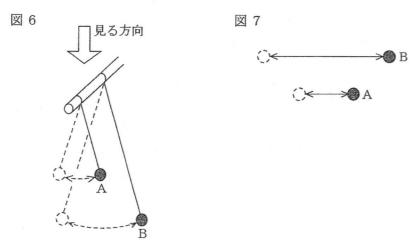

図6　　　　　　　　　図7

[2] 日本には四季があり，季節ごとに生き物にも様々な変化が見られます。

I　多くの学校に植えられているサクラはソメイヨシノという種類です。ソメイヨシノについての次の問いに答えなさい。

（1）ソメイヨシノの花がさき始める時期は地域によって異なります。このことについて正しいものはどれですか。

（ア）北に行くほどおそくなり，土地の高さが高くなるほど早くなる。

（イ）北に行くほどおそくなり，土地の高さが高くなるほどおそくなる。

（ウ）北に行くほど早くなり，土地の高さが高くなるほど早くなる。

（エ）北に行くほど早くなり，土地の高さが高くなるほどおそくなる。

（2）ソメイヨシノの花のつきかたについて，正しいものはどれですか。

（ア）1つの茶色い枝に花を1つつける。

（イ）1つの茶色い枝に花を2，3個つける。

（ウ）1つの茶色い枝に花をたくさんつける。

（エ）1つの緑色の枝に花を1つつける。

（オ）1つの緑色の枝に花を2，3個つける。

（カ）1つの緑色の枝に花をたくさんつける。

（3）ソメイヨシノの花と葉について正しいものはどれですか。

（ア）花がさくよりも先に葉が出る。

（イ）葉が出るよりも先に花がさく。

（ウ）花がさくのと葉が出るのはほぼ同時である。

（4）風や雨のえいきょうがないとき，ソメイヨシノの1つの花がさいてから散るまでの期間はおよそどのくらいですか。

（ア）1日　　（イ）3日　　（ウ）10日　　（エ）20日

（5）夏になるとソメイヨシノは葉をしげらせ，枝を伸ばします。

　　このときの葉にはどのような特ちょうがありますか。

　　（ア）表面は光っていて，ふちはぎざぎざになっている。

　　（イ）表面は光っていて，ふちは先の方だけがぎざぎざになっている。

　　（ウ）表面は光っていて，ふちはなめらかになっている。

　　（エ）表面は光っておらず，ふちはぎざぎざになっている。

　　（オ）表面は光っておらず，ふちは先の方だけがぎざぎざになっている。

　　（カ）表面は光っておらず，ふちはなめらかになっている。

（6）秋から冬にかけてソメイヨシノは紅葉し，葉を落とします。

　　このころから翌年の春までに，枝にはどのような変化が起こりますか。

Ⅱ　次の表は，動物の1年の様子についてまとめたものです。

	春	夏	秋	冬
①	卵から出てくる	体やはねが大きくなる	あわのような卵を産む	卵で冬をこす
②	土の中にいる	木のしるを吸う	しだいに見かけなくなる	卵や幼虫で冬をこす
③	巣を作る	こどもにえさをあたえる	南の国に行く	見かけない
④	水の中にいる	光を出す	見かけない	卵で冬をこす
⑤	卵から出てくる	体やはねが大きくなる	はねをふるわせて鳴く	卵で冬をこす
⑥	北の国に帰る	見かけない	見かけない	北の国から来る
⑦	水の中に卵を産む	陸に上がって生活する	えさを食べて大きくなる	土の中でじっとしている
⑧	水の中にいる	虫を食べる	しだいに見かけなくなる	卵で冬をこす

（7）表の①～⑧に最もふさわしい動物を，下から選びなさい。

　　（ア）エンマコオロギ　　（イ）アキアカネ　　（ウ）スズメ

　　（エ）コハクチョウ　　（オ）アブラゼミ　　（カ）ツバメ

　　（キ）モンシロチョウ　　（ク）アマガエル　　（ケ）ホタル

　　（コ）カマキリ

次に同じ重さの2つのおもりAとBを用意しました。

（5）Aには短い糸1を，Bには長い糸2をつけ，2つのふりこを作りました。図2のように水平な1本の棒の点Cと点Dに2つのふりこを固定し，同じふれはばとなるように右端まで持ち上げてから同時に手を放しました。手を放すしゅん間のふりこの様子を正面から見ると図3のように糸1と糸2が重なって見えました。同時に手を放した後，正面からふりこを観察したときの様子として正しいものを選びなさい。ただし，図3のように棒から真下に引いた直線をPとします。

図2　　　　　　　　　　　　　図3

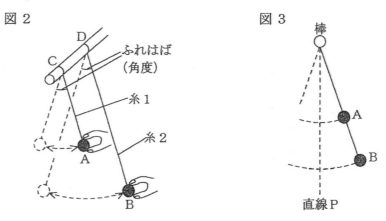

直線P

（ア）糸1が先に直線Pを横切り，その後糸2が糸1を追いぬいて左端に先に着く。

（イ）糸2が先に直線Pを横切り，その後糸1と糸2が同時に左端に着く。

（ウ）糸1と糸2は同時に直線Pを横切り，その後糸1と糸2が同時に左端に着く。

（エ）糸1が先に直線Pを横切り，その後追いぬかれることなく糸1が糸2よりも先に左端に着く。

（オ）糸2が先に直線Pを横切り，その後追いぬかれることなく糸2が糸1よりも先に左端に着く。

[4] ふりこについて，後の問いに答えなさい。

図1のように，30 g の小さなおもりにいろいろな長さの糸をつけてふりこを作りました。ふりこの長さを変えてふりこが10往復する時間を計ったところ，表1のようになりました。ただし，ふりこのふれはば（角度）をすべて60°にして実験しています。

図1

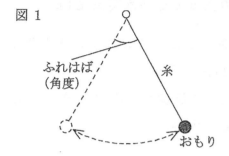

ふれはば（角度）　糸　おもり

表1

ふりこの長さ(cm)	15	20	25	30	35	40	45	50	60	80
10往復の時間(秒)	7.8	9.0	10.0	11.0	11.9	12.7	13.5	14.1	15.6	18.0

（1）ふりこの長さが20cmのとき，表1の結果から，ふりこが1往復する時間は何秒になりますか。

（2）ふれはばとふりこの長さを（1）のときと同じにし，おもりの重さを2倍にすると，（1）の結果に比べてふりこが1往復する時間はどのようになりますか。

　　　（ア）長くなる　　　（イ）短くなる　　　（ウ）変わらない

（3）おもりの重さとふりこの長さを（1）のときと同じにし，ふれはばを半分にすると，（1）の結果に比べてふりこが1往復する時間はどのようになりますか。

　　　（ア）長くなる　　　（イ）短くなる　　　（ウ）変わらない

（4）おもりの重さとふれはばが一定のとき，ふりこが1往復する時間を2倍にするには，表1から考えてふりこの長さを何倍にすればよいですか。

[3] 次の問いに答えなさい。

（1）晴れた日の気温の変化と太陽の高さの変化の関係について正しいものを選びなさい。

　　　（ア）気温が最も高くなる時刻は，太陽が最も高くなる時刻とほぼ同じで，正午ごろである。

　　　（イ）気温が最も高くなる時刻は，太陽が最も高くなる時刻とほぼ同じで，午後2時ごろである。

　　　（ウ）気温が最も高くなる時刻は，太陽が最も高くなる時刻よりも2時間ほど早く，正午ごろである。

　　　（エ）気温が最も高くなる時刻は，太陽が最も高くなる時刻よりも2時間ほどおそく，午後2時ごろである。

（2）水は，液体，気体，固体と様々な姿をとります。やかんに水を入れてしばらくガスコンロで温めると，やかんの口から白い湯気が出てきました。次の下線部（ア）～（エ）について，水のとっている姿が湯気と同じものをすべて選びなさい。

　　　・6月頃，日本付近では(ア)雨が降ることが多い。

　　　・ビーカーの中の水を温めると，水の中からさかんに(イ)泡が出てきた。

　　　・冬の日本海側では(ウ)雪が降ることが多い。

　　　・寒い日の朝には，川の上に(エ)霧が立ちこめることがある。

（3）下の図は屋外の気温を測る百葉箱のスケッチです。百葉箱の側面が図の〇で示されたようなすきまの多いつくりになっているのはなぜですか。簡単に説明しなさい。

2016(H28) 広島学院中
K 教英出版
32-(13)
【理8-(7)】
－9－
－6－

（4）百葉箱のとびらは北向きについています。この理由を，気温を測るときに注意しなければいけないことを考えて簡単に説明しなさい。

（5）コップに氷水を注いでしばらくするとコップの外側がぬれてきます。コップの外側がぬれるわけとして，次の2つの考え方があげられました。

① コップから水がしみ出てきた。

② 空気中の水蒸気が水になってコップの外側についた。

　①と②のどちらの考え方が正しいのかを調べる方法を，解答らんの書き出しに続けて答えなさい。

　目には見えませんが，空気には水蒸気がふくまれています。決まった量の水に溶けることができる塩や砂糖の量に限度があるのと同じように，空気にふくむことができる水蒸気の量にも限度があって，空気1㎥にふくむことができる水蒸気の重さ（g）を飽和水蒸気量と呼びます。

　そして，飽和水蒸気量は空気の温度によって決まっています。下の表は 12℃から 28℃までの気温と飽和水蒸気量の関係を表したものです。表から，空気の温度が高いほど飽和水蒸気量が大きいことがわかります。いま，たて 10m，横 8m，高さ 2.5mの教室があります。

空気の温度（℃）	12	16	20	24	28
飽和水蒸気量（g）	11	14	17	22	27

（6）教室の空気の温度が 16℃のとき，教室の空気は水蒸気を何gふくむことができますか。

　空気がどれくらい水蒸気をふくんでいるかを表すものの1つに湿度があります。湿度は％で表され，ある温度での空気の湿度は次の式で表されます。

$$湿度（\%）= \frac{空気1㎥にふくまれている水蒸気の量（g）}{その温度での空気の飽和水蒸気量（g）} \times 100$$

　例えば，温度が 16℃の空気1㎥にふくまれている水蒸気が 3.5gのとき，この空気の湿度は 25％です。

（7）教室の空気の温度が 24℃で湿度が 80％のとき，教室の空気にふくまれる水蒸気は何gですか。

　空気の温度を下げていくと，空気にふくまれる水蒸気の量は変わらないので少しずつ湿度は高くなり，ある温度になると湿度が 100％になります。そこからさらに空気の温度を下げると，空気1㎥にふくまれる水蒸気の量が飽和水蒸気量より大きくなるので，空気がふくみ切れなかった水蒸気は水てきになります。湿度が 100％になったときの温度をその空気の露点といいます。露点がわかれば湿度を求めることができます。

（8）ある日の教室の空気の露点が 20℃でした。この教室の空気の温度が 28℃のとき，教室の空気の湿度は何％ですか。小数第1位を四捨五入して整数で答えなさい。

（9）冬のある日，空気の温度 24℃，湿度が 50％の教室で，300gの水を沸騰させてすべて水蒸気にしました。その後，教室を閉め切ったまま放っておいたところ，教室の空気の温度は下がり教室のかべに水てきがつき始めました。時間がたつと，教室の空気の温度は屋外の気温と同じになるまで下がりました。このときの気温が 12℃であったとすると，教室内には何gの水てきができていますか。表を用いて答えなさい。ただし，空気がふくみ切れなかった水蒸気はすべて水てきになったものとします。

2016(H28) 広島学院中

K教英出版

－7－

32-(14)
【理8-(8)】

－8－

平成２８年度

広島学院中学校入学試験問題

社　　会

【４０分】

◎試験開始まで，問題用紙にも解答用紙にも手をふれてはいけません。

　次の注意を読みなさい。

注　意

1．問題用紙

　この問題用紙は，２ページから22ページまでで，問題は４問あります。

2．解答用紙

　解答用紙は別の用紙１枚です。

3．記入・質問などの注意

　（1）答えはすべて解答用紙のわくの中に，ていねいな字で記入しなさい。

　（2）印刷が悪くて字のはっきりしないところなどがあれば，手をあげて監督

　　の先生に知らせなさい。

問題は次のページから始まります。

問5　下線部⑤について，廿日市のけん玉以外にも，広島県内には伝統工芸
　　として全国に知られる木工製品があります。県内の木工製品としてふさ
　　わしくないものを次から選び，記号で答えなさい。

あ

い

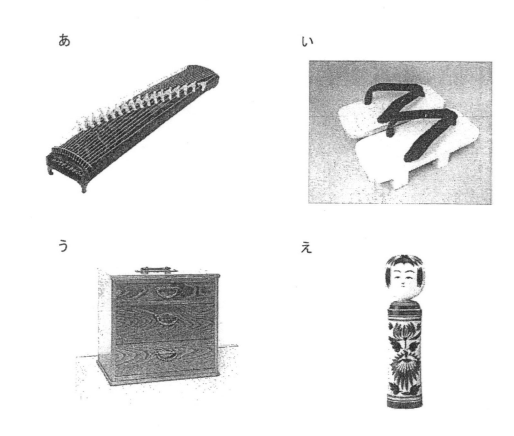

う

え

問6　下線部⑥について，このような変化が見られたのはなぜですか。答え
　　なさい。

22

問3　下線部③について，広島県内の呉市，廿日市市，福山市（図1）では，地域の特色を生かした農作物が作られています。次のA〜Cは，それぞれの市で作られている農作物について述べたものです。市と農作物の組み合わせとして最も適当なものをあ〜かから選び，記号で答えなさい。

A　栽培には豊富できれいな湧き水が必要です。おもに薬味として使われますが，佃煮やお菓子に加工されたお土産も人気があります。

B　水田で栽培され，この市で全国の80％を作っています。縁起物としておせち料理で食されますが，最近は給食でも出されます。

C　温暖な気候と，水はけの良い斜面を利用して，おもに島などで栽培されます。秋から冬にかけて，観光農園で収穫を楽しむことができます。

	あ	い	う	え	お	か
呉市	A	A	B	B	C	C
廿日市市	B	C	A	C	A	B
福山市	C	B	C	A	B	A

問4　下線部④について，次のA〜Cは，古くから知られている木材の産地です。その地名の場所としてふさわしいものを地図のあ〜こから選び，それぞれ記号で答えなさい。

A　吉野（すぎ）
B　木曽（ひのき）
C　屋久（すぎ）

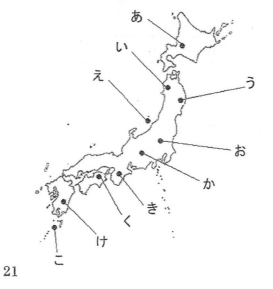

[1] 次の文章を読んで，後の問いに答えなさい。

広島市街から南西約20kmにある広島県廿日市市の厳島（宮島）には世界文化遺産に登録された厳島神社が建てられています。

厳島では，①縄文時代や弥生時代の土器や石器が発見されており，古くから人々が生活していたと考えられています。また，厳島にある標高535mの弥山の中腹からは，②古墳時代から奈良時代にかけての土器や祭りの道具が発見されており，古代から島そのものが信仰の対象となっていたと考えられています。

厳島神社は，地域の豪族であった佐伯氏によって③推古天皇の時代に建てられたのが始まりであるとされています。しかし，厳島神社が初めて文書の記録に書かれたのは811年のことです。④927年にまとめられた『延喜式神名帳』には安芸国一宮と記録されています。

1168年，厳島神社の神職であった佐伯氏は⑤源氏の勢力をおさえた平清盛の援助を受けて現在のような海の上に浮かぶ社殿を建てました。⑥平清盛を中心とした平氏が繁栄すると，厳島神社も大規模な神社となっていきました。

源氏との争いに敗れて平氏が滅亡した後も，厳島神社は大切にされましたが，13世紀に火災で焼け，再建されました。鎌倉時代までは，厳島は神聖な場所であることから立ち入りが制限され，神社の行事は，厳島の対岸にある地御前神社で行われました。しかし，⑦室町幕府が開かれたころから神官や僧侶が島に住み始めたとされています。

⑧京都での戦乱が全国に広がり，社会が不安定になると神社は一時衰退します。しかし，1555年に⑨毛利元就が厳島の合戦に勝利して厳島を含む安芸国を支配すると，厳島神社は修復されて再び栄えました。1587年，⑩天下統一を目前にした豊臣秀吉も勝利を願って参拝し，千畳閣と呼ばれる建物を建てています。

⑪江戸時代には人々の間にお寺や神社に参拝する旅行が流行し，宮島詣がさかんに行われるようになりました。これに伴って，厳島には門前町が栄え，以後，今日まで多くの参拝客でにぎわっています。

問1　文中の下線部①について，縄文時代の集落の近くには，土器の破片や動物の骨などがまとめて捨てられている場所があります。このような遺跡を何といいますか。答えなさい。

問2　文中の下線部②について，古墳時代になると，次の図のような新しい種類の土器が作られるようになりました。このような土器は新しい製法で作られました。その製法で用いられたものは何ですか。次の図と下側にある土器の特徴を参考にして，答えなさい。

＜図＞

＜特徴＞　・うすくてじょうぶ　・かたく水もれしにくい

問3　文中の下線部③について，（1）・（2）に答えなさい。
（1）このころに建てられた建物として正しいものを次から選び，記号で答えなさい。

あ　鶴岡八幡宮　　　　　い　飛鳥寺　　　　　う　安芸国分寺
え　平等院鳳凰堂

3

問2　下線部②について，次の表は廿日市市の人口の変化を，年齢別（0〜14歳，15〜64歳，65歳以上）に表したものです。表のア〜ウにはいずれかの年齢があてはまり，またA・Bには調査年（2000年，または2010年）のいずれかがあてはまります（ただし，2005年，2000年の人口は，廿日市市に合併する前の市町村の範囲をふくんでいます）。表を見て，（1）・（2）に答えなさい。

廿日市市の人口の変化

年次	ア		イ		ウ	
	人	割合	人	割合	人	割合
A	71,716	63.3%	26,611	23.5%	15,027	13.3%
2005年	75,801	65.6%	22,961	19.9%	16,657	14.4%
B	76,685	66.7%	19,971	17.4%	18,310	15.9%

（廿日市市webページより作成）

（1）65歳以上にあてはまるのはア〜ウのどれですか。また，2010年にあてはまるものは，A・Bのどちらですか。正しい組み合わせをあ〜かから選び，記号で答えなさい。

	あ	い	う	え	お	か
65歳以上	ア	イ	ウ	ア	イ	ウ
2010年	A	A	A	B	B	B

（2）5年ごとに人口や世帯数などを調べるために国が行う仕事を何といいますか。漢字で答えなさい。

20

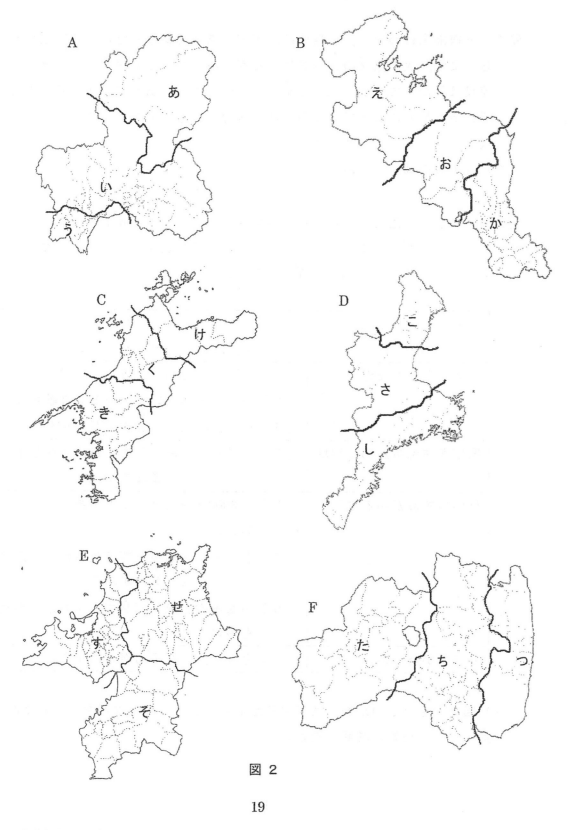

A あ い う

B え お か

C け く き

D こ さ し

E せ す そ

図 2

19

（2）このころにあった出来事として，正しいものを次から選び，記号で答えなさい。

あ　隋が中国を統一した。
い　行基によって仏教が広められた。
う　天皇によって熊野詣がおこなわれた。
え　国を治めるための法律（律令）がつくられた。

問4　文中の下線部④について，このころには武士になるものが現われました。武士になったのは，田畑を開いて領地とした地方の有力な農民のほかに，どのような人がいましたか。答えなさい。

問5　文中の下線部⑤について，（1）・（2）に答えなさい。
（1）平清盛が源義朝（源頼朝の父）を破った出来事を答えなさい。

（2）平清盛は厳島神社に海上交通の安全を願いました。平清盛が海上交通の安全を必要としたのはなぜですか。説明しなさい。

問6　文中の下線部⑥について，平清盛が平氏一族を朝廷の重要な役職につけるために行ったことは何ですか。答えなさい。

問7　文中の下線部⑦について，このころには室町幕府を開いた足利尊氏と室町幕府に反対する武士の間で争いが起こり，北と南に分かれて，長い間争いが続きました。この争いの原因は何ですか。答えなさい。

4

問8　文中の下線部⑧について，このころに建てられた建物を次から選び，記号で答えなさい。

あ

い

う

え

5

問1　下線部①について，広島県は，西部と東部で異なった地域の特色が見られます。次の図2のA〜Fはある都道府県を表しており（それぞれの縮尺は異なりますが，上が北を示しています），あ〜つはA〜Fをそれぞれ市町村界によって3つの地域に区分したものです。これについて，（1）〜（3）に答えなさい。

（1）A・Bの都道府県名を答えなさい。

（2）次の表は，図2のそれぞれの地域について，その特徴をまとめたものです。表の空欄［1］〜［11］にあてはまる地域を，図2のあ〜つの中から選び，それぞれ記号で答えなさい。

農業がさかんな地域	（例）［そ］…お茶，いちご，みかんなど
	［1］…盆地でりんごやなし，ももなど
工業がさかんな地域	［2］…造船，せんい，紙・パルプなど
	［3］…石油化学コンビナート，自動車など
	［4］…明治時代から製鉄業がさかん。
県庁所在都市がある地域	［5］と［6］…都道府県名が，所在都市名とは異なる。
自然の特徴がある地域	［7］…3000mをこえる山々があり，標高が高い。
	［3］と［8］…輪中と呼ばれる堤防に囲まれた低地がある。
	［9］…梅雨や台風の影響で，年降水量が最も多い。
発電所がある地域	［10］と［11］…原子力発電所がある。

（3）図2のきとしの地域に共通する地形の特徴と，その地形を生かした産業について簡単に説明しなさい。

18

[4] 次の文章を読んで，後の問いに答えなさい。

けん玉の得意なあきら君は，①広島県西部の②廿日市市が「けん玉づくり発祥の地」として有名であることを知り，その歴史について詳しく調べてみることにしました。

似たような玩具は，フランス語で「ビルボケ」，英語では「カップ・アンド・ボール」と言われ，古くから世界各地で楽しまれていたようです。日本でも江戸時代には「拳玉」という呼び名がはじめて登場しますが，現在の形式のものは，明治期に「日月ボール」として③広島県呉市で考案され，廿日市で製造されたものです。廿日市は，古くから中国山地の④木材を積み出す港として栄え，豊富な素材をもとに⑤木工業が発展した都市でした。

「日月ボール」はすぐに昭和を代表する流行玩具となり，全国に広まりました。最盛期には，廿日市での生産は全国の40％を占めるほどになりました。しかし，何度かの「けん玉ブーム」はおこったものの，廿日市でのけん玉の生産は減少していき，1998年には全く無くなりました。

⑥その後，廿日市市ではけん玉が再び作られるようになり，最近ではけん玉の世界大会も開かれるようになりました。外国での流行も生まれているそうです。あきら君は，世界チャンピオンを目指して，さらに練習して上手くなろうと思いました。

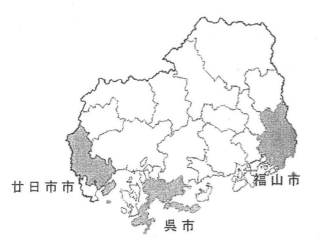

図1 広島県廿日市市と呉市，福山市の位置

17

問9 文中の下線部⑨について，このころに起きた出来事として，正しいものを次から選び，記号で答えなさい。

あ 山名氏が室町幕府を滅ぼした。
い 長宗我部が九州南部を支配した。
う 朝倉氏と上杉氏が川中島で戦った。
え 今川氏が桶狭間の戦いで敗北した。

問10 文中の下線部⑩について，秀吉は天下統一の一方で茶の湯に興味を持ち，大茶会を開いています。秀吉の茶の湯の師匠であった茶人の名前を**漢字**で答えなさい。

問11 文中の下線部⑪について，江戸時代には旅行の流行によって，名所風景を描いた浮世絵が多く印刷されました。次の絵はある浮世絵作品の中の一枚です。この絵を含む浮世絵の作品名を**漢字**で答えなさい。

6

［2］次の表は，明治から現代までの歴史的なできごとを年代順に並べたものです。表をよく見て，後の問いに答えなさい。

①沖縄県が設置される
②日清戦争がおきる
③日露戦争がおきる
④韓国併合が行われる
⑤第一次世界大戦がおきる
⑥日本が国際連盟を脱退する
⑦日中戦争がおきる
⑧第二次世界大戦がおきる
⑨日本軍が東南アジアに進出する
⑩アジア・太平洋戦争がおきる
⑪原爆が投下される
⑫日本が降伏する
⑬朝鮮戦争がおきる
⑭サンフランシスコ平和条約が結ばれる

問8　第8章について，地方公共団体のしくみとして，正しいものを次から選び，記号で答えなさい。

あ　県知事は県議会議員のなかから，市長は市議会議員のなかから選ばれる。

い　地方公共団体の予算は，地方議会で議決してから，住民投票によって決定する。

う　国が集めた税金が補助金として地方に配られるため，地方ごとには税金は集めていない。

え　一定数の署名を集めることによって，新しい条例の制定や改正，廃止を住民が直接議会に求めることができる。

問9　第9章について，憲法改正の国民投票は何歳から参加できますか。答えなさい。

問10　第10章について，「最高法規」とはどういう意味ですか。次の2つの語句を用いて説明しなさい。

憲法	法律

問6　第6章について，（1）・（2）に答えなさい。

（1）日本の司法制度として正しいものを次から選び，記号で答えなさい。

あ　最高裁判所長官は国会の指名にもとづき，天皇が任命する。

い　判決に不服がある場合は，3回まで裁判を受けることができる。

う　すべての裁判所の裁判官の不法行為について，国民審査によって裁判官をやめさせることができる。

え　くじによって選ばれた国民が，裁判官から独立して，自分たちの意見で判決を下すことができる。

（2）裁判所が国会に対してもっている働きを答えなさい。

問7　第7章について，次の表を見て（1）・（2）に答えなさい。

一般会計予算

2009年度 (88兆5480億円)		2014年度 (95兆8823億円)	
収入	支出	収入	支出
公債金収入 37.6%	【B】 28.0%	公債金収入 43.0%	【B】 31.8%
所得税 17.6%	国債費 22.9%	【A】 16.0%	国債費 24.3%
法人税 11.9%	地方交付税交付金など 18.7%	所得税 15.4%	地方交付税交付金など 16.8%
【A】 11.4%		法人税 10.0%	
酒税 1.6%	公共事業 8.0%	酒税 1.4%	公共事業 6.2%
その他の税 9.5%	文教・科学振興 6.0%	その他の税 8.9%	文教・科学振興 5.7%
その他収入 10.3%		その他収入 4.8%	
	防衛費 5.4%		防衛費 5.1%
	その他 11.0%		その他 10.1%

（財務省資料より作成）

（1）【A】の割合が高まったのはなぜですか。理由を答えなさい。

（2）【B】の割合が高まったのはなぜですか。理由を答えなさい。

15

問1　①について，沖縄（琉球）の歴史を説明した文として，正しいものを次から選び，記号で答えなさい。

あ　室町時代のころ，琉球王国は東南アジアや東アジアの国々との貿易で栄えていた。

い　琉球王国は豊臣秀吉に征服されたが，中国との貿易は続いていた。

う　琉球王国は廃止されて沖縄県となり，琉球国王は沖縄県知事に任命された。

え　沖縄県では，北海道と同じく，1890年に初めての衆議院議員選挙が行われた。

問2　②について，この説明として正しいものを次から選び，記号で答えなさい。

あ　朝鮮の内乱に対して日清両軍が朝鮮に兵を送ったことから，この戦争が始まった。

い　戦場は主に朝鮮半島とペキン（北京）周辺であった。

う　日本軍は，日本海海戦で大勝利をおさめた。

え　多くの戦費がかかり，賠償金でも足りずに国民は重税に苦しんだ。

8

問3 ③について，この戦争で日本が得た地域として適当なものを次の地図中から２つ選び，記号で答えなさい。

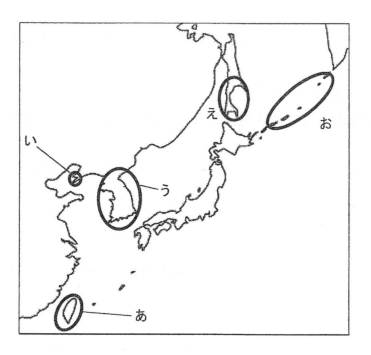

問4 ④の後の出来事について，A～Cの正・誤の組み合わせとして正しいものを，あ～くから選び，記号で答えなさい。

A 朝鮮の学校では，朝鮮語と日本語が教えられるとともに，朝鮮の歴史と日本の歴史も教えられた。

B 朝鮮の人々は日本の支配に反対し，独立運動を粘り強く続けていった。

C 日本政府によって，新たに土地の調査が行われ，朝鮮の小作人に土地が配分された。

あ	A正 B正 C正	い	A正 B正 C誤
う	A正 B誤 C正	え	A正 B誤 C誤
お	A誤 B正 C正	か	A誤 B正 C誤
き	A誤 B誤 C正	く	A誤 B誤 C誤

9

（2）国会議員の選挙の説明として，正しいものを次から選び，記号で答えなさい。

あ 有権者が選挙人を選び，その選挙人が国会議員を選ぶ。

い 一定の金額以上の税金を納めている人に選挙権が与えられる。

う 投票用紙には，投票者自身の名前と，選びたい候補者の名前を記入する。

え 一人につき一票が与えられ，誰を選ぶかは有権者がそれぞれ自由に決める。

問5 第5章について，（1）・（2）に答えなさい。

（1）内閣の話し合いの場での決定は何を原則としていますか。答えなさい。

（2）新聞社や放送局は，定期的に国民の意識に関する調査を行い，内閣支持率などの統計を発表しています。次のグラフから，支持率の変化と内閣にはどのような関係が読み取れますか。説明しなさい。

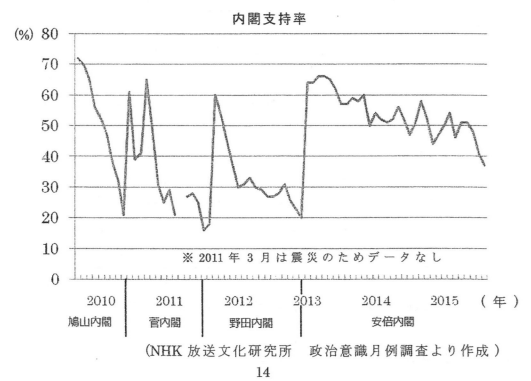

内閣支持率

（NHK放送文化研究所 政治意識月例調査より作成）

14

問2　第2章について，日本の防衛の原則として，**適当でないもの**を次から
　　　選び，記号で答えなさい。

　　　あ　国会の承認を受けて，内閣総理大臣が自衛隊を指揮・監督する。
　　　い　明治憲法に定められた兵役の義務は廃止し，徴兵制はとらない。
　　　う　米軍の後方支援や復興支援を目的とする，自衛隊の海外派遣は禁止
　　　　　する。
　　　え　核兵器をもたず，つくらず，もちこませずとする非核三原則の立場
　　　　　をとる。

問3　第3章について，憲法に明記されている国民の権利として，**適当でな
　　　いもの**を次から選び，記号で答えなさい。
　　　あ　政府の情報を知る権利
　　　い　働く人が団結する権利
　　　う　言論の自由や集会を開く自由
　　　え　健康で文化的な生活を営む権利

問4　第4章について，（1）・（2）に答えなさい。
（1）国会の仕事の説明として，**適当でないもの**を次から選び，記号で答え
　　　なさい。
　　　あ　内閣不信任を決議する。
　　　い　内閣の国務大臣を任命する。
　　　う　外国と結んだ条約を承認する。
　　　え　裁判官を裁くための裁判をひらく。

13

問5　⑤について，次の文は，この戦争で日本がとった動きを説明したもの
　　　です。（　ア　）・（　イ　）にあてはまる語句を答えなさい。なお，
　　　（　イ　）には国名が入ります。
　　　「1902年に結ばれた（　ア　）を口実に，ヨーロッパの戦争に参戦し，
　　　　中国や太平洋において（　イ　）が支配していた地域を攻撃した。」

問6　⑥の理由を説明しなさい。

問7　⑦について，日本軍は，ナンキン（南京）を占領し，女性や子どもを
　　　ふくむ多くの人々を殺害する事件をおこしました。その場所を次の地図
　　　中から選び，記号で答えなさい。

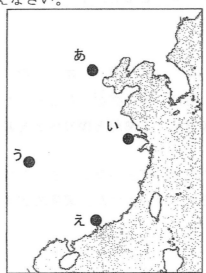

問8　⑧について，この戦争が始まった時に，ドイツが戦った国を次から選
　　　び，記号で答えなさい。

　　　あ　アメリカ　　　い　フランス　　　う　イタリア　　　え　中国

問9　⑨について，これは何年のことですか。答えなさい。

10

問10　⑩について，この時，日本軍が最初に攻撃をした場所は，ハワイのほかにどこがありますか。答えなさい。

問11　⑪について，次のA・Bは昨年，広島・長崎両市長が式典で読みあげた「平和宣言」の最初の部分です。文中の（　ア　）〜（　カ　）にあてはまる数字を答えなさい。

A（広島市）

　私たちの故郷には，温かい家族の暮らし，人情あふれる地域の絆，季節を彩る祭，歴史に育まれた伝統文化や建物，子どもたちが遊ぶ川辺などがありました。1945年8月（　ア　）日午前（　イ　）時（　ウ　）分，その全てが一発の原子爆弾で破壊されました。

B（長崎市）

　昭和20年8月（　エ　）日午前（　オ　）時（　カ　）分，一発の原子爆弾により，長崎の街は一瞬で廃墟と化しました。大量の放射線が人々の体をつらぬき，想像を絶する熱線と爆風が街を襲いました。

問12　⑫について，この時，天皇がラジオを通じて直接国民に降伏を伝えました。その放送を何といいますか。漢字で答えなさい。

問13　⑬について，この年に連合国軍最高司令官総司令部（GHQ）の指令によって，今の自衛隊のもとになる組織が発足しました。それは何ですか。答えなさい。

問14　⑭について，この条約の調印と同じ日に日本がアメリカと結んだ条約を何といいますか。漢字で答えなさい。

11

[3]　日本国憲法が公布されて，今年で70年になります。下の日本国憲法の内容について，後の問いに答えなさい。

日本国憲法
[1946.11.3公布　1947.5.3施行]
前文
第1章　天皇
第2章　戦争の放棄
第3章　国民の権利及び義務
第4章　国会
第5章　内閣
第6章　司法
第7章　財政
第8章　地方自治
第9章　改正
第10章　最高法規
第11章　補則

問1　第1章について，天皇の仕事として，適当でないものを次から選び，記号で答えなさい。
　あ　勲章などを授与する。
　い　外国の大使などをもてなす。
　う　内閣の仕事に助言と承認をあたえる。
　え　憲法改正や法律，条約などを公布する。

12

平 成 28 年 度　　算 数 Ⅱ　　解 答 用 紙

[1]

（1）（計算）

答　　　　　　円

（2）（計算）

答　　　　　　円

（3）（計算）

答　　　　　　円

[2]

（1）（計算）

答　　　　　　個

（2）（計算）

答　　　　　　個

（3）（計算）

答　　　　　　個

[3]

（1）（計算）

答　　　　　　cm²

（2）（計算）

答　　　　　　cm²

[4]

（1）（計算）

答　　　　　　m

（2）（い）（計算）

答　　　　　　m

（2）（あ）（計算）

答　　　　の方が　　　分早い

[5]

（1）（計算）

答　　　　：

（2）（あ）（計算）

答　毎分　　　　L

（2）（い）（計算）

答　　　　分後

平成 28 年度　理　科　解　答　用　紙

（右はしの※のわくには何も記入しないこと）

[1]

(1)	(2)	(3)	
		⑦	⑧

(4)

(5)	(6)

	(け)	⑨
	(こ)	⑩

(7)	

a	(さ)	⑪
	(し)	⑫

b	(さ)	⑪
	(し)	⑫

[2]

(1)	(2)	(3)	(4)	(5)	(6)

(7)							
①	②	③	④	⑤	⑥	⑦	⑧

[3]

(1)	(2)	(3)

(4)

(5)
コップに氷水を入れて，コップの外側がぬれる前の

(6)	(7)	(8)	(9)
g	g	%	g

[4]

(1)	(2)	(3)	(4)	(5)	(6)	(7)	(8)
秒			倍				

(9)	(10)	(11)
	秒	cm　　°

受験番号 □□□□

※80点満点
（配点非公表）

平成 28 年度　　社 会　　解 答 用 紙

[1]
問1 [　　　　　　　]　問2 [　　　　　　　]　問3 （1）[　　]　（2）[　　]

問4 [　　　　　　　　　　]　問5 （1）[　　　　　　]

（2）[　　　　　　　]

問6 [　　　　　　　　　　　　]

問7 [　　　　　　　　　]　問8 [　　]　問9 [　　　]

問10 [　　　　　　]　問11 [　　　　　　]

[2]
問1 [　　]　問2 [　　]　問3 [　　｜　]　問4 [　　]　問5 （ア）[　　　　　]　（イ）[　　　　]

問6 [　　　　　　　　]

問7 [　　]　問8 [　　]　問9 [　　　　年]　問10 [　　　　　]

問11 （ア）[　　]　（イ）[　　]　（ウ）[　　]　（エ）[　　]　（オ）[　　]　（カ）[　　]

問12 [　　　　　]　問13 [　　　　　]　問14 [　　　　　]

32-(31)
【解答用紙3-(3)】

[3]
問1 [　　]　問2 [　　]　問3 [　　]　問4 （1）[　　]　（2）[　　]　問5 （1）[　　　]

（2）[　　　　　　　　]

問6 （1）[　　]　（2）[　　　]

問7 （1）[　　　　　　]

（2）[　　　　　　]　問8 [　　]　問9 [　　　歳]

問10 [　　　　　　　]

[4]
問1 （1）A [　　　　]　B [　　　　]　（2）[1] [　]　[2] [　]　[3] [　]

[4] [　]　[5]・[6] [　｜　]　[7] [　]　[8] [　]　[9] [　]　[10]・[11] [　｜　]

（3）[　　　　　　　]

問2 （1）[　　]　（2）[　　　　]　問3 [　　]　問4 A [　　] B [　　] C [　　]　問5 [　　]

問6 [　　　　　　　]

受験番号 [　｜　｜　｜　]

※80点満点
（配点非公表）

2016(H28) 広島学院中
K 教英出版

平成２９年度

広島学院中学校入学試験問題

算　数　Ⅰ

【２０分】

◎試験開始まで，問題用紙に手をふれてはいけません。

次の注意を読みなさい。

注　　意

1．問題用紙

　♯問題用紙は別の用紙１枚で，問題は９問あります。解答は直接書きこむようになっています。

2．記入・質問などの注意

　（1）答えはすべて問題用紙の □ の中に，ていねいな字で記入しなさい。ただし，割り

　　　切れない数のときは，できるだけ簡単な分数で答えなさい。

　（2）問題用紙のあいたところや，この用紙の裏を計算のために使ってもかまいません。

　（3）印刷が悪くて字のはっきりしないところなどがあれば，手をあげて監督（かんとく）の先生に

　　　知らせなさい。

♯教英出版 編集部　注
　編集の都合上、問題用紙は裏にあります。

平 成 29 年 度　　算 数 Ⅰ　　問 題 用 紙

次の各問いの ◻︎ にあてはまる数を記入しなさい。

[1] $\dfrac{28}{51} \times \left(2.25 - \dfrac{8}{3} \div 3\dfrac{1}{5} \right) = $ ◻︎

[2] ある道のりを時速3.6kmで進むと45分かかります。この道のりを分速 ◻︎ mで進むと50分かかります。

[3] 5台の機械を18日間動かして仕事の $\dfrac{3}{5}$ が終わりました。残りの仕事は，6台の機械を使うとあと ◻︎ 日で終わります。

[4] 水銀2Lは27kgで，500mLが40500円で売られています。水銀600gの値段は ◻︎ 円です。

[5] 下の図は半径6cmの円の一部に，半円を2つ重ねたものです。斜線部分の面積は ◻︎ cm² です。ただし，円周率は3.14とします。

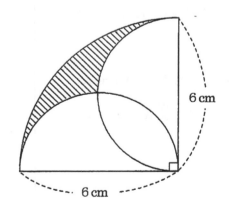

6cm

6cm

[6] 2地点A，Bの間に，何本かある木をAを含めてAから3mごとに植えていくと23m残り，3.3mごとに植えていくと4.7m残ります。AB間は ◻︎ mです。

[7] 967，472，322のどれを割っても余りが等しくなる整数のうち，もっとも大きいものは ◻︎ です。

[8] AとBがゲームをします。勝つと14点，負けると7点，引き分けると10点がもらえます。このゲームを16回行うと，Aの得点の合計は179点になりました。

Aは

勝	敗	分け

です。

[9] 下の図の ● 印は円周を15等分する点です。
（あ）の角度は ◻︎ ° です。

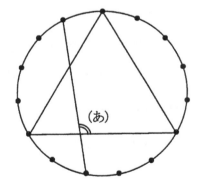

（あ）

得　点 ◻︎

受験番号 ◻︎ ｜ ｜ ｜ 　合　計 ｜ Ⅰ＋Ⅱ ※120点満点（配点非公表）

2017(H29) 広島学院中
Ｋ 教英出版

平成29年度

広島学院中学校入学試験問題

算　数　Ⅱ

【40分】

◎試験開始まで，問題用紙にも解答用紙にも手をふれてはいけません。

次の注意を読みなさい。

注　意

1. 問題用紙

    この問題用紙は2ページから6ページまでで，問題は5問あります。

2. 解答用紙

    解答用紙は別の用紙1枚です。

3. 記入・質問などの注意

    （1）　答えはすべて解答用紙のわくの中に，ていねいな字で記入しなさい。

        ただし，割り切れない数のときは，できるだけ簡単な分数で答えなさい。

        また，（計算）と書いてあるところはその答えだけでなく，途中の式・計算

        も書きなさい。

    （2）　問題用紙のあいたところは，解答の下書きに使ってもかまいません。

    （3）　印刷が悪くて字のはっきりしないところなどがあれば，手をあげて監督

        の先生に知らせなさい。

［1］水そうにじゃぐちAから水を入れ始め、途中からじゃぐちAと

じゃぐちBの両方を使って水を入れました。下のグラフは、水そう

が満水になるまでの、水を入れ始めてからの時間と水そうの水の量

の関係を表したものです。水を入れ始めてから6分で、水そうには

容積の $\dfrac{1}{4}$ の水が入りました。次の問いに答えなさい。

（1）水そうの容積は何Lですか。

（2）Bから1分間に出る水の量は何Lですか。

（3）水そうを空にして、Aから水を入れ始め、途中Aを止めると同

時にBから水を入れると、20分で満水になりました。Aから水

を入れた時間は何分何秒ですか。

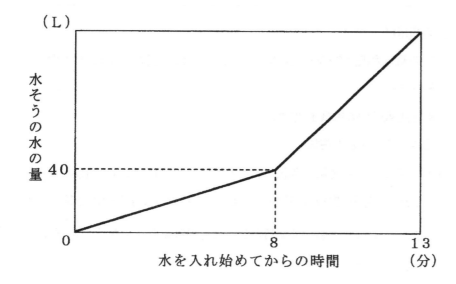

［5］図のような四角形ABCDがあります。ADとBCは平行で，AD
とBCの長さの比は2：5です。直線DEは四角形ABCDの面積を，
直線AFは四角形ABEDの面積を，直線BGは四角形ABEFの面積
を2等分しています。次の問いに答えなさい。

（1）BEとECの長さの比を，もっとも簡単な整数の比で表しなさい。

（2）DFとFEの長さの比を，もっとも簡単な整数の比で表しなさい。

（3）AGとGFの長さの比を，もっとも簡単な整数の比で表しなさい。

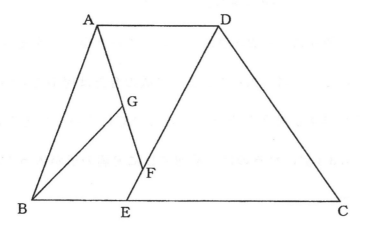

［2］A，B，C3人の最初の所持金の合計は2430円でした。Aは
りんごを3個，BとCはどちらもなしを2個買ったので，A，B，C
の所持金はそれぞれ最初の $\frac{3}{5}$，$\frac{1}{3}$，$\frac{1}{4}$ になりました。次の問い
に答えなさい。

（1）Aの最初の所持金は，りんご1個の値段の何倍ですか。

（2）BとCの最初の所持金の比を，もっとも簡単な整数の比で表し
なさい。

（3）なし1個の値段はりんご1個の値段より150円高いです。Bの
最初の所持金は何円でしたか。

2017(H29) 広島学院中

K教英出版

34-(5)
【算②4-(3)】

［3］次の問いに答えなさい。

（1）あるサッカー場では，開場時刻に1000人の行列ができており，開場後も毎分40人の人が行列に加わります。入口が1か所のときは開場後50分で行列がなくなります。

（あ）1か所の入り口で入場できる人数は，毎分何人ですか。

（い）入口が4か所のときは開場後何分で行列がなくなりますか。

（2）ある野球場では，開場時刻に行列ができており，開場後も毎分70人の人が行列に加わります。入口が10か所のときは開場後30分で行列がなくなり，入口が25か所のときは開場後10分で行列がなくなります。開場時刻には何人の行列ができていましたか。

［4］4つの箱A，B，C，Dに玉が入っています。玉の数が等しい箱はありません。「玉の数がもっとも少ない箱に玉を3個追加し，玉の数が等しい箱ができたかどうか調べる。」という手順をくりかえし行い，玉の数が等しい箱ができたところで作業を終了します。最初に入っていた玉の数は，Aは10個，Bは30個，Cは50個です。次の問いに答えなさい。

（1）最初にDに21個の玉が入っていた場合，作業が終了したときにAには何個の玉が入っていますか。

（2）最初にDに20個の玉が入っていた場合，作業が終了したときに4つの箱に入っている玉の数の合計は何個ですか。

（3）作業が終了したときに4つの箱に入っている玉の数の合計が333個になるのは，最初にDに何個の玉が入っていた場合ですか。

－4－

－5－

平成 29 年度

広島学院中学校入学試験問題

理　科

【40分】

◎試験開始まで，問題用紙にも解答用紙にも手をふれてはいけません。
　次の注意を読みなさい。

注　意

1．問題用紙
　　この問題用紙は２ページから 15 ページまでで，問題は４問あります。

2．解答用紙
　　解答用紙は別の用紙１枚です。

3．記入・質問などの注意
　（1）答えはすべて解答用紙のわくの中に，ていねいに記入しなさい。
　（2）印刷が悪くて字のはっきりしないところなどがあれば，手をあげて監督の
　　　先生に知らせなさい。

［１］ 近ごろ，日本ではさまざまな自然災害が起こっています。

Ⅰ　流れる水のはたらきについて後の問いに答えなさい。

（１）平地の川の底にはさまざまな大きさの石が見られます。まわりと比べて大きな石が見られる場所の組み合わせとして最も適当なものはどれですか。

（ア）川が曲がっているところでは外側，まっすぐなところでは川岸近く。

（イ）川が曲がっているところでは内側，まっすぐなところでは川岸近く。

（ウ）川が曲がっているところでは川の中央，まっすぐなところでは川岸近く。

（エ）川が曲がっているところでは外側，まっすぐなところでは川の中央。

（オ）川が曲がっているところでは内側，まっすぐなところでは川の中央。

（カ）川が曲がっているところ，まっすぐなところのどちらでも川の中央。

（２）大雨が降ると川の流れが速くなり，川の色が黄土色に変わることがあります。このようになった場所で，流れる川の水のはたらきとしてふだんより強くなっている作用はどれですか。下から２つ選びなさい。

（ア）侵食　　　（イ）運搬　　　（ウ）堆積

（３）洪水や地震など災害が起こりそうなところを予想して，避難や救助に役立てる地図を何といいますか。

（４）土砂災害を防ぐためのくふうの一つで，土砂が一度に大量に流れるのを防ぐ目的で作られているものは何ですか。

（５）川の水は大雨が降ることで水量が増えて洪水を起こすことがあります。しかし，３月から４月にかけて北日本の川では大雨が降っていないのに洪水が起こることがあります。これはなぜだと考えられますか。

実験５　長さ６cmのニクロム線を20℃，100ｇの水に入れたものを３つ用意しました。それらに乾電池１個，直列つなぎの乾電池２個，直列つなぎの乾電池３個をそれぞれ接続して６分後の水の温度を調べました。次に，ニクロム線の長さを12cm，18cmに変えて同様の実験を行いました。

下の表は，実験５で，ニクロム線の長さと乾電池の数を変化させたときの水の温度を示したものです。

表　　　　　　　　　６分後の水の温度

		ニクロム線の長さ		
		６cm	12cm	18cm
乾電池の数	１個	（①）℃	21.5℃	（②）℃
	２個	32℃	26℃	24℃
	３個	47℃	33.5℃	（③）℃

（11）表の（①）〜（③）にあてはまる数を，実験３，４の結果を参考にして答えなさい。

（12）長さ12cmのニクロム線に直列つなぎの乾電池６個を接続したとすると，スイッチを入れてから３分間での水の温度変化はいくらになると予想されますか。

（13）ある長さのニクロム線を 20℃，100ｇの水に入れ，何個かの乾電池を直列つなぎにして接続し，スイッチを入れてから12分後の水の温度が68℃になるようにしたいと思います。長さがいくらのニクロム線を，何個の乾電池に接続すればよいですか。例にならってすべて書きなさい。

　　　例：（９cm，３個），（12cm，５個），・・・

ただし，使用するニクロム線は実験３〜５と同じ太さで，長さは１cm，２cm，３cm，・・・，18cmの18種類，使用できる電池は６個以下とします。

実験4　長さ 18cm のニクロム線を 20℃，100g の水に入れたものを 3 つ用意しました。それらに乾電池 1 個，直列つなぎの乾電池 2 個，直列つなぎの乾電池 3 個をそれぞれ接続して水の温度の上がり方を調べました。

図 5 は，実験 4 で，スイッチを入れてからの時間と水の温度を示したものです。

図 5

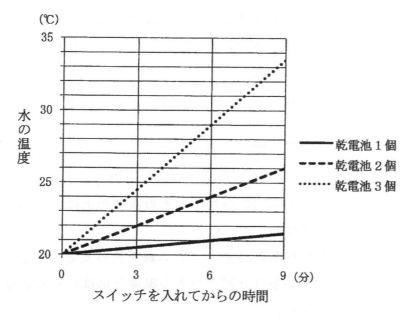

（8）実験 4 から考えて，次の文中の（①），（②）にあてはまる数を答えなさい。

同じ時間での水の温度変化は，直列つなぎにする電池の個数が 2 倍になると（①）倍になり，個数が 3 倍になると（②）倍になる。

（9）直列つなぎの乾電池 2 個を接続したとき，スイッチを入れてから 15 分間での水の温度変化はいくらになると予想されますか。

（10）直列つなぎの乾電池 4 個を接続したとすると，スイッチを入れてから 6 分間での水の温度変化はいくらになると予想されますか。

Ⅱ　地震についての次の文章を読んで後の問いに答えなさい。

地震が起こると，最初「カタカタ」と小さなゆれが起き，その後「グラグラ」という大きなゆれが起こります。これらのゆれは，最初に地震が起こった場所（震源）から同時に出発してそれぞれ決まった速さで伝わってきたものです。次の表は，ある地震について観測された 3 か所（A，B，C）の震源からのきょり，小さなゆれが始まった時刻，大きなゆれが始まった時刻を表したものです。

表

場所	震源からのきょり	小さなゆれが始まった時刻	大きなゆれが始まった時刻
A	72km	1 時 25 分 16 秒	1 時 25 分 28 秒
B	186km	1 時 25 分 35 秒	1 時 26 分 6 秒
C	240km	1 時 25 分 44 秒	1 時 26 分 24 秒

（6）大きなゆれが伝わる速さは毎秒何 km ですか。

（7）この地震は震源で 1 時何分何秒に起こりましたか。

（8）小さなゆれが始まってから 20 秒後に大きなゆれが始まった場所は，震源から何 km のきょりであると考えられますか。

（9）この地震では図 1 に表された地図上の D，E，F の 3 か所で同じ時刻に地震の小さなゆれが始まりました。このとき，震源はどこにあると考えられますか。震源の場所に×を書きなさい。ただし，震源は地表近くにあるものとします。なお，地図上の点線は直角に交わっています。

図 1

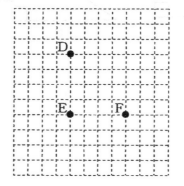

（10）地震の大きなゆれに備えるために，気象庁は，大きなゆれ
より先に伝わってくる小さなゆれを観測することで「緊急地
震速報」を発表することがあります。この地震では，（9）の
D，E，Fで同時に小さなゆれが始まった3秒後に緊急地震
速報が発表されました。図2のGで大きなゆれが始まったの
は緊急地震速報が発表された何秒後ですか。小数第1位まで
求め，必要であれば図3の直角三角形の3辺の比を用いなさ
い。ただし，図2の点線同士の間かくは，縦横どちらも6km
です。

図2

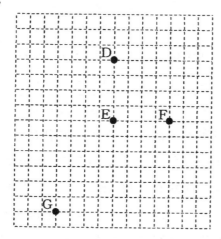

図3

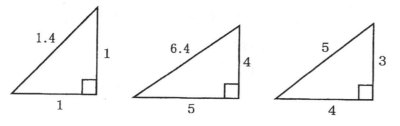

（3）長さ6cmのニクロム線を使ったとき，スイッチを入れてか
ら9分間での水の温度変化はいくらですか。

（4）長さ12cmのニクロム線を使ったとき，スイッチを入れてか
ら12分間での水の温度変化はいくらになると予想されます
か。

（5）実験3から考えて，次の文中の（①），（②）にあてはまる
数を（ア）～（カ）から選びなさい。

　　同じ時間での水の温度変化は，ニクロム線の長さが2倍に
なると（①）倍になり，ニクロム線の長さが3倍になると（②）
倍になる。

（ア）2　　　（イ）3　　　（ウ）$\frac{1}{2}$　　　（エ）$\frac{1}{3}$

（オ）$\frac{3}{2}$　　　（カ）$\frac{2}{3}$

（6）長さ36cmのニクロム線を使ったとすると，スイッチを入れ
てから12分間での水の温度変化はいくらになると予想され
ますか。

（7）長さ9cmのニクロム線を使ったとすると，スイッチを入れ
てから9分間での水の温度変化はいくらになると予想されま
すか。

（問題は次ページに続きます）

次に，太さが一定のニクロム線を６cm，12cm，18cmの長さに切り，コイル状に巻いたものを用意し，実験３～５を行いました。

実験３　３種類の長さのニクロム線を，それぞれ図３のように20℃，100ｇの水に入れ，乾電池を１個ずつ接続しました。

図３

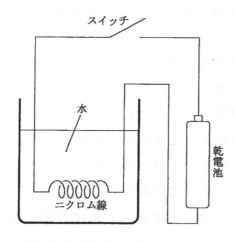

図４は，実験３で，スイッチを入れてからの時間と水の温度を示したものです。

図４

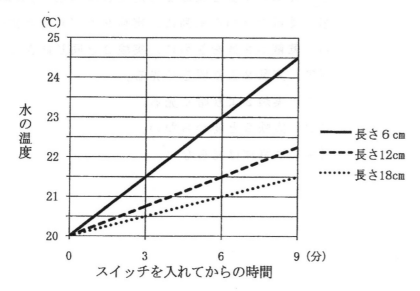

［２］次の文章を読んで，後の問いに答えなさい。

アブラナやアサガオの花を観察すると，どちらの花も外側から中心に向かって，がく－花びら－おしべ－めしべの順序でできていることがわかります。（①）の花には，めばな，おばなという２種類の花がありますが，めばなはこの４つのうち（②）が，おばなは（③）がなくなっただけで，基本的にこの順序は変わりません。

（１）文章中の（①）にあてはまる植物を下からすべて選びなさい。

　（ア）ホウセンカ　　（イ）ヒョウタン　　（ウ）タンポポ

　（エ）サクラ　　　　（オ）ヒマワリ　　　（カ）ヘチマ

（２）文章中の（②），（③）にあてはまる語を答えなさい。

図１はアブラナやアサガオの花のつくりを表す４つの部分を示しており，Ⅰはがく，Ⅱは花びら，Ⅲはおしべ，Ⅳはめしべの場所を表しています。

図１

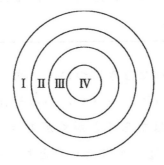

生物のからだは，生まれつきもっている設計図にしたがって作られており，その設計図のことを遺伝子といいます。最近の研究によって，Ⅰ～Ⅳの４つの場所には遺伝子Ａ，遺伝子Ｂ，遺伝子Ｃという遺伝子が３種類ともすべてあるのですが，次のようにはたらいていることがつきとめられました。

2017(H29) 広島学院中

K 教英出版

－ 12 －

－ 5 －

34-(11)

【理8-(5)】

【遺伝子のはたらき方1】

　図1に示す4つの場所Ⅰ～Ⅳについて，多くの植物では表1に示すように遺伝子AはⅠとⅡで，遺伝子BはⅡとⅢで，遺伝子CはⅢとⅣでそれぞれはたらいている。

表1

	Ⅰ	Ⅱ	Ⅲ	Ⅳ
遺伝子A	＋	＋	－	－
遺伝子B	－	＋	＋	－
遺伝子C	－	－	＋	＋

（＋：はたらいている　－：はたらいていない）

【遺伝子のはたらき方2】

　遺伝子Bははたらく場所とはたらかない場所があるが，遺伝子Aと遺伝子Cはどちらかが必ずはたらき，同時にこの2つの遺伝子がはたらくことはない。つまり，遺伝子Aがはたらかない場所では遺伝子Cが，遺伝子Cがはたらかない場所では遺伝子Aがはたらく。

（3）遺伝子のはたらきについて，次の（①）～（④）にあてはまるものを（ア）～（キ）からそれぞれ選びなさい。

　　（①）がはたらくとがくができ，（②）がはたらくと花びらができ，（③）がはたらくとおしべができ，（④）がはたらくとめしべができる。

　　（ア）遺伝子Aだけ　　　　（イ）遺伝子Bだけ
　　（ウ）遺伝子Cだけ　　　　（エ）遺伝子Aと遺伝子B
　　（オ）遺伝子Aと遺伝子C　（カ）遺伝子Bと遺伝子C
　　（キ）遺伝子Aと遺伝子Bと遺伝子C

（1）実験1と同じ乾電池とモーターを①，②，③のようにつないだとき，モーターの回り方はそれぞれどうなりますか。同じ記号をくり返し用いてもかまいません。
　　①　乾電池1個を実験1と逆向きにつなぐ。
　　②　乾電池2個を直列に，実験1と同じ向きにつなぐ。
　　③　乾電池2個を並列に，実験1と同じ向きにつなぐ。
　　（ア）実験1と同じ向きに，実験1より速く回る。
　　（イ）実験1と同じ向きに，実験1よりおそく回る。
　　（ウ）実験1と変わらない。
　　（エ）実験1と逆向きに，実験1より速く回る。
　　（オ）実験1と逆向きに，実験1よりおそく回る。
　　（カ）実験1と逆向きに回り，速さは変わらない。
　　（キ）モーターは回らない。

（2）実験2と同じ乾電池と豆電球を①，②，③のようにつないだとき，豆電球の光り方はどうなりますか。ただし，豆電球は切れないものとし，同じ記号をくり返し用いてもかまいません。
　　①　乾電池1個を実験2と逆向きにつなぐ。
　　②　乾電池2個を直列に，実験2と同じ向きにつなぐ。
　　③　乾電池2個を並列に，実験2と同じ向きにつなぐ。
　　（ア）実験2より明るく光る。
　　（イ）実験2より暗く光る。
　　（ウ）実験2と変わらない。
　　（エ）豆電球は光らない。

（7）80℃の水 300ｇにホウ酸 30ｇをとかしたホウ酸水よう液を，20℃まで下げるとホウ酸は何ｇ出てきますか。出てこないのであれば「×」と答えなさい。ただし，蒸発する水の量は考えなくてよいものとします。

（8）表１から考えて，同じ重さの水にとかした同じ温度の食塩とホウ酸のほう和水よう液を，それぞれ同じ温度だけ下げたとき，出てくる固体の量が多いのはどちらですか。

水よう液の温度を下げる他に，水よう液から水を蒸発させてもとけているものが固体として出てきます。

（9）40℃で 20％の食塩水 100ｇから，温度を保って水を蒸発させたところ，1.7ｇの食塩が出てきました。蒸発させた水は何ｇですか。

［4］電流のはたらきについて，後の問いに答えなさい。

モーターおよび豆電球を用いて，次の実験１，実験２を行いました。

実験１　図１のように乾電池とモーターをつなぐと，モーターは上から見て時計回りに回りました。

実験２　図２のように乾電池と豆電球をつなぐと，豆電球が光りました。

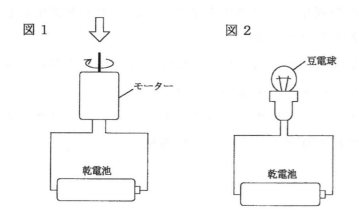

図１　　　　図２

（4）【遺伝子のはたらき方１】，【遺伝子のはたらき方２】から考えると，次の①～③の花のⅠ～Ⅳの場所には何ができると考えられますか。（ア）～（コ）からそれぞれ選びなさい。
①　表１の花の遺伝子Ａがはたらかなくなったもの
②　表１の花の遺伝子Ｂがはたらかなくなったもの
③　表１の花の遺伝子Ｃがはたらかなくなったもの

	Ⅰ	Ⅱ	Ⅲ	Ⅳ
（ア）	がく	がく	がく	がく
（イ）	がく	がく	めしべ	めしべ
（ウ）	がく	花びら	おしべ	めしべ
（エ）	がく	花びら	花びら	がく
（オ）	花びら	花びら	花びら	花びら
（カ）	花びら	がく	がく	花びら
（キ）	おしべ	めしべ	めしべ	おしべ
（ク）	おしべ	おしべ	めしべ	めしべ
（ケ）	めしべ	花びら	花びら	めしべ
（コ）	めしべ	おしべ	おしべ	めしべ

（5）表１の花の遺伝子Ａと遺伝子Ｂが同時にはたらかなくなった場合は，花のつくりはどのようになると考えられますか。

［3］水よう液について，後の問いに答えなさい。答えが小数になる時は小数第1位を四捨五入して整数で答えなさい。

水よう液全体の重さに対して，とけているものの重さの割合を百分率で表したものを，水よう液の濃さといいます。濃さ10％の食塩水を作るために，上皿天びんを使って5gの食塩を量り取りました。

（1）右ききの人が5gの食塩を量り取る前の操作として正しいものはどれですか。

（ア）右側の皿に5gの分銅，左側の皿に薬包紙をのせる。

（イ）右側の皿に薬包紙，左側の皿に5gの分銅をのせる。

（ウ）右側の皿に薬包紙と5gの分銅，左側の皿に薬包紙をのせる。

（エ）右側の皿に薬包紙，左側の皿に薬包紙と5gの分銅をのせる。

（2）10％の食塩水ができるものを，（ア）〜（オ）からすべて選びなさい。ただし，水1mLの重さを1gとします。

（ア）5gの食塩を5％の食塩水95gに加えてとかす。

（イ）5gの食塩を50mLの水にとかす。

（ウ）5gの食塩を45mLの水にとかす。

（エ）5gの食塩を水にとかし，水よう液の体積を55mLにする。

（オ）5gの食塩を20mLの水にとかし，水を加えて水よう液の重さを50gにする。

ものを水にとかせるだけとかした水よう液をほう和水よう液といいます。次の表1は，食塩またはホウ酸をそれぞれ100gの水にとかしてほう和水よう液になったときの，水よう液の温度ととかしたものの重さとの関係を示したものです。

表1

温度（℃）	20	40	60	80
食塩（g）	36.1	36.6	37.3	38.4
ホウ酸（g）	5.0	8.7	14.8	23.8

（3）水500gに食塩をとかして40℃のほう和水よう液をつくりました。水よう液中にとけている食塩は何gですか。

（4）60℃での食塩のほう和水よう液の濃さは何％ですか。

（5）20℃のホウ酸のほう和水よう液100gにホウ酸3gを加え，混ぜながら加熱して温度を80℃まで上げました。温度とホウ酸水よう液の濃さとの関係について正しいものはどれですか。グラフの形として最も近いものを次から選びなさい。ただし，蒸発する水の量は考えなくてよいものとし，グラフの縦じくの値はそれぞれ同じとは限らないものとします。

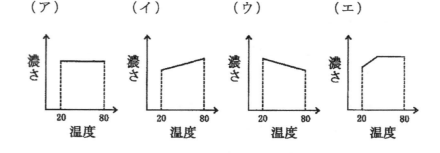

水よう液の温度を下げると，水よう液の濃さによってはとけているものが固体として出てきます。ろ過をすると固体として出てきたものを取り出せます。

（6）次の（ア）〜（オ）の実験器具のうち，ろ過をする時に必要なものをすべて選びなさい。

（ア）ガスバーナー　　（イ）ガラス棒　　　　（ウ）金あみ

（エ）ろうと　　　　　（オ）ろ紙

2017(H29) 広島学院中

教英出版

－8－

－9－

34-(14)
【理8-(8)】

平成２９年度

広島学院中学校入学試験問題

社　会

【４０分】

◎試験開始まで，問題用紙にも解答用紙にも手をふれてはいけません。

次の注意を読みなさい。

注　意

1．問題用紙

この問題用紙は，２ページから 27 ページまでで，問題は４問あります。

2．解答用紙

解答用紙は別の用紙１枚です。

3．記入・質問などの注意

（１）答えはすべて解答用紙のわくの中に，ていねいな字で記入しなさい。

（２）印刷が悪くて字のはっきりしないところなどがあれば，手をあげて監督^{かんとく}

の先生に知らせなさい。

[1] 次の文章を読んで，後の問いに答えなさい。

日本各地には妖怪の伝説が残されています。妖怪の伝説は，日本の歴史や日本人の心に深く関係しています。

『日本書紀』に見られる日本神話に，「ヤマタノオロチ」の伝説があります。8つもの頭を持ち，山にまたがる大蛇である「ヤマタノオロチ」は，①山の木を伐採したことによって起きた洪水を表現していると言われます。

『日本書紀』には，他にも，②弥生時代の人物とされている景行天皇が九州に遠征した際，海上で「不知火」を見たことが記されています。また，③推古天皇の時代には「人魚」が捕獲されたと伝えられています。

「鬼」は古くから各地に伝えられる妖怪で，『出雲国風土記』には「鬼」が人を食う話が記録されています。平安時代には，京都の④大江山に「酒呑童子」と呼ばれる「鬼」の首領が住み，都の人々を襲ったとされます。

動物の妖怪も様々なものが伝えられており，⑤『平家物語』には二条天皇を苦しめた「鵺」と呼ばれる怪物の伝説が残されています。また，⑥鎌倉時代に書かれた『徒然草』には「猫又」と呼ばれる妖怪が人を食う話が残されています。

⑦室町時代には古い道具が捨てられた後に妖怪となる「付喪神」の伝説が生まれました。⑧江戸時代には，「付喪神」から「カラ傘お化け」や「提灯お化け」などの妖怪が生まれ，これらが『百鬼夜行図』などの絵巻物に描かれたために，多くの妖怪が人々に知られるようになりました。

明治時代に島根県松江市に住んだ，ギリシア生まれの（　⑨　）は，日本各地の伝説をまとめて『怪談』を著し，日本の妖怪を海外にも紹介しました。

昭和に入り，⑩鳥取県境港市出身の漫画家水木しげるは，漫画「ゲゲゲの鬼太郎」の中でさまざまな妖怪を登場させ，妖怪は子供から大人まで多くの人々が知るものとなりました。

かつて恐れられていた妖怪は，現在では，マスコットキャラクターなど，愛される存在となっています。これからも，時代に応じて役割を変えながら，妖怪は生き続けるのではないでしょうか。

問9　下線部⑨について，この埋葬が行われた時代の名称は，何に由来してつけられましたか。答えなさい。

問10　下線部⑩と同じ年の出来事として正しいものを1つ選び，記号で答えなさい。

あ　沖縄が日本に復帰した。
い　東京オリンピックが開かれた。
う　日本の国際連合への加盟が認められた。
え　国民総生産がアメリカについで世界第2位になった。

問11　下線部⑪の3つの原則に関して述べた次の文A〜Cについて，その正誤の組み合わせとして正しいものを，あ〜くから選び，記号で答えなさい。

A　国民一人ひとりは「個人」として大切にされる。
B　国民一人ひとりが投票によって意見を伝えることができる。
C　武力を持たず，話し合いによって平和な世界をつくる。

あ　A＝正　B＝正　C＝正　　　い　A＝正　B＝正　C＝誤
う　A＝正　B＝誤　C＝正　　　え　A＝正　B＝誤　C＝誤
お　A＝誤　B＝正　C＝正　　　か　A＝誤　B＝正　C＝誤
き　A＝誤　B＝誤　C＝正　　　く　A＝誤　B＝誤　C＝誤

（問題は以上です）

問6　下線部⑥について，リオデジャネイロオリンピック開会式は，現地時間の８月５日の20時から行われました。次の文は，式を演出したフェルナンド＝メイレレス氏のインタビューの一部です。この中で語られている「人類最大の悲劇」とは何ですか。答えなさい。

「（開会式の）開始15分後，平和のメッセージを組み込み，人類最大の悲劇に触れたかった」(NHKインタビューより引用)

問7　下線部⑦に関連して，天皇が幼かったり，病気で仕事ができなかったりする場合，他の者がある役職につき，代理でその仕事を行うことがありました。この役職を務めたことがある歴史上の人物を，一人答えなさい。

問8　（　⑧　）には，インドのコルカタ（カルカッタ）で貧しい人たちを救済する活動に尽くした人物の名前が入ります。それは誰ですか。答えなさい。

問1　下線部①について，中国地方の山間部では，次の図に見られるような作業に使う燃料として，山の木が伐採されていました。この作業は，何を作るために行われていたのですか。答えなさい。

図

著作権に関係する弊社の都合により省略いたします。

教英出版編集部

図にはたたらとふみふいごの絵が描かれていました。

(映画：『もののけ姫』より／室町時代に行われていた作業の想像図)

問2　下線部②について，この時代には，各地で文化の違いがあり，祭りのための青銅器（銅矛や銅鐸）や土器（特殊器台）が作られ，墳丘墓が祭りの場となりました。次の図から，弥生時代の西日本について，どのようなことを読み取ることができますか。解答欄にしたがって説明しなさい。

青銅器や土器，墳丘墓の分布図

（鳥取県ウェブページより作成）

問3　下線部③について，この時代には，小野妹子が遣隋使として遣わされました。小野妹子が隋の皇帝に渡した国書は次のような文で書き始められています。このような文が国書に書かれたのはなぜですか。考えられる目的を答えなさい。

「日がのぼる国の天子が，国書を日がしずむ国の天子に届けます…」

問5　下線部⑤について，次のグラフA・Bは，国政選挙の投票率の移り変わりを示したものです。このグラフに関連して述べた文として，適当なものをあ～おからすべて選び，記号で答えなさい。

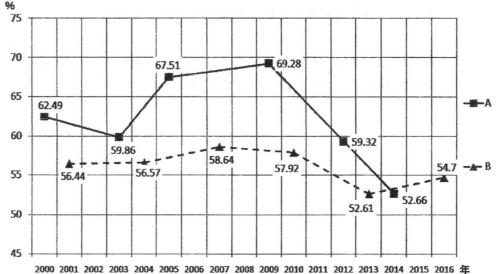

注1　■や▲は衆議院議員選挙もしくは参議院議員選挙が行われた年の投票率を示しています。

注2　衆議院議員選挙は小選挙区選挙の投票率，参議院議員選挙は選挙区選挙の投票率を示しています。

（総務省ウェブページより作成）

あ　2016年に衆議院議員選挙が行われた。

い　2009年以降，衆議院議員選挙の投票率は下がり続けている。

う　参議院は，定期的に，定数の半分の議員が改選されている。

え　日本でサミット（主要国首脳会議）が行われた年に，国政選挙は行われていない。

お　2000年以降と同様に，これからも衆議院議員と参議院議員の選挙が同じ年に行われる可能性はない。

問4　下線部④について，EU離脱が全体として多数となった理由を，次の表の44歳以下の人々の数値に注目して，説明しなさい。

表　イギリスの国民投票の結果

年齢層	有権者全体に対する割合（2015年）	投票率	投票した人のうち	
			離脱	残留
18-24歳	12%	36%	27%	73%
25-34歳	17%	58%	38%	62%
35-44歳	16%	72%	48%	52%
45-54歳	18%	75%	56%	44%
55-64歳	14%	81%	57%	43%
65歳～	22%	83%	60%	40%

（イギリス政府ウェブページ，BBCウェブページなどを参考に作成）

問4　下線部④について，（1）・（2）に答えなさい。

（1）都の人々に恐れられたこの「鬼」は，都の人々の不安によって生み出されたとされています。この時代の人々が信じた，仏教がすたれ現世（生きている今の世）が終わってしまうとする考え方を何といいますか。答えなさい。

（2）都の人々は現世への不安から，極楽浄土へのあこがれを強めました。平等院鳳凰堂はこの時代に建てられたものです。平等院鳳凰堂にまつられている本尊（中心となる仏）と同じ仏をまつっている寺院を次から1つ選び，記号で答えなさい。

あ　中尊寺　　　　い　法隆寺　　　う　唐招提寺
え　慈照寺（銀閣）　お　東大寺

問5　下線部⑤について，この物語には平氏の繁栄から滅亡までが描かれています。平氏が源氏に敗北し，滅亡することとなった戦いを答えなさい。

問6　下線部⑥について，この時代に武士が大切にしていた，「領地を守り，戦いの場で手がらを立てて，恩賞を得るために命がけで働くこと」を表す言葉を答えなさい。

問7　下線部⑦について，この時代にまとめられた本で，「一寸法師」などの昔話が集められているものを何といいますか。答えなさい。

問8　下線部⑧について，この時代に関する説明として，正しいものを次から**すべて**選び，記号で答えなさい。

あ　大名のうち，徳川家の親戚の大名は譜代と呼ばれた。
い　杉田玄白や前野良沢らが英語の医学書を翻訳した。
う　大阪は「天下の台所」，江戸は「将軍のおひざもと」と呼ばれた。
え　幕府が朝廷と西国の大名を監視するために六波羅探題を設置した。
お　天保のききんの時，大塩平八郎は，役人を批判し京都で反乱を起こした。
か　農民は，名主（庄屋）とよばれる有力者を中心に，自分たちで村を運営していた。

問9　（　⑨　）にあてはまる人物を答えなさい。

問3　下線部③について，次の表のA～Eにあてはまる農畜産物を，あ～おから選び，それぞれ記号で答えなさい。

平成25年主要農畜産物における上位5都道府県の産出額と構成比

都道府県	A	
	産出額	構成比
	億円	％
1　北海道	3,224	47.1
2　栃　木	307	4.5
3　熊　本	243	3.6
4　群　馬	237	3.5
5　千　葉	236	3.4

都道府県	B	
	産出額	構成比
	億円	％
1　鹿児島	880	15.8
2　北海道	814	14.6
3　宮　崎	527	9.4
4　熊　本	326	5.8
5　宮　城	202	3.6

都道府県	C	
	産出額	構成比
	億円	％
1　熊　本	410	17.6
2　北海道	207	8.9
3　愛　知	157	6.8
4　千　葉	150	6.5
5　茨　城	139	6.0

都道府県	D	
	産出額	構成比
	億円	％
1　栃　木	250	15.6
2　福　岡	204	12.7
3　静　岡	108	6.7
4　熊　本	106	6.6
5　長　崎	95	5.9

都道府県	E	
	産出額	構成比
	億円	％
1　和歌山	248	16.0
2　愛　媛	237	15.3
3　静　岡	236	15.3
4　熊　本	160	10.3
5　佐　賀	110	7.1

（平成26年12月公表農林水産統計より作成）

あ　肉用牛　　　い　みかん　　　う　トマト
え　生乳　　　　お　いちご

問1　下線部①について，2017年1月22日現在，女性が国家の政治指導者（大統領，内閣総理大臣）を務める国を次から**すべて**選び，記号で答えなさい。

あ イギリス　　　**い** ドイツ　　　**う** アメリカ
え 中国　　　　　**お** ロシア

問2　下線部②が結ばれると，外国から安い農作物が日本に輸入されるようになり，日本の農業に影響を与えると言われています。かつて，日本で，外国から安い製品が多く輸入されるようになり，国内の産業に大きな打撃を与えたことがありました。それは，いつ，何が行われた後に起こりましたか。解答欄にしたがって答えなさい。

問10　下線部⑩について，戦争で左腕を失った水木しげるは，「妖怪が注目される時代は平和である」として，平和の大切さを訴えました。明治時代以降，日本が行った戦争の説明として，**誤っているもの**を次から**すべて**選び，記号で答えなさい。

あ　日清戦争に勝利した日本は，賠償金を得るとともに，朝鮮半島を日本の植民地とした。

い　日露戦争中に樋口一葉は「君死にたまうことなかれ」という詩をよんだ。

う　日露戦争後，日本は樺太（サハリン）の南部を領土とし，満州の鉄道を得た。

え　第一次世界大戦が起こると，日本もこの戦争に加わり，中国などに勢力を伸ばそうとした。

お　満州事変の時，日本は「満州国」をつくったが，国際連盟がこれを認めなかったため，国際連盟を脱退した。

か　日中戦争が長引くと，米や野菜，衣類なども国が管理する配給制となった。

[2] 次の地図を見て，後の問いに答えなさい。

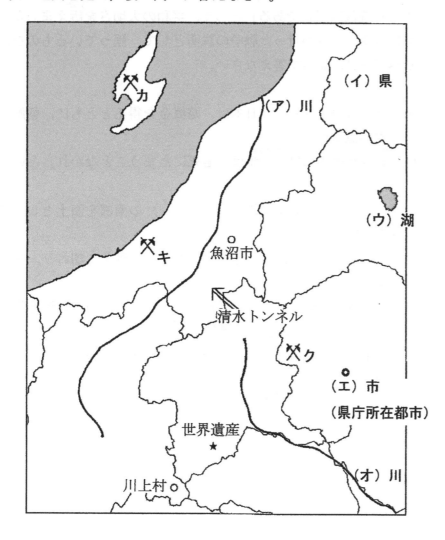

問1　地図の（ア）～（オ）にあてはまる地名を答えなさい。

[4]　次の表は，2016年に起きた出来事の一部を月別に示したものです。これを見て，後の問いに答えなさい。

月	日	出　来　事
1月	16日	台湾で総統選挙が行われ，①女性初の総統が誕生する。
	23日	2015年の難民申請数が発表される。
2月	4日	②TPP（環太平洋パートナーシップ協定）署名式が行われる。
3月	26日	北海道新幹線が開業する。
	29日	集団的自衛権の行使を含む安保法制が施行される。
4月	16日	③熊本地震（本震）が発生する。
5月	9日	フィリピン大統領選挙の投開票が行われる。
6月	23日	④イギリスが国民投票を実施し，EU（欧州連合）離脱を決定する。
7月	10日	日本で⑤国政選挙の投開票が行われる。
8月	5日	⑥リオデジャネイロオリンピックが開幕する。
	8日	⑦天皇陛下が退位に対するお気持ちを表明される。
9月	4日	（　⑧　）がカトリックの「聖人」に認定される。
	15日	⑨8300年前に埋葬された人骨が発見される。
10月	19日	⑩日ソ国交回復から60年を迎える。
11月	3日	⑪日本国憲法の公布から70年を迎える。
	8日	アメリカ大統領選挙の投開票が行われる。
12月	15日	山口県で日ロ首脳会談が開かれる。

問5　下線部⑤について，市町村の財源不足を補うために始まった制度で，自分が選んだ自治体にお金を寄付した場合に，税金が減らされたり，返礼品がもらえる制度を何といいますか。答えなさい。

問6　下線部⑥について，2016年９月，平和記念資料館の入口にある地球平和監視時計が「247」日から「０」日にリセットされました。この時計には，いつからの日数が表されているのですか。答えなさい。

問7　下線部⑦について，2009年，オバマ前大統領はチェコ共和国の首都プラハで演説を行いました。次の一文は，この時にオバマ大統領が用いた文章をまとめたものです。文中の（　　）にあてはまる言葉を答えなさい。

「（　　　　）世界へむけて，平和と安全を追求しよう。」

問2　次のA～Cの文は，地図のカ～クの地点に見られる地下資源について述べたものです。A～Cとカ～クの正しい組合わせを，あ～かから選び，記号で答えなさい。

A：江戸幕府が直轄地として経営し，大量の金や銀を産出した鉱山です。当時としては世界最大級の金山でしたが，現在採掘は行われていません。

B：明治政府の富国強兵策を背景に，当時は国内の銅の40％を産出していました。しかし，発生した廃棄物が周辺の環境汚染を引き起こし，後に閉山しました。

C：現代生活に欠かせない重要な地下資源を採取しています。国内で自給できるのはわずか0.4％ですが，この付近が国内最大の産出地域となっています。

	カ	キ	ク
あ	A	B	C
い	A	C	B
う	B	A	C
え	B	C	A
お	C	A	B
か	C	B	A

問3　地図の「魚沼市」について，この地域は「コシヒカリ」の生産地として知られています。米の生産に関して，（1）・（2）に答えなさい。

（1）次の図D〜Fは，耕地の中で田の占める面積が4分の3以上の都道府県，果物の生産額が上位の都道府県，野菜の生産額が上位の都道府県，のいずれかを示したものです。D〜Fの組み合わせとして正しいものを，あ〜かから選び，記号で答えなさい。

D

E

F

	田の面積が3/4以上	果物の生産額が上位	野菜の生産額が上位
あ	D	E	F
い	D	F	E
う	E	D	F
え	E	F	D
お	F	D	E
か	F	E	D

（作物統計，生産農業所得統計，果樹生産出荷統計から作成）

問2　下線部②について，この法律は地方特別法として成立しました。次の図は，地方特別法の成立過程を示しています。これと一般の法律の成立過程と違う点はどこですか。あ〜えから1つ選び，記号で答えなさい。

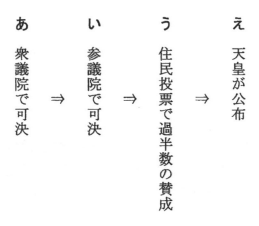

あ　衆議院で可決　⇒　い　参議院で可決　⇒　う　住民投票で過半数の賛成　⇒　え　天皇が公布

問3　下線部③について，お好み焼きのソースの原料にも使われる，デーツ（ナツメヤシの実）の主な生産地として適当な国を次から1つ選び，記号で答えなさい。

あ　インド　　　　　　い　ブラジル
う　オーストラリア　　え　サウジアラビア

問4　下線部④について，太田川水系の洪水を防ぐために，2001年に安芸太田町に建設されたダムの名前を答えなさい。

（3）広島における原爆の投下は非人道的であるといわれます。それはなぜですか。次の地図から考えられる理由を説明しなさい。

原爆投下直前の広島市の街並み復元図

※　地図中の★は、現在の原爆慰霊関連碑の位置を表しています。

(中国新聞ヒロシマ平和メディアセンター資料より作成)

（2）日本は魚沼産コシヒカリなどの米を外国へ輸出しています。次の表は、日本から輸出される米の量を、輸出先の国（地域を含む）別に表したものです。この表から読み取れることがらとその背景について述べた文あ～かのうち、適当なものを2つ選び、記号で答えなさい。

表　日本の米の輸出量（単位：トン）

	2010年	2011年	2012年	2013年	2014年	2015年
ホンコン	654	779	916	1207	1744	2519
シンガポール	334	598	668	961	1295	1850
台湾	271	183	154	168	407	753
中国	96	0	34	46	157	568
アメリカ	39	46	29	91	81	322
オーストラリア	125	157	130	189	185	273
タイ	13	13	19	21	43	208
イギリス	36	57	48	58	112	189
ベトナム	5	1	3	16	4	142
モンゴル	3	4	7	73	51	134
マレーシア	15	22	10	6	49	124
輸出合計	1898	2129	2202	3121	4516	7640

(農林水産省　ウェブページより作成)

あ　日本が米を多く輸出している国は、食料不足に悩まされている開発途上国が多い。

い　日本が米を輸出している国の中には、米以外を主食とする国も含まれている。

う　日本が米を輸出している国のほとんどが、国内で米作りができない地域である。

え　日本から輸出された米は、その国では安い値段で売られているので人気がある。

お　日本の米の輸出量は増加しているため、日本では米の輸入はいっさい行っていない。

か　日本の米の輸出量は徐々に増えているが、国内での米の生産量は減少の傾向にある。

問4　地図の「川上村」について，この地域はレタスの産地として知られ
　　　ています。次のグラフX，Yは，東京市場で取引されるレタス，また
　　　は菊のいずれかの出荷量を月別に表したものです。またあ～えには，
　　　長野県，長野県以外，沖縄県，沖縄県以外，のいずれかがあてはまり
　　　ます。次ページの（1）～（3）に答えなさい。

グラフX

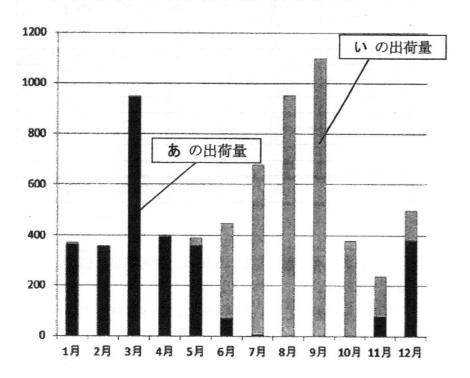

（2）アメリカ国内には，原爆投下を正当化する主張があります。原爆投
　　　下が必要だったといわれるのはなぜですか。次の年表から考えられる
　　　理由を2点，説明しなさい。

時期	主な出来事 【　】内は戦闘におけるアメリカ軍の死者・行方不明者数
1942年6月	アメリカ軍がミッドウェー海戦で日本軍を敗北させる。 【約300人】
1943年2月	アメリカ軍がガダルカナル島（ソロモン諸島）から日本軍を撤退させる。　【約6,800人】
1944年7月	アメリカ軍がサイパン島（マリアナ諸島）で日本軍を全滅させる。　【約3,400人】
10月	アメリカ軍がレイテ島（フィリピン）に上陸し，以降，フィリピン全土で日本軍と戦う。　【約23,300人】
1945年2月	ヤルタ会談にて，戦後の世界をめぐるアメリカとソ連の対立が深まる。
3月	アメリカ軍が硫黄島（小笠原諸島）の日本軍を全滅させる。　【約6,800人】
5月	ソ連軍がベルリンを攻め落とす。ドイツが降伏する。
6月	アメリカ軍が沖縄戦で勝利する。　【約14,000人】
7月	連合国がポツダム宣言で日本に無条件降伏を要求するが，日本はこれを受けいれず。
8月	ソ連が対日参戦し，満州・千島・樺太に攻めこむ。

（福田茂夫『第2次大戦の米軍事戦略』中央公論社，1979年　などより作成）

問1　下線部①について，（１）〜（３）に答えなさい。

（１）被爆後の広島では，校舎がないところで学校教育がおこなわれました。下の写真のような授業のようすを何と呼んでいましたか。**漢字で**答えなさい。

（広島平和記念資料館ウェブページより引用）

グラフY

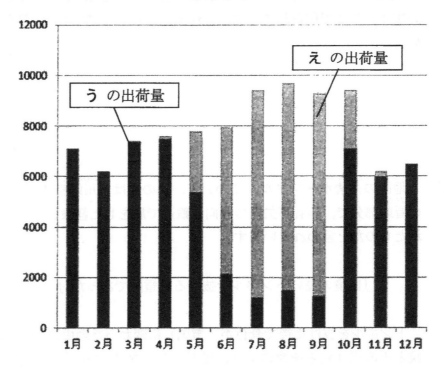

（東京都中央卸売市場統計より作成，単位はトン，または万本）

（１）レタスの栽培と菊の栽培について説明した次の文章の（　①　）・（　②　）にあてはまる語句を答えなさい。

　長野県では，気候を生かして出荷時期をずらす（　①　）栽培でレタスを作っています。また，沖縄県でも同様にして作られた（　②　）菊を出荷しています。

（２）長野県にあてはまるものを**あ〜え**から選び，記号で答えなさい。

（３）沖縄県にあてはまるものを**あ〜え**から選び，記号で答えなさい。

問5　地図の★について，ここにある世界遺産は観光名所として知られています。ここで作られて，輸出されていたものは何ですか。答えなさい。

問6　地図の「清水トンネル」について，次の文は，川端康成『雪国』の冒頭部分で，作者が矢印の方向に鉄道で旅をした経験をもとに書かれたものだと言われています。

「国境の長いトンネルを抜けると雪国であった。」

トンネルを抜けた後で景色が「雪国」に変わった理由について，気候とその成り立ちを次のように説明したとき，[　①　]・[　②　]にあてはまる文，または語句を答えなさい。

トンネルを抜けた後の地域では，[　①　]ため，たくさんの雪が降ります。一方，トンネルを抜ける前の地域では，晴天の日が続き，[　②　]が吹きます。

[3]　次の表は，1945年以降の広島市の主な出来事を示しています。これを見て，後の問いに答えなさい。

年	広島市の主な出来事
1945	①原子爆弾が投下される。
1949	②広島平和記念都市建設法が成立する。
1950	広島カープがつくられる。
1955	第1回原水爆禁止世界大会が開かれる。
1965	③お好み村がつくられる。
1967	④太田川放水路がつくられる。
1975	カープがセ・リーグで初優勝する。
1979	カープが初の日本一になる。
1980	広島市が政令指定都市となる。
1985	広島市の人口が100万人をこえる。
1996	原爆ドーム，厳島神社が世界遺産となる。
2001	芸予地震がおこる。
2006	⑤市町村合併で広島県が14市9町となる。 ⑥平和記念資料館が国の重要文化財に指定される。
2009	新しい市民球場が完成する。
2012	サンフレッチェ広島がJ1で年間優勝する。
2014	広島市北部で土砂災害が発生する。
2016	アメリカの⑦オバマ大統領が広島を訪問する。 25年ぶりにカープがセ・リーグで優勝する。

平 成 29 年 度 　 算 数 Ⅱ 　 解 答 用 紙

[1]

(1)（計算）	(2)（計算）	(3)（計算）
答 　 L	答 　 L	答 　 分 　 秒

[2]

(1)（計算）	(2)（計算）	(3)（計算）
答 　 倍	答 　 ：	答 　 円

[3]

(1)（あ）（計算）	(1)（い）（計算）	(2)（計算）
答 　 毎分 　 人	答 　 分	答 　 人

[4]

(1)（答えだけ記入）　答 　 個

(2)（計算）

答 　 個

(3)（計算）

答 　 個

[5]

(1)（計算）

答 　 ：

(2)（計算）

答 　 ：

(3)（計算）

答 　 ：

得点欄（ここには何も記入しないこと）

1	
2	
3	
4	
5	
合計	Ⅰ＋Ⅱ ※120点満点（配点非公表）

受 験 番 号

平成29年度　理　科　解　答　用　紙

（右はしの※のわくには何も記入しないこと）

[1]

(1)	(2)	(3)	(4)

(5)

(6)	(7)	(8)	(9)
毎秒　　　km	1時　　分　　秒	km	

(10)
秒後

（※のわく）

[2]

(1)	(2)	
	②	③

(3)				(4)		
①	②	③	④	①	②	③

(5)

[3]

(1)	(2)	(3)	(4)	(5)
		g	%	

(6)	(7)	(8)	(9)
	g		g

[4]

(1)			(2)			(3)
①	②	③	①	②	③	℃

(4)	(5)		(6)	(7)
℃	①	②	℃	℃

(8)		(9)	(10)
①	②	℃	℃

(11)			(12)
①	②	③	℃

(13)

受験番号

※80点満点
（配点非公表）

2017(H29) 広島学院中

教英出版

34-(31)
【解答用紙3-(2)】

平成２９年度　　社会　　解答用紙

[1]

問1 ［　　　　　　　　　］　問2 ［各地に　　　　　　　　　　　　　　　　　　　］

問3 ［　　　　　　　　　　　　　　　　　　　　　　　　　］　問4 （1）［　　　　　　　　　　　］（2）［　　　］

問5 ［　　　　　　　　の戦い］問6 ［　　　　　　　　　］問7 ［　　　　　　　　　］

問8 ［　　　　　　　　　］　問9 ［　　　　　　　　　　　　　　　　　　　］問10 ［　　　　　　　　　　］

[2]

問1 （ア）［　　　　　　　　川］（イ）［　　　　　　　県］（ウ）［　　　　　　　　湖］

（エ）［　　　　　　　市］（オ）［　　　　　　川］問2 ［　　］問3 （1）［　　］

（2）［　　｜　　］問4 （1）① ［　　　　　　　　　　　］② ［　　　　　　　　　　　］（2）［　　］（3）［　　］

問5 ［　　　　　　　　　　　　　　　］

問6 ① ［　　　　　　　　　　　　　　　　　　　　　　　　］

② ［　　　　　　　　　　　　　　　］

[3]

問1 （1）［　　　　　　　　　　　　　　　］

（2）［　　　　　　　　　　　　　　　　　　　　　　　　　　　　　　　　　　　　］

　　 ［　　　　　　　　　　　　　　　　　　　　　　　　　　　　　　　　　　　　］

（3）［　　　　　　　　　　　　　　　　　　　　　　　　　　　　　　　　　　　　］

問2 ［　　］問3 ［　　］問4 ［　　　　　　　　　　　　　　　　　　　　　］問5 ［　　　　　　　　　　　　　　　］

問6 ［　　　　　　　　　からの日数］問7 ［　　　　　　　　　　　　］

[4]

問1 ［　　　　　　　　　　　　］問2 ［　　　　　　時代に　　　　　　　　　　　　　　　　　　　　　後に起こった。］

問3 A ［　　　　　　　］B ［　　　　　　　］C ［　　　　　　］D ［　　　　　　　］E ［　　　　　　　］

44歳以下の人々は

問4 ［　　］

問5 ［　　　　　　　　　　　　］問6 ［　　　　　　　　　　　　　　　　　　　　　　　］

問7 ［　　　　　　　　　　　　］問8 ［　　　　　　　　　　　　　　　　　］

問9 ［　　　　　　　　　　　　　　　　　　　　　］問10 ［　　　　］問11 ［　　　　］

受験番号 ［　　｜　　｜　　｜　　］

34-(33)
【解答用紙3-(3)】

2017(H29) 広島学院中
K教英出版

平 成 ３ ０ 年 度

広 島 学 院 中 学 校 入 学 試 験 問 題

算 数 Ⅰ

【 ２ ０ 分 】

34-(1)
【算①2-(1)】

◎試験開始まで，問題用紙に手をふれてはいけません。

次の注意を読みなさい。

注　　意

1．問題用紙

　問題用紙は別の用紙１枚で，問題は９問あります。解答は直接書きこむようになっています。

2．記入・質問などの注意

　（1）答えはすべて問題用紙の □ の中に，ていねいな字で記入しなさい。ただし，割り

　　　切れない数のときは，できるだけ簡単な分数で答えなさい。

　（2）問題用紙のあいたところや，この用紙の裏を計算のために使ってもかまいません。

　（3）印刷が悪くて字のはっきりしないところなどがあれば，手をあげて監督の先生に

　　　知らせなさい。

次の各問いの □ にあてはまる数を記入しなさい。

※Ⅰ・Ⅱ合計120点満点
（配点非公表）

[1] $\left(1\frac{2}{3} - \frac{4}{5}\right) \div 3.25 - 0.25 =$ □

[2] 100mを9.6秒で走る速さは時速 □ km です。

[3] 今，お父さんは49歳で，3人の子どもは10歳，8歳，5歳です。3人の子どもの年令の和がお父さんの年令と等しくなるのは，今から □ 年後です。

[4] 灯油30Lの重さは25kgです。この灯油18Lの値段は1380円です。この灯油1kgの値段は □ 円です。

[5] 図の四角形ABCDは正方形で，ABとAEの長さは等しくなっています。（あ）の角度は □ °です。

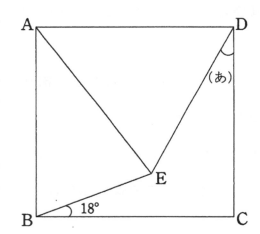

[6] 縦27cm，横18cm，高さ12cmの直方体を同じ向きにすき間なく並べて立方体を作ります。もっとも少ない個数で作るとき，直方体は □ 個使います。

[7] ある正方形の紙を2回折ると図のようになりました。斜線部分の面積は，もとの正方形の面積の □ 倍です。

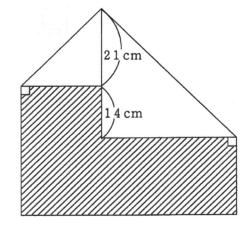

21cm

14cm

[8] ある学校の昨年の生徒数は865人でした。今年は昨年に比べると，男子は5％，女子は8％増えたので，今年の生徒数は921人です。今年の女子の生徒数は □ 人です。

[9] 8，10，9，5，16のように，左端の数が中央の3つの数の平均に，左から2番目の数が右の3つの数の平均になるような5つの数の列を考えます。左端の数が35，右端の数が51のとき，左から2番目の数は □ です。

得 点　□

受験番号 □ : : 　合 計 □

2018(H30) 広島学院中

Ｋ 教英出版

【算①2-(2)】

平成３０年度

広島学院中学校入学試験問題

算　数　Ⅱ

【４０分】

◎試験開始まで，問題用紙にも解答用紙にも手をふれてはいけません。

次の注意を読みなさい。

注　意

1. 問題用紙

   この問題用紙は２ページから６ページまでで，問題は５問あります。

2. 解答用紙

   解答用紙は別の用紙１枚です。

3. 記入・質問などの注意

   （１）　答えはすべて解答用紙のわくの中に，ていねいな字で記入しなさい。

   　　　ただし，割り切れない数のときは，できるだけ簡単な分数で答えなさい。

   　　　また，（計算）と書いてあるところはその答えだけでなく，途中の式・計算

   　　　も書きなさい。

   （２）　問題用紙のあいたところは，解答の下書きに使ってもかまいません。

   （３）　印刷が悪くて字のはっきりしないところなどがあれば，手をあげて監督

   　　　の先生に知らせなさい。

［1］縦15cm，横16cm，高さ50cmの直方体の容器に4560cm³の

　水が入っています。次の問いに答えなさい。

（1）底から水面までの高さは何cmですか。

（2）この容器の中に高さ3cmの円柱の形をしたおもりを，底面が重

　　なるように積み上げていきます。おもりを1個入れると，水面は

　　1.2cm高くなります。

　　（あ）おもりの底面積は何cm²ですか。

　　（い）おもりが水面より上に出るのは何個目からですか。

［5］池の周りを，A君，B君，C君の3人が同じ地点から同時に出発し，それぞれ一定の速さで右回りに歩きます。3人は，それぞれ1周するごとに1点もらえます。A君の得点が5点になると同時にB君の得点は4点になり，その60秒後にC君の得点も4点になりました。A君とC君が1周するのにかかる時間の差は25秒です。次の問いに答えなさい。

（1）C君の得点が1点になるのは出発してから何分何秒後ですか。

（2）3人がはじめて同時に点をもらえるのは，出発してから何分何秒後ですか。

（3）3人の得点の合計が150点になったとき，3人の得点はそれぞれ何点ですか。

［2］工場である一定量の製品を作ります。機械Aだけで作ると45日かかり，機械Bだけで作ると81日かかります。機械A，Bで同時に作ると，機械Aは1日あたりの生産量が$\frac{3}{4}$倍，機械Bは1日あたりの生産量が1.35倍になります。次の問いに答えなさい。

（1）機械Aだけで作るときと機械Bだけで作るときの1日あたりの生産量の比を，もっとも簡単な整数の比で表しなさい。

（2）機械A，Bで同時に作ると，何日かかりますか。

（3）はじめは機械A，Bで同時に作り，途中から機械Aだけで作ると合わせて34日かかりました。機械Aだけで作ったのは何日ですか。

［3］図のような三角形ABCがあります。BDとDCの長さの比は3：8，三角形ABEと三角形EFGの面積はともに165cm²で，三角形CDEと三角形CEFの面積はともに132cm²です。ADの長さは44cmです。次の問いに答えなさい。

（1）三角形BDEの面積は何cm²ですか。

（2）AEとEDの長さの比を，もっとも簡単な整数の比で表しなさい。

（3）AGの長さは何cmですか。

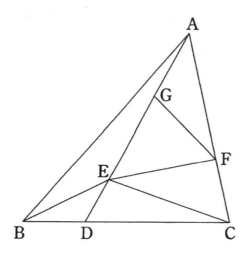

［4］ある店で，りんごと梨を売っています。この店ではりんご1個と梨1個を同時に買うと，1セットとして30円値引きしてもらえます。りんご9個と梨4個を買うと，4セット分値引きされて代金は1290円です。梨1個の値段は150円です。次の問いに答えなさい。

（1）りんご1個の値段は何円ですか。

（2）A君は梨をりんごの2倍の個数だけ買い，4320円払いました。A君は梨を何個買いましたか。

（3）B君とC君はどちらも梨を14個買い，B君はりんごをC君より7個多く買ったので，B君はC君より510円多く払いました。C君は何円払いましたか。

2018(H30) 広島学院中
K 教英出版
－4－
－5－
34-(6)
【算②4-(4)】

平 成 3 0 年 度

広 島 学 院 中 学 校 入 学 試 験 問 題

理　　科

【 4 0 分 】

◎試験開始まで，問題用紙にも解答用紙にも手をふれてはいけません。
　次の注意を読みなさい。

注　　意

1．問題用紙
　　　この問題用紙は2ページから15ページまでで，問題は4問あります。
2．解答用紙
　　　解答用紙は別の用紙1枚です。
3．記入・質問などの注意
　（1）答えはすべて解答用紙のわくの中に，ていねいに記入しなさい。
　（2）印刷が悪くて字のはっきりしないところなどがあれば，手をあげて監督の
　　　　先生に知らせなさい。

[1] 次のⅠ，Ⅱについて，後の問いに答えなさい。

Ⅰ 地層のつくりについて，後の問いに答えなさい。

（1）地層はいろいろな大きさのつぶが厚く重なってできており，つぶはその大きさによって砂・どろ・れきに分けられます。これらのうち，最も小さいつぶはどれですか。また，そのつぶの大きさや手ざわりが最も近いものはどれですか。

　　（ア）グラニュー糖　　　（イ）ごま

　　（ウ）かたくり粉　　　　（エ）食塩

（2）地層が積もった当時の環境は，その地層のようすを調べることでわかることがあります。次の①，②のそれぞれの環境で積もった地層の特ちょうとして適当なものを下から1つずつ選びなさい。

　①　河口とその周辺の海の底

　②　陸地からはなれた浅い海の底

　　（ア）おもに角ばった石でできている。

　　（イ）砂，どろ，れきがくり返し重なってできており，カキなどの化石をふくむことがある。

　　（ウ）おもにシカやマンモスなど動物の化石でできている。

　　（エ）おもにどろや砂でできており，アサリなどの化石をふくむことがある。

（3）地層はその多くが水中で積もりますが，一部の地層は陸上でも積もることがあります。それは何が積もってできた地層ですか。1つ答えなさい。

（4）地層を下から見上げて観察するとき，草木がしげって見えにくい地層よりも，草木が生えておらずはっきり見える地層のほうが危険だと言われます。どのような危険が予測されますか。

Ⅱ 図1は，ある地域を上から見た地図で，P，B，Cは南北に，Q，A，Bは東西に一直線に並んでいます。また，数字はその地点の海面からの高さを表しており，地図上で最も近い点どうしの距離はど

のとき，ストッパーはスタンドにぶつかっていません。この後，ゆっくりと手を放すと，てこはどのようになりますか。説明しなさい。理由を書く必要はありません。

図14

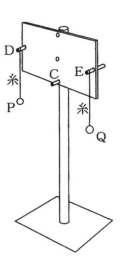

Ⅲ （4）で求めた決まりは，次のように言い換えることができます。

「てこは傾いていても，支点の両側で，

（おもりの重さ）×（支点からおもりの作用線までの距離）

の大きさが等しければ，てこはそのまま静止する。等しくないときは，大きい方がさらに下がる。」

このことを使って後の問いに答えなさい。

（10）図4の板の穴Bを図5のスタンドのフックに通して，てこの支点としました。おもりQをおもりPより重いものにして，図13のようにピンDにおもりP，ピンEにおもりQをそれぞれつり下げ，手で水平にしました。この後，ゆっくりと手を放すとてこはどのようになりますか。説明しなさい。理由を書く必要はありません。

図13

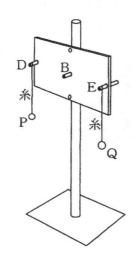

（11）図13のおもりPとQを同じ重さにし，Eの側が下になるように，てこを手で少し傾けました。このとき，ストッパーはスタンドにぶつかっていません。この後，ゆっくりと手を放すと，てこはどのようになりますか。説明しなさい。理由を書く必要はありません。

（12）図4の板の穴Cを図5のスタンドのフックに通して，てこの支点とし，図14のようにしました。おもりPとQを同じ重さにし，Eの側が下になるように，てこを手で少し傾けました。こ

こも同じです。A，B，Cの3地点でボーリング調査を行ったところ，図2のような結果になりました。また，この地域の地層については次の3つのことがわかっています。

・この地域に石炭の地層は1つしかなく，A，B，C，P，Qのどの地点でも，この石炭の地層は同じ時期に積もっている。

・断層はない。

・地層どうしは平行であり，ある方位に向かって一定の傾きで下がっている。

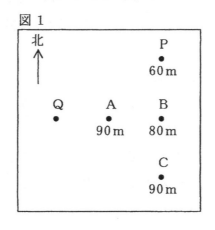
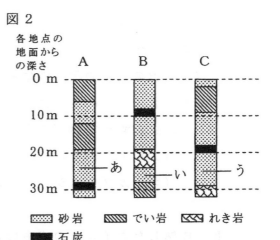

（5）図2のあ，い，うの地層が積もった時期を古い順に並べるとどうなりますか。

（ア）あ→い→う　　　（イ）あ→う→い　　　（ウ）い→あ→う

（エ）い→う→あ　　　（オ）う→あ→い　　　（カ）う→い→あ

（6）この地域の地層はどの方位に向かって下がっていますか。

（ア）東　　　　（イ）西　　　　（ウ）南　　　　（エ）北

（7）図1のP地点の地面で見られるものは次のうちどれですか。

（ア）砂岩　　　（イ）でい岩　　　（ウ）れき岩　　　（エ）石炭

（8）図1のQ地点でボーリング調査を行うと，43mほったところで石炭の地層が現れました。Q地点の高さとして最も近いものはどれですか。

（ア）80m　　　（イ）85m　　　（ウ）90m　　　（エ）95m

（オ）100m　　　（カ）105m　　　（キ）110m　　　（ク）115m

［2］カイコガについて，後の問いに答えなさい。

I　私たち人間は，昔から生き物を利用して繊維をとり，それから着る物を作ってきました。生き物を利用した繊維の例として，植物では（①）の花からとれるコットンや，動物では（②）の毛を利用したウールなどがあります。日本では古くから，（③）をとるためにカイコガを飼ってきました。カイコガの卵がかえって幼虫になると，幼虫は（④）の葉をえさにして成長します。幼虫は何回も皮をぬいで（⑤）を作り，その中で（⑥）になります。しばらくすると（⑤）を破って成虫のカイコガが出てきます。（③）は（⑤）の繊維から作られます。

（1）上の文章の①～⑥にあてはまる語を答えなさい。

（2）カイコガのように，幼虫と成虫の間に（⑥）の時期があるこん虫をすべて選びなさい。

　　（ア）アキアカネ　　　（イ）アブラゼミ　　　（ウ）アゲハ

　　（エ）カブトムシ　　　（オ）トノサマバッタ

II　成熟したカイコガの成虫のオスは，激しくはねをはばたかせながら，歩いてメスにたどり着くことが知られており，この行動は婚礼ダンスと呼ばれています。この行動の仕組みを調べるために，カイコガの成虫のオスとメスを使って次の実験1～実験5を行い，その結果を調べました。なお，実験1で，はねをはばたかせているオスの前方に火のついた線香を近づけると，はばたきで生じた空気の流れによって，線香のけむりがオスのしょっ角のほうに流れていくようすが観察されました。

【実験1】オスの前方10cmにメスを置くと，オスは激しくはばたき，メスにたどり着いた。

【実験2】目をすべて黒くぬりつぶしたオスの前方10cmにメスを置くと，オスは激しくはばたき，メスにたどり着いた。

【実験3】しょっ角を2本とも切り落としたオスの前方10cmにメスを置いても，オスは反応しなかった。

（8）（5）のとき，角度あは何度になりますか。図9の三角形の辺の長さと角度の関係から考えなさい。

図9

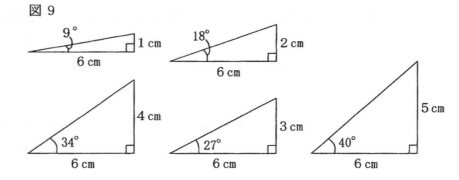

（9）図10のようなハンガーがあります。ハンガーの重さは考えないものとします。この左側に30gのくつ下を，右側に50gのぼうしをつり下げたところ，図11のように角度きだけ傾いて静止しました。角度きは何度になりますか。図12の三角形の辺の長さと角度の関係から考えなさい。

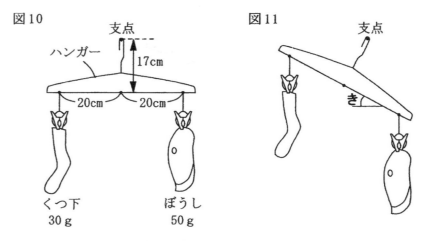

図12

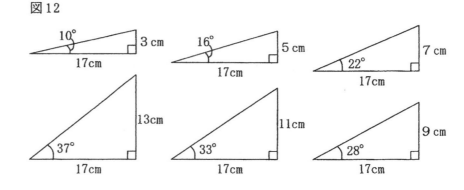

2018(H30) 広島学院中
K教英出版
－4－
34-(10)
【理8-(4)】
－13－

（4）表から考えて，次の文中の　①　，　②　にあてはまる記号を，それぞれPかQで答えなさい。

てこが傾いて静止するとき
「（直線AFの長さ）：（直線AGの長さ）
＝（おもり　①　の重さ）：（おもり　②　の重さ）」
になっている。

図8のように，Aから縦に（糸と平行に）直線を引き，直線DEとの交点をHとします。またHから横に（糸と垂直に）直線を引き，おもりPとQの作用線との交点をそれぞれF'，G'とします。

図8

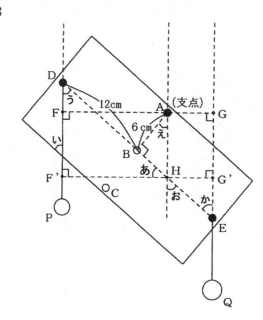

（5）おもりPを80g，おもりQを160gにしました。てこが傾いて静止したとき，（直線F'Hの長さ）：（直線G'Hの長さ）はいくらになりますか。（4）から考えて，最も簡単な整数の比で答えなさい。

（6）三角形HEG'は三角形HDF'の縮図になります。このことから，直線DHの長さは何cmになりますか。

（7）図8の角度あは，てこの傾きの角度を表しています。図8の角度い～かのうち，角度あと同じになるものを1つ答えなさい。

【実験4】目をすべて黒くぬりつぶし，しょっ角を1本切り落としたオスの前方10cmにメスを置くと，オスははねをはばたかせ，残っているしょっ角の方向に回転したが，メスにたどり着かなかった。

【実験5】はねをすべて切り落としたオスの前方10cmにメスを置いたが，オスは歩き回るだけで，メスにたどり着かなかった。

実験の結果から，カイコガのオスが行う婚礼ダンスは，メスの（A）によって引き起こされると考えられます。また，左側のしょっ角のみを切り落としたオスの前方10cmにメスを置くと，オスは（B）と考えられます。なお，オスがメスにたどり着くためには，はばたきが重要であり，はねをすべて切り落としたオスは（C）と考えられます。

（3）上の文章のA，B，Cにあてはまる最も適当なものをそれぞれ選びなさい。

A（ア）姿のみ　　　　　　　（イ）においのみ
　（ウ）姿とにおいの両方
　（エ）姿またはにおいのどちらか一方

B（ア）何の反応も示さない
　（イ）はばたきながら左に回転する
　（ウ）はばたきながら右に回転する
　（エ）はばたきながらメスにたどり着くことができる

C（ア）切り落としたオスのはねをメスの近くに置くと，メスにたどり着くことができる
　（イ）目をすべて黒くぬりつぶすと，メスにたどり着くことができる
　（ウ）メスの方からオスの方へ風を送ると，メスにたどり着くことができる
　（エ）オスの方からメスの方へ風を送ると，メスにたどり着くことができる

（4）この実験全体を通して，オスがはばたく目的が何であると考えられますか。「しょっ角」という語を使って答えなさい。

［3］空気について，後の問いに答えなさい。ただし，空気中に水蒸気はふくまないものとします。

Ⅰ　空気中には様々な種類の気体がふくまれています。体積の割合が最も大きい気体はちっ素で，次に大きい気体は酸素です。この2種類の気体が空気の大部分をしめています。また，二酸化炭素などの気体が少量ふくまれています。

（1）実験室で酸素を発生させるために用いる固体と水よう液をそれぞれ次から1つずつ選びなさい。

（ア）石灰石　　（イ）スチールウール　　（ウ）二酸化マンガン
（エ）アルミニウムはく　　（オ）うすい過酸化水素水
（カ）うすい塩酸　　（キ）うすい水酸化ナトリウム水よう液

（2）二酸化炭素専用の気体検知管を使って空気中にふくまれる二酸化炭素の体積の割合を調べました。このときの結果として，正しいものはどれですか。

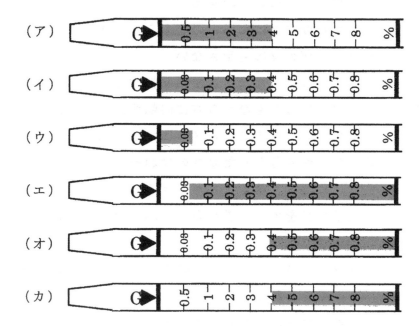

（3）集気びんの中に，火のついたろうそくを入れてふたをしました。しばらくすると，ろうそくの火はだんだんと小さくなり，消えました。ろうそくを取り除いた集気びんの中に，ある水よ

まず，おもりPとQを同じ重さにすると，てこは水平につりあいました。次に，PとQをちがう重さにして，ゆっくりと手を放していくと，てこは図7のように傾いたまま静止しました。このとき，おもりPにつけた糸とその延長線を「Pの作用線」，おもりQにつけた糸とその延長線を「Qの作用線」と呼ぶことにします。図7のようにおもりPとおもりQの作用線に垂直な直線を支点Aから引き，作用線との交点をそれぞれF，Gとします。直線AFの長さを「支点AからPの作用線までの距離」，直線AGの長さを「支点AからQの作用線までの距離」と呼ぶことにします。おもりPとQの重さを変えながら，てこが傾いて静止するとき，直線AFと直線AGの長さを調べたところ，表のようになりました。ただし，このとき，ストッパーがスタンドにぶつかることはありません。

図7

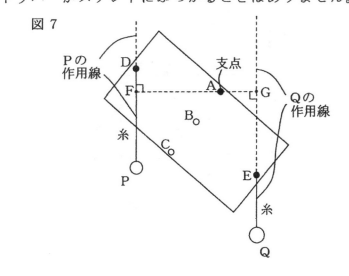

Pの重さ（g）	Qの重さ（g）	AFの長さ（cm）	AGの長さ（cm）
50	50	12	12
50	100	13.4	6.7
50	150	12.9	4.3
50	200	12.4	3.1
100	150	13.5	9
150	200	13.2	9.9

Ⅱ　てこが水平につりあわずに傾いてしまっても，そのまま静止することがあります。そのときにどのような決まりがあるのか，図4のような長方形の板を使って調べました。板の重さは考えないものとします。図4の板には穴Ａ，Ｂ，ＣとピンＤ，Ｅがあります。直線ＡＣは板の縦の辺と平行，直線ＤＥは板の横の辺と平行で，その交点が穴Ｂになっています。直線ＡＢと直線ＢＣの長さは6cm，直線ＢＤと直線ＢＥの長さは12cmです。穴Ａを図5のようなスタンドのフックに通して，てこの支点とし，図6のようにピンＤにはおもりＰを，ピンＥにはおもりＱをそれぞれ糸でつり下げました。板はなめらかに回転し，傾いても糸やおもりは板にぶつかることはありません。ピンＤとＥは板の後ろに突き出ており，てこが傾いて縦になったとき，スタンドにぶつかってそれ以上傾かないようなストッパーにもなっています。

図4

（正面から見た図）　　　　（ななめから見た図）

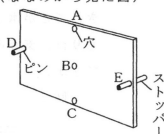

図5　　　　　　図6

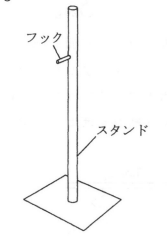
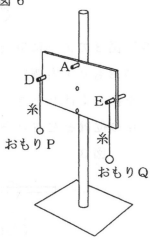

う液を入れてよくふると白くにごりました。

①　ある水よう液の名前を答えなさい。

②　火のついたろうそくを入れる前とろうそくの火が消えた後を比べると，集気びんの中の空気にふくまれていたちっ素，酸素，二酸化炭素の体積の割合はそれぞれどのようになったと考えられますか。

（ア）大きくなった　　（イ）小さくなった

（ウ）0になった　　　（エ）変わらなかった

Ⅱ　次に，空気中にふくまれるそれぞれの気体について，固体や液体と同じように重さがあることを調べるために次のような実験を行いました。

　ちっ素の入ったスプレー缶の重さを，電子てんびんで量ると122.24 g でした。同様に，酸素の入ったスプレー缶は122.16 g でした。その後，それぞれのスプレー缶にストローとゴム管を取り付け，図1のように，メスシリンダーを用いてそれぞれの気体を250mLずつ集めました。その後，ストローとゴム管を取り外してスプレー缶の重さを再び量ったところ，それぞれ121.92 g，121.80 g でした。

図1

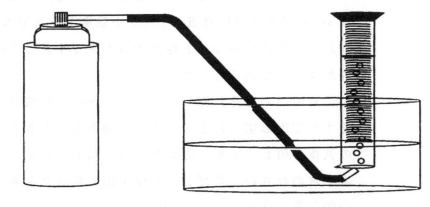

2018(H30) 広島学院中
K教英出版
－10－
34-(13)
【理8-(7)】
－7－

次に，二酸化炭素の入ったスプレー缶の重さを電子てんびんで量ると 122.73 g でした。スプレー缶にストローとゴム管を取り付け，図2のように注射器を用いて 200mL の気体を集めました。その後，ストローとゴム管を取り外してスプレー缶の重さを再び量ったところ，122.34 g でした。なお，実験は全て同じ部屋で同じ温度のもとで行いました。

図2

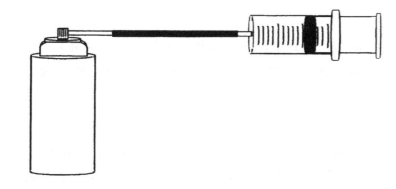

（4）二酸化炭素を集めるのに，図1とちがう方法で集めたのはなぜですか。

（5）ちっ素1Lあたりの重さと酸素1Lあたりの重さはそれぞれ何gになりますか。必要ならば四捨五入して，小数第2位まで求めなさい。

（6）二酸化炭素1Lの重さは，空気1Lの重さの何倍になりますか。必要ならば四捨五入して，小数第1位まで求めなさい。なお，空気にはちっ素と酸素のみがふくまれ，その体積の割合が4：1であるとします。

（7）実験で用いたそれぞれのスプレー缶の中に残っている気体をすべて出し切ったとき，その体積が最も大きくなるのはどの気体で何Lですか。必要ならば四捨五入して，小数第1位まで求めなさい。ただし，気体を出し切ったときのそれぞれの缶の重さはすべて120gとします。

［4］てこについて，後の問いに答えなさい。

I　長さが60cmの棒を用意し，その中央を糸で支えててこを作りました。棒の重さは考えないものとします。

（1）図1のように支点の左側27cmの位置に40gのおもりを，右側18cmの位置にもう1つのおもりをつり下げたところ，てこは水平につりあいました。支点の右側につり下げたおもりの重さは何gですか。

図1

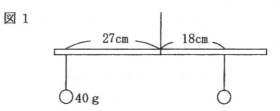

（2）図2のように50gのおもりを支点の左側16cmの位置に，20gのおもりを右側24cmの位置につり下げました。さらに40gのおもり1つをどこかにつり下げ，支点につけた糸を持ち上げたとき，てこが水平につりあうようにしようと思います。40gのおもりは，支点の左右どちら側に何cmの位置につり下げればよいですか。

図2

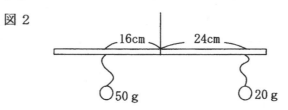

（3）図3のように50gのおもりを支点の左側20cmの位置に，30gのおもりを右側20cmの位置につり下げました。支点につけた糸を持ち上げたとき，てこが水平につりあうためには，てこの支点の位置を左右どちら側に何cm動かせばよいですか。

図3

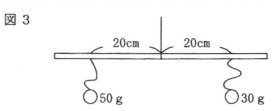

2018(H30) 広島学院中
K 教英出版
－8－
34-(14)
【理8-(8)】
－9－

平 成 3 0 年 度

広 島 学 院 中 学 校 入 学 試 験 問 題

社　　会

【 4 0 分 】

◎試験開始まで，問題用紙にも解答用紙にも手をふれてはいけません。

　次の注意を読みなさい。

注　　意

1．問題用紙

　　この問題用紙は，2ページから27ページまでで，問題は5問あります。

2．解答用紙

　　解答用紙は別の用紙1枚です。

3．記入・質問などの注意

　（1）答えはすべて解答用紙のわくの中に，ていねいな字で記入しなさい。

　（2）印刷が悪くて字のはっきりしないところなどがあれば，手をあげて監督^{かんとく}

　　　の先生に知らせなさい。

[1] 日本の都市について述べた次のA〜Jの文を読んで、後の問いに答え
なさい。

A　この都市には、①日本最大の古墳があります。②室町時代には③南蛮
貿易が行われる商業都市になりました。現在は金属工業などが発達した
工業都市になっています。

B　この都市は、古代から貿易や外交の窓口となってきました。また、近
くには元寇に際してつくられた石塁の跡もあります。近代以降、周辺が
日本最大の炭鉱地帯となったため、人口が増加し、現在に至っています。

C　この都市は、東北地方で一番人口の多い都市です。関ヶ原の戦いの後
に（　④　）氏によってこの地が選ばれ、城と城下町が同時に建設され、
今日まで発展してきました。

D　この都市は、⑤江戸時代に、最も石高の多い外様大名の⑥城下町とし
て発達しました。また、金箔をはじめとする様々な伝統工芸品が伝わっ
ており、毎年たくさんの観光客が訪れています。

E　この都市は、古くから多くのアイヌの人々と和人（日本人）が集まり、
江戸時代に入ると（　⑦　）藩の支配下になりました。その後この藩か
ら蝦夷地の産物である（　⑧　）が北前船などによって各地にもたらさ
れ、料理にもたくさん使われるようになりました。

問9　下線部⑨について、次のグラフを参考にして、文中の（　X　）に
あてはまる語句として、最もふさわしいものを下のあ〜えから選び、
記号で答えなさい。

グラフ　マツダスタジアム（プロ野球開催時）に来場した人の男女比

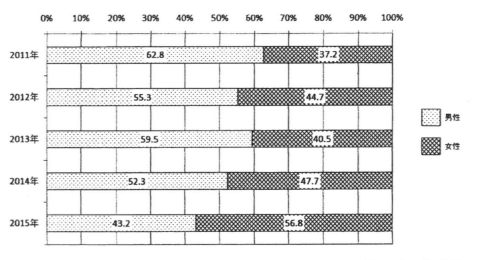

（広島市ウェブページより作成）

　プロ野球に縁の薄かった（　X　）メーカー大手は今季、野球中継
の新規スポンサーとして広島地区限定で参入。ブランドイメージを優
先し、野球中継はNG（ふさわしくない）としていた海外メーカーも
CMを入れ始めたという。

（2017.9.8　中国新聞より引用、作成）

あ　化粧品　　い　おもちゃ　　う　ビール　　え　ゲーム開発

問10　下線部⑩について、現在の衆議院の議員定数を数字で答えなさい。

（問題は以上です）

問6　下線部⑥について，国会に衆議院と参議院という二つの議院が置かれている理由は何ですか。説明しなさい。

問7　下線部⑦について，下の図のようなマークをピクトグラムといいます。2020年のオリンピックに向けて，このようなマークが街に多く掲げられる予定です。ピクトグラムにはどのような利点があると考えられますか。答えなさい。

問8　（　⑧　）について，あてはまる地名を答えなさい。

F　この都市は，江戸時代の初めに外国との貿易を中心として栄え，キリスト教が広まりました。しかしその後，外国との関係を見直す中で，江戸幕府の政策によりキリスト教は禁止され，貿易も制限されるようになりました。明治時代以降は，造船を中心として発展しました。

G　この都市は，古代に都が置かれたことがあります。江戸時代には，各藩の蔵屋敷が建ち並び，全国からたくさんの商品が集まる商業都市として発展しました。江戸時代の末期には，幕府への反乱も起こりました。

H　この都市は，明治時代になって開拓の中心地として役所が置かれました。やがて官公庁や商店，民家などが京都にならって碁盤目状に配置されて発展し，1972年には，アジアで初めてとなる冬季オリンピックが開かれました。

I　この都市は，もとは小さな村でしたが，この地に幕府が開かれた後に，大規模な都市となりました。しかし，関東大震災では大きな被害を受けました。その後復興したものの，第二次世界大戦では大規模な空襲を受けました。

J　この都市は，江戸時代に徳川氏の御三家の１つの城下町として栄えました。第二次世界大戦末期には空襲によって大きな被害を受けましたが，⑨戦後は復興し，現在では，日本最大の工業地帯の中心都市として発展しています。

問1　下線部①が造られたころの説明として，正しいものを次から1つ選び，記号で答えなさい。

あ　「ワカタケル大王」の名前が刻まれた鉄刀や鉄剣が作られた。
い　『古事記』や『日本書紀』がつくられた。
う　鑑真が来日し，仏教の発展に貢献した。
え　九州北部で，米作りが始まった。

問2　下線部②について，この時代の出来事として，正しいものを次から1つ選び，記号で答えなさい。

あ　諸国に守護・地頭が設置された。
い　足利義満が宋との国交を開き，貿易をはじめた。
う　現在の和室に似た，書院造という建築様式が発達した。
え　足利義政の保護を受けた観阿弥・世阿弥父子によって，能が大成された。

問3　下線部③によってもたらされたものとして，正しいものを次から1つ選び，記号で答えなさい。

あ　生糸　　い　銀　　う　麻布　　え　漆器

問4　（　④　）にあてはまる大名を次から選び，記号で答えなさい。

あ　黒田　　い　伊達　　う　上杉　　え　島津　　お　前田

（2）国が集めている税として正しいものを，次からすべて選び，記号で答えなさい。

あ　所得税（会社員などの給料にかかる税）
い　固定資産税（土地や建物にかかる税）
う　法人税（会社の利益にかかる税）
え　住民税（住民が納める税）

問4　下線部④について，このようにして守られる商標権などの権利を知的財産権といいます。この権利を守るためのルールとして正しいものを次から1つ選び，記号で答えなさい。

あ　他人のパスワードをたずねたり，使ったりしない。
い　他人が作ったアニメ・音楽などをコピーしたり，勝手に配ったりしない。
う　掲示板・SNSなどのインターネット上のサービスに他人の個人情報を書きこまない。
え　あやしいメールに返信したり，添付ファイル（メールの本文とともに送られるデータ）を開いたりしない。

問5　下線部⑤について，JR西日本の鉄道路線で，2018年4月1日に廃線になる路線があります。この路線の始発駅（広島県側）がある自治体の特産品としてふさわしいものを次から1つ選び，記号で答えなさい。

あ　ブドウ　　い　琴　　う　レモン　　え　家具

問1　下線部①について，新しい事務総長の出身国に関して述べた文として，正しいものを次から１つ選び，記号で答えなさい。

あ　古墳時代に，この国の多くの人が，渡来人として日本を訪れた。

い　鎌倉時代に，この国の軍隊が，２度にわたり九州北部にせめこんだ。

う　戦国時代に，この国の商船が種子島に漂着し，日本に鉄砲をもたらした。

え　江戸時代に，この国の医学書が，杉田玄白らによって翻訳された。

問2　下線部②について，日本標準時の基準となっている子午線（経線）の経度を答えなさい。

問3　下線部③に関する（1）・（2）の問いに答えなさい。

（1）下線部③を作成する機関が行う働きとして，正しいものを次から１つ選び，記号で答えなさい。

あ　法律が憲法に違反していないか調べる。

い　外国の大使などをもてなす。

う　憲法改正を国民に提案する。

え　国会の召集を決める。

問5　下線部⑤について，この時代の様子として，誤っているものを次からすべて選び，記号で答えなさい。

あ　藩校が多く建てられ，各藩の百姓や町人の子どもが通った。

い　近松門左衛門が，浄瑠璃や歌舞伎の脚本家として活躍した。

う　伊能忠敬やその弟子たちが日本全国を測量し，正確な日本地図を作ろうとした。

え　農業生産力が上がり，都市を中心に商業や工業もさかんになり，盆おどりがはじまった。

お　幕府は，各大名に対して，参勤交代だけでなく，江戸城の修理や河川の治水工事なども命じた。

か　農村では，生産を増やすために新田開発がさかんに行われ，備中ぐわや千歯こきなどの新しい農具が普及した。

問6 下線部⑥について，下の表のように，江戸時代の城下町で，人々の住む場所が分かれていたのはなぜですか。その理由を答えなさい。

表 Dの都市の古い町名とその由来

古い町名	町名の由来
穴水町	穴水城にいた上級家臣の家来たちが住んでいたため
与力町	藩の役人である与力の家が並んでいたため
五十人町	足軽五十人組の住居があったため
板前町	藩の台所奉行に属する板前たちが住んでいたため
御歩町	藩主を警護する家来（歩）が住んでいたため
御小人町	藩主の荷物を運ぶ家来（小人）が住んでいたため
御仲間町	藩の馬の世話をする家来（仲間）が住んでいたため
桶町	桶職人が多く住んでいたため
石屋小路	石工が多く住んでいたため
木町	材木問屋が集まっていたため
大工町	大工が多く住んでいたため
古寺町	かつてここに寺が集められていたため

(市のウェブページより作成)

[5] 次の表は，2017年に起きた出来事の一部を月別に示したものです。これを見て，後の問いに答えなさい。

月	日	出来事
1月	1日	①新しい国際連合事務総長（第9代）が就任する。
		②日本標準時で8時59分60秒の閏秒が挿入される。
2月	27日	衆議院本会議で，平成29年度の③予算案が賛成多数で可決される。
3月	1日	特許庁が④色や色の組み合わせを商標（商品を区別するためのマーク）として，登録することを始める。
4月	1日	⑤JRグループが発足して30年が経つ。
5月	20日	⑥参議院が創設されてから70年が経つ。
7月	20日	⑦新しい「温泉マーク」の使用が開始される。
8月	17日	サウジアラビアの国王が，国交を断絶しているカタールからの巡礼者に国境を開放するよう命じ，（ ⑧ ）への大巡礼が行えるようにした。
9月	18日	⑨広島東洋カープが，セントラル・リーグ2連覇を達成する。
10月	22日	⑩衆議院議員総選挙が行われる。
11月	12日	広島県知事選挙が行われる。
12月	8日	現在の天皇の退位の日が，2019（平成31）年4月30日に決まる。

（２）次の文章は，枕崎台風の経路を説明した文章です。この文章から，（例）を参考にして台風の経路図を作成し，解答用紙の地図に書き入れなさい。

> 　この台風は，薩摩半島南部の枕崎付近に上陸しました。その後は，九州を横断し国東半島から周防灘へ抜け，広島を直撃。続いて松江を通って日本海へ抜け，能登半島の北端を通過し，佐渡島付近から東北地方へ再上陸し，太平洋に抜けました。

（例）

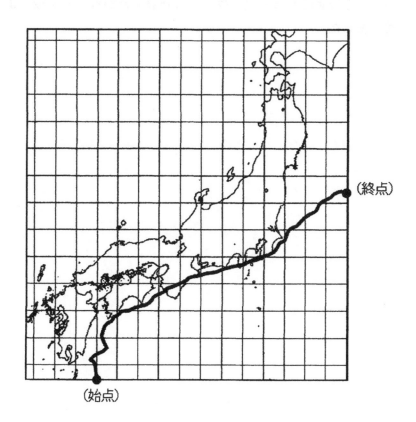

問7　（　⑦　）にあてはまる語句を漢字で答えなさい。

問8　（　⑧　）に入る語句を次から1つ選び，記号で答えなさい。

　　あ　カツオ　　い　ワカメ　　う　コンブ　　え　サンマ

問9　下線部⑨について，戦後に行われたさまざまな改革として，誤っているものを次からすべて選び，記号で答えなさい。

　　あ　独占的な企業が解体される。
　　い　女性の選挙権が保障される。
　　う　義務教育の制度がはじまる。
　　え　労働者の権利が憲法で保障される。
　　お　多くの農民が自分の土地を持つようになる。
　　か　法律の範囲内で，言論・思想の自由が保障される。

問10　次の写真の建造物がある都市をA〜Jから選び，記号で答えなさい。

問11　A〜Jの都市について，**現在の人口の多い順に３つ**，記号で答えなさい。

問３　表中の「枕崎台風」について，（１）・（２）に答えなさい。
（１）この台風が広島に与えた被害について述べた次の文章の（　ア　）〜（　ウ　）にあてはまる語句を答えなさい。

　この台風は，原爆投下から約（　ア　）日後の９月17日に広島の街を襲ったため，被害は甚大なものになりました。戦災からの復興もままならない市内中心部のほとんどは浸水し，郊外の丘陵地では「山津波」とも呼ばれる大規模な（　イ　）が発生し，被爆者の救護に訪れていた医療班の宿舎が直撃を受けるなど，二次的な被害も生じました。

　このような大きな水害が今後起こるのを防ぐため，広島市内には，かねてから計画のあった（　ウ　）の建設が急がれ，22年後にようやく完成しました。

B 次の図は，自然災害による国内の死者・行方不明者数を，年ごとに表したものです。またふきだしの中は，その年に起こった被害の大きな自然災害（死者・行方不明者1000人以上）を示しています。

図 自然災害による死者・行方不明者の推移（人）

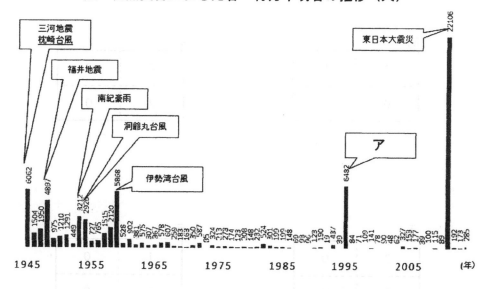

（平成27年度版『防災白書』などより作成）

問1 アにあてはまる災害名を答えなさい。

問2 1960年ごろを境に，日本の自然災害による被害には変化が見られます。どのような変化が見られますか。説明しなさい。

[2] 次の文章を読んで，後の問いに答えなさい。

「あるもんは何でも使うて，暮らし続けにゃならんのですけぇ，うちらは。」

「これがうちらの戦いですけぇ。」

　この言葉は，映画『この世界の片隅に』の中で，主人公がつぶやいたものです。この映画は一昨年に公開され，記録的な大ヒットとなった作品で，①アジア・太平洋戦争で大きな被害を受けながら懸命に生きる女性とその家族をていねいにえがいています。

　主人公は広島から呉にお嫁に行きました。②日々の暮らしに戦争の影響が濃くなる中で，③呉の空襲で負傷し，右手を失いました。さらには④広島の原爆で両親を失いました。

　この映画は，主人公の視点をとおして，ユーモアを交えながら，私たちに平和の大切さ，戦争の悲惨さ，そして⑤核兵器の残酷さを，静かに力強く訴えかけています。

問1 下線部①について，（1）・（2）に答えなさい。

（1）この戦争のきっかけとなった日本の東南アジア進出はなぜ起こったのですか。当時の中国との関係にふれながら，その理由を説明しなさい。

（2）満州事変から何年後にアジア・太平洋戦争が始まりましたか。数字で答えなさい。

問2　下線部②について，（1）〜（3）に答えなさい。
（1）当時の様子として**誤っているもの**を次から**すべて**選び，記号で答え
　　なさい。

　　あ　やかんや鍋，お寺の鐘などが回収された。
　　い　米や食料，マッチなどが配給制・切符制になった。
　　う　国民服やもんぺなどのぜいたくな服装が禁止された。
　　え　全国の小学生が，学校で給食を食べることになった。
　　お　全国の中学生が，兵器工場などで働くことになった。

（2）国民が戦争中に徴兵される「召集令状」は，何と呼ばれていまし
　　たか。**漢字2字**で答えなさい。

（3）この時代，住民同士が助け合うとともに互いに監視しあう仕組み
　　がつくられました。この仕組みを何といいますか。答えなさい。

問3　下線部③について，（1）・（2）に答えなさい。
（1）呉はアメリカ軍の空襲で大きな被害を受けました。その理由とし
　　て正しいものを次から1つ選び，記号で答えなさい。

　　あ　陸軍の毒ガス工場や港があったため。
　　い　海軍の大きな基地や造船所があったため。
　　う　西日本最大の食料備蓄基地があったため。
　　え　戦争を指揮する大本営が置かれていたため。

（2）アメリカ軍は，日本の建物に適した爆弾を開発し，これを使用して
　　空襲の被害を大きくしました。その爆弾を何といいますか。答えな
　　さい。

（1）図の（　ア　）〜（　エ　）にあてはまる地名を答えなさい。

（2）問1と同じように，表**あ**〜**え**を作成しました。都道府県**a**〜**d**にあ
　　てはまる表を**あ**〜**え**から選び，それぞれ記号で答えなさい。
　　（各都市の人口の統計年次は2016年）

あ
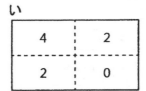

1	5
0	16

い

4	2
2	0

う
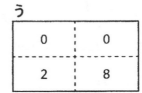

0	0
2	8

え
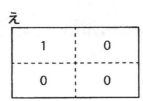

1	0
0	0

問2　下の図a〜dは，ある都道府県（島しょ部を省略したものもあります）を示したものです。縮尺はそれぞれ異なりますが，いずれも上が北を示しています。この図を見て，（1）・（2）に答えなさい。

a

b

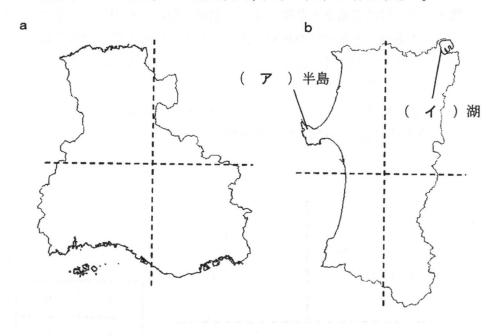

（　ア　）半島

（　イ　）湖

c

d

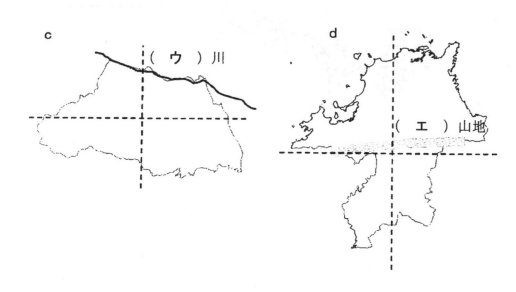

（　ウ　）川

（　エ　）山地

問4　下線部④について，広島市内にいて直接被爆した人以外で，爆心地から20km程度離れた場所でも，深刻な放射線被害を受けた人たちがいました。下の地図は，その被害の範囲を示したものです。この範囲で起ったことを答えなさい。

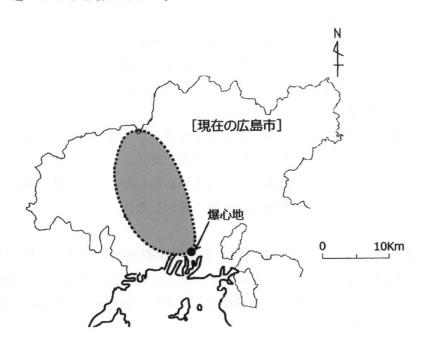

[現在の広島市]

N

爆心地

0　　　　10Km

（注）この範囲の外でも，放射線被害を受けた人々がいます。

（広島平和記念資料館の資料より作成）

問5　下線部⑤について、（1）・（2）に答えなさい。

（1）昨年7月，国際連合で核兵器禁止条約が採択(さいたく)されました。この条約に対して日本のとった行動を述べた文として正しいものを次から1つ選び，記号で答えなさい。

　　あ　唯一(ゆいいつ)の被爆国である日本がリーダーシップをとって条約案の作成に参加し，各国に賛成するように働きかけた。

　　い　日本は憲法9条に定められた非核三原則を変更するために，採決を棄権(きけん)した。

　　う　アメリカが「エルサレムをイスラエルの首都と認める」と発表したため，日本は採決に反対票を投じた。

　　え　この会議には核保有国の多くが参加しないため，核兵器廃絶が現実的ではないと判断し，会議に参加しなかった。

（2）昨年12月，ＮＰＯの「核兵器廃絶国際キャンペーン」が，核兵器禁止条約の採択に大きな貢献(こうけん)をしたことを理由にノーベル平和賞を受賞しました。この団体の略称(りゃくしょう)として正しいものを次から選び，記号で答えなさい。

　　あ　ＩＡＥＡ　　　い　ＩＣＡＮ　　　う　ＩＣＢＭ
　　え　ＯＰＥＣ　　　お　ＯＥＣＤ　　　か　ＯＥＥＣ

[4]　次のＡ・Ｂの問いに答えなさい。

Ａ

問1　下の図は広島県を点線で4つの地域に分けたものです。また，となりの表は，それぞれの地域に含まれる人口10万人以上の市の数を示しています。例えば，広島県の南西部には人口10万人以上の市が4つあることを示しています。

　　表の数字「4」が示す市を，「広島市」以外に3つ答えなさい。
（各都市の人口の統計年次は2016年）

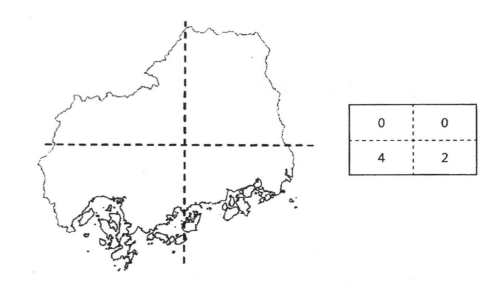

0	0
4	2

問3　次の資料を見て，原子力発電所が設置されている場所の特徴を,「海に面した場所であること」以外で，1つ挙げなさい。

資料　日本の主な原子力発電所のある場所

(資源エネルギー庁資料より作成)

問4　福島県東部の一部には，政府によって，避難区域に指定されている自治体があります。そのため，東日本大震災から6年以上が経過した現在もなお，この地域では，多くの人が避難しています。なぜ政府は，避難区域の指定を解除しないのですか。その理由を説明しなさい。

［3］　エネルギーに関して，後の問いに答えなさい。

問1　次のグラフを見て，文中の（　ア　）・（　イ　）にあてはまる語句を答えなさい。

グラフ
日本の発電方法別（1kWh当たり）の二酸化炭素排出量(単位：kg)

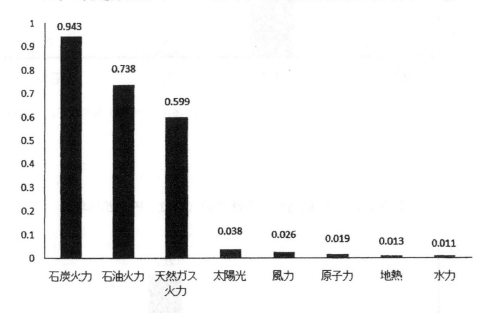

(電力中央研究所「日本における発電技術のライフサイクルCO_2排出総合評価（2016年）」より作成)

「太陽光・風力・原子力・地熱・水力による発電は，火力発電と比べた際，（　ア　）の進行をおさえる効果があると考えられています。（　ア　）の問題を解決するため，2015年に，196の国と地域で国際的なルールである（　イ　）が定められました。これは，先進国のみに義務を定めた京都議定書を発展させた取り決めです。」

問2　次の３つのグラフから読み取ることができることとして，**誤ってい**
るものを後のあ〜おからすべて選び，記号で答えなさい。

グラフ１　日本のエネルギー資源自給率（単位：％）（2014年）

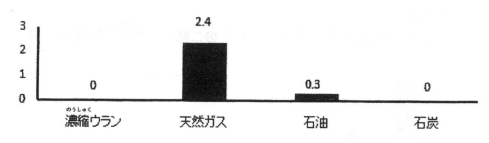

（IEA（国際エネルギー機関）資料などより作成）

グラフ２　1kWhあたりの燃料費（単位：円）（2014年）

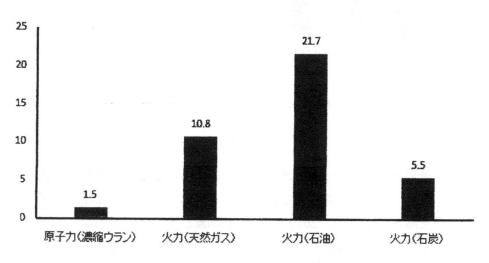

（電力中央研究所資料（2016年）などより作成）

グラフ３
100万kW級の発電所を1年間運転するために必要な燃料の量（単位：t）

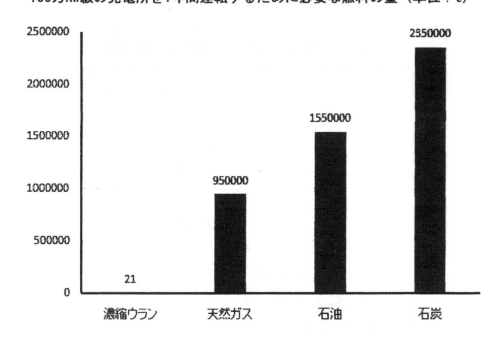

（資源エネルギー庁「原子力2010」より作成）

あ　発電する際の燃料となるエネルギー資源のほとんどを日本は輸入
　に依存している。

い　石炭は，火力発電の際に最も多い燃料の量が必要となるが，他の
　火力発電のエネルギー資源に比べると燃料費は一番安い。

う　天然ガスは，石油に比べると，火力発電の際に必要な燃料の量が
　少なくてすみ，燃料費も安い。

え　石油は，原子力発電に比べると，発電の際の燃料の量はより多く
　必要となるが，燃料費は安い。

お　原子力発電は，他の発電方法に比べると最も少ない燃料の量で発
　電できるが，燃料費は極めて高い。

平成 30 年度　算 数 Ⅱ　解 答 用 紙

※Ⅰ・Ⅱ合計120点満点
（配点非公表）

[1]

（1）（計算）	（2）（あ）（計算）	（2）（い）（計算）
答　　　　　cm	答　　　　　cm²	答　　　　　個目

[2]

（1）（計算）	（2）（計算）	（3）（計算）
答　　　：	答　　　　日	答　　　　日

[3]

（1）（計算）	（2）（計算）	（3）（計算）
答　　　cm²	答　　　：	答　　　　cm

[4]

（1）（計算）	（2）（計算）	（3）（計算）
答　　　　円	答　　　　個	答　　　　円

[5]

（1）（計算）	（2）（計算）	（3）（計算）
答　　分　　秒後	答　　分　　秒後	答 A　点 B　点 C　点

得点欄 （ここには何も記入しないこと）

1	
2	
3	
4	
5	
合計	

受 験 番 号
｜　｜

2018(H30) 広島学院中

Ｋ教英出版

平成30年度　理　科　解答用紙

（右はしの※のわくには何も記入しないこと）

[1]

(1)		(2)		(3)
つぶの名前　　　　記号		①	②	

(4)	(5)	(6)	(7)	(8)

※

※

[2]

(1)					
①	②	③	④	⑤	⑥

(2)	(3)		
	A	B	C

(4)

※

※

[3]

(1)		(2)
固体　　　　水よう液		

(3)			
①	②　ちっ素	酸素	二酸化炭素

(4)

(5)		(6)
ちっ素　　　　　g　酸素　　　　　g		倍

(7)	
気体	体積　　　　　L

※

※

※

[4]

(1)	(2)	(3)	(4)	
g	側　　cm	側に　　cm	①	②

(5)	(6)	(7)	(8)	(9)
:	cm	角度	度	度

(10)

(11)

(12)

※

※

※

※80点満点
（配点非公表）

受験番号

※

34-(31)
【解答用紙3-(2)】

2018(H30) 広島学院中
K 教英出版

平 成 30 年 度　　社 会　　解 答 用 紙

※80点満点
（配点非公表）

[1]

問1 [　　] 問2 [　　] 問3 [　　] 問4 [　　] 問5 [　　　　　　]

問6 [　　　　　　　　　　　　　　　　　　　　　　　]

問7 [　　　　藩] 問8 [　　] 問9 [　　　　　　　] 問10 [　　] 問11 [　　|　　|　　]

[2]

問1 （1） [　　　　　　　　　　　　　　　　　　　　　]

（2） [　　年後] 問2 （1） [　　　　　　　] （2） [　　|　　] （3） [　　　　]

問3 （1） [　] （2） [　　　　　　　] 問4 [　　　　　　　　]

問5 （1） [　　　] （2） [　　]

[3]

問1 （ア） [　　　　　　　] （イ） [　　　　　　　] 問2 [　　　　　]

問3 [　　　　　　　　　　　　　　　　]

問4 [　　　　　　　　　　　　　　　　]

[4]

A　問1 [　　　　市] [　　　　市] [　　　　市]

問2 （1） （ア） [　　　半島] （イ） [　　　湖] （ウ） [　　　川] （エ） [　　　山地]

（2） a [　] b [　] c [　] d [　]　　B　問1 [　　　　　　　　]

問2 [　　　　　　　　　　　　　　　　　　　　]

問3 （1） （ア） [約　　　　日後]

（イ） [　　　　　　　]

（ウ） [　　　　　　　]

（2）

[5]

問1 [　　] 問2 [　　　　度]

問3 （1） [　] （2） [　　]

問4 [　] 問5 [　] 問6 [　　　　　　　]

問7 [　　　　　　　　　　　　　　　　　]

問8 [　　　] 問9 [　] 問10 [　]

受験番号 [　|　|　|　]

2018（H30）広島学院中
K 教英出版

34-(33)
【解答用紙3-(3)】

平成 31 年度

広島学院中学校入学試験問題

算　数　Ｉ

【２０分】

◎試験開始まで，問題用紙に手をふれてはいけません。

次の注意を読みなさい。

注　意

1．問題用紙

　問題用紙は別の用紙１枚で，問題は９問あります。解答は直接書きこむようになっています。

2．記入・質問などの注意

（1）答えはすべて問題用紙の □ の中に，ていねいな字で記入しなさい。ただし，割り

　　切れない数のときは，できるだけ簡単な分数で答えなさい。

（2）問題用紙のあいたところや，この用紙の裏を計算のために使ってもかまいません。

（3）印刷が悪くて字のはっきりしないところなどがあれば，手をあげて監督の先生に

　　知らせなさい。

次の各問いの ☐ にあてはまる数を記入しなさい。

[1] $1\frac{13}{15} - 1.38 \div \left(1\frac{3}{4} - \frac{3}{5}\right) = $ ☐

[2] 100個のみかんをA，B，Cの3人に分けると，AはB より17個少なく，BはCより12個多くなりました。
　　　Bのみかんの個数は ☐ 個です。

[3] 小麦粉1kgは156円です。小麦粉 $\frac{4}{3}$ kgでケーキを 16個作れます。ケーキを90個作るために必要な小麦粉の 代金は ☐ 円です。

[4] A地点とB地点の間を，行きは分速150m，帰りは分速 100mで1往復すると5分50秒かかりました。
　　　A地点からB地点までの道のりは ☐ m です。

[5] 正方形の折り紙を図のように折りました。
　　　（あ）の角の大きさは ☐ °です。

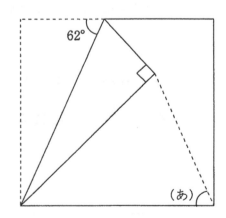

[6] ある長方形のたての長さを2倍にし，横の長さを3cm短 くすると，もとの長方形より周の長さが32cm長い正方形 になりました。この正方形の1辺の長さは ☐ cm です。

[7] 和が130になる2つの整数があります。大きい数を小さ い数で割ると，余りが15になります。
　　　大きい数は ☐ です。

[8] G店のパンは，作った次の日は定価の50円引き，その次 の日はさらに30%引きで売られます。Aさんは2058円で 1月27日にそのパンを11個買いましたが，そのうち7個は 1月26日，残りは1月25日に作られたものでした。
　　　このパンの定価は ☐ 円です。

[9] 下の図の・印は半径が3cmの円周を12等分する点です。
　　　斜線をひいた部分の面積は ☐ cm² です。
　　　ただし，円周率は3.14とします。

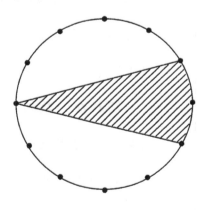

得　点 ☐

受験番号 ☐

合　計 ☐

36-(2)
【数①2-(2)】

平成31年度

広島学院中学校入学試験問題

算 数 Ⅱ

【40分】

◎試験開始まで，問題用紙にも解答用紙にも手をふれてはいけません。

次の注意を読みなさい。

注　意

1．問題用紙

　　この問題用紙は2ページから6ページまでで，問題は5問あります。

2．解答用紙

　　解答用紙は別の用紙1枚です。

3．記入・質問などの注意

　（1）　答えはすべて解答用紙のわくの中に，ていねいな字で記入しなさい。

　　　　ただし，割り切れない数のときは，できるだけ簡単な分数で答えなさい。

　　　　また，（計算）と書いてあるところはその答えだけでなく，途中の式・計算

　　　　も書きなさい。

　（2）　問題用紙のあいたところは，解答の下書きに使ってもかまいません。

　（3）　印刷が悪くて字のはっきりしないところなどがあれば，手をあげて監督

　　　　の先生に知らせなさい。

［1］兄と弟がそれぞれお金を持っています。兄の所持金は弟の所持金の2倍より130円多く，2人の所持金の合計は4780円です。次の問いに答えなさい。

（1）兄の所持金は何円ですか。

（2）兄が弟の3倍の数のりんごを買うと，2人の残金は同じになります。残金は1人何円ですか。

（3）りんごは買わずに，2人がそれぞれ桃を買えるだけ買うと，430円ずつ残ります。桃1個の値段は何円ですか。

［5］飲み物を同じ量ずつ分けます。次の問いに答えなさい。

（1）ジュースを12人に分けると1人11.2dLずつもらえます。
　　2人増やして分けると1人何dLずつもらえますか。

（2）お茶を何人かに分けると1人18.6dLずつもらえます。4人増
　　やして分けると1人16.2dLずつもらえます。はじめの人数は何
　　人ですか。

（3）水を何人かに分けます。ここから，1人増やして分けると1人
　　2.4dLずつ減り，1人減らして分けると1人2.7dLずつ増えま
　　す。はじめの人数で分けると，1人何dLずつもらえますか。

［2］底面が1辺40cmの正方形で，高さが60cmの直方体の形をした
　　空の水そうがあります。次の問いに答えなさい。

（1）水そうに毎秒2Lで水を入れると，水そうは何秒で満水になり
　　ますか。

（2）水そうにある深さまで水を入れ，水そうの中に直方体のおもり
　　を図のように入れました。おもりの底面は1辺10cmの正方形で
　　す。水面はおもりを入れる前よりも2cm高くなりました。これか
　　らさらに，毎秒2Lで水を入れていくと21.9秒で満水になります。

（あ）おもりを入れる前の水の深さは何cmですか。

（い）おもりの高さは何cmですか。

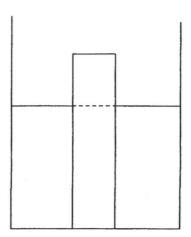

［3］池の周りを1周する道の途中に2地点P，Qがあります。A君は
　　 P地点を，B君はQ地点を同時に出発し，互いに反対向きにそれぞれ
　　 一定の速さで走り続けます。A君は出発してから5分後に初めて
　　 B君と出会い，その6分後に初めてQ地点を通過し，2回目にB君
　　 と出会った7分後にP地点に初めて戻ります。B君の走る速さは毎
　　 分120mです。次の問いに答えなさい。

（1）A君の走る速さは毎分何mですか。

（2）池の周りの道の長さは何mですか。

（3）2人が初めてQ地点で出会うのは，出発してから何分後ですか。

［4］図のような台形ABCDがあります。ABの長さは16cmで，FDと
　　 BCの長さの比は3：5，三角形EDFと三角形BCEの面積は等しいで
　　 す。台形ABCDの面積は224cm²で，三角形CDEの面積は114cm²
　　 です。次の問いに答えなさい。

（1）ADとBCの長さの和は何cmですか。

（2）AEの長さは何cmですか。

（3）台形FBCDの面積は何cm²ですか。

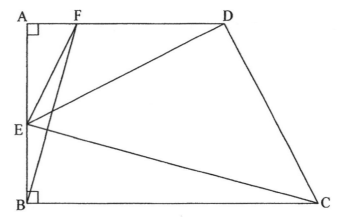

（11）図7のような直方体の物体Dをばねはかりにつるし，重さを量ると50gでした。Dをばねはかりにつるしたまま容器に入った水の上から，少しずつ全体を下ろしていくと，ばねはかりの読みが0gになりました。このときDはどのようになっていますか。下の（ア）～（オ）から選び，記号で答えなさい。また，その理由を答えなさい。ただし，容器に入っている水の深さは，Dの高さにくらべて十分深く，またDの内部に水が入ることはないものとします。

図7

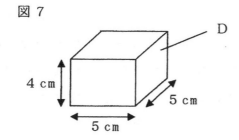

4cm
5cm
5cm

（ア）Dの全体が水面から出て，底面が水面についた状態で止まっている。

（イ）Dの一部が水面より上に出た状態で止まっている。

（ウ）Dの上面と水面が同じ高さの状態で止まっている。

（エ）Dの全体が水に入っているが，底面は容器の底にはつかず，水中で止まっている。

（オ）Dの底面が容器の底についている。

平成31年度

広島学院中学校入学試験問題

理　科

【40分】

◎試験開始まで，問題用紙にも解答用紙にも手をふれてはいけません。次の注意を読みなさい。

注　意

1．問題用紙
　この問題用紙は2ページから16ページまでで，問題は4問あります。

2．解答用紙
　解答用紙は別の用紙1枚です。

3．記入・質問などの注意
　（1）答えはすべて解答用紙のわくの中に，ていねいに記入しなさい。

　（2）印刷が悪くて字のはっきりしないところなどがあれば，手をあげて監督の先生に知らせなさい。

［1］広島で見られる星や月のようすについて，後のⅠ，Ⅱの問いに答えなさい。

Ⅰ 星や星座について次の問いに答えなさい。

（1）図1のような星座早見を使って南の空の星座を探すとき，星座早見のどの部分を下にして持ちますか。図1の（ア）～（エ）から選び，記号で答えなさい。

図1

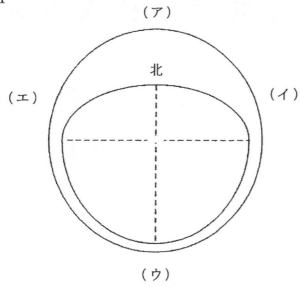

（ア）
北
（エ）
（イ）
（ウ）

（2）図1の星座早見を使って東の空の星座を探すとき，星座早見のどの部分を下にして持ちますか。図1の（ア）～（エ）から選び，記号で答えなさい。

（3）次の①～③に当てはまる星を，それぞれ下の（ア）～（キ）からすべて選び，記号で答えなさい。

　　①冬の大三角をつくっている
　　②晴れていれば毎日一晩中見ることができる
　　③赤く見える星である

　　（ア）ベテルギウス　　（イ）北極星　　　（ウ）シリウス
　　（エ）アンタレス　　　（オ）リゲル　　　（カ）カペラ
　　（キ）プロキオン

最後に，物体を少しずつ水に入れていくときのばねはかりの読みを考えます。

（9）1個20gのアルミニウムのおもり6個をばねはかりにつるし，水中に入れようとしましたが，容器の底についてしまいそうになったので，上の2個は水から出たままにしました。このときのばねはかりの読みはいくらになりますか。

（10）直方体の物体C（底面積 10cm²，高さ5cm）の重さをばねはかりで量ると，ばねはかりは 100gを示していました。ばねはかりにつるしたまま図6のようにCを静かに水に入れていくと，ばねはかりの読みはどのようになりますか。Cを沈めた深さ（Cの底面から水面までの長さ）が0cmから10cmまでの間で，沈めた深さとばねはかりの読みの関係をグラフに表しなさい。ただし，容器に入っている水の深さは十分深く，Cが容器の底につくことはないものとします。

図6

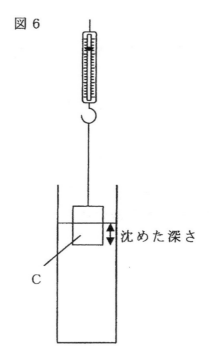

沈めた深さ

C

次にBの重さを量ろうとしましたが、重すぎて図3の方法では、量ることができませんでした。そのため、図4のようなてこを使って量ることにしました。ただし、棒の重さは考えないものとします。

図4

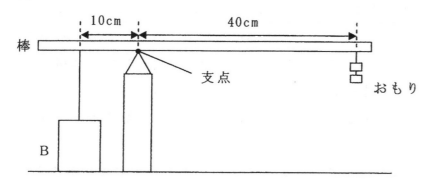

（7）図4でおもりを1個ずつ増やしていくと、8個にしたときに初めてBが床から離れましたが、そのまま棒は傾きつづけ、おもりが床についてしまいました。このことから、Bの重さは何gより重く何gより軽いと考えられますか。

（8）さらに、図5のように棒に物体Bとばねはかりをつなぐと、Bが容器の底から離れ、棒がちょうど水平になったときのばねはかりの読みは75gでした。Bの重さはいくらですか。

図5

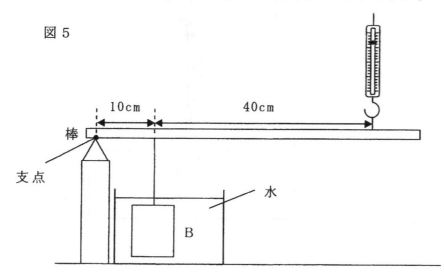

（4）図2は8月初めの午後8時頃に、東を向いて見上げた夜空のようすの一部を表したもので、明るい星ほど大きな点で表してあります。図2の**あ**が示す星の名前と、**い**の星が含まれる星座の名前をそれぞれ答えなさい。

図2

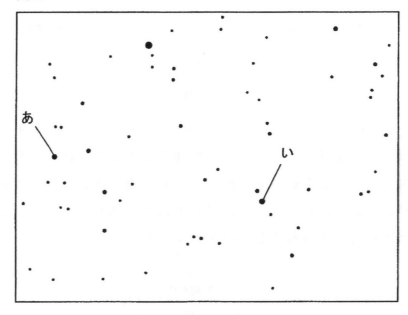

Ⅱ　月の動きについて次の問いに答えなさい。

　　ある年の5月30日から1か月間、毎日午前0時にカメラを使って月の位置を観測しました。図3はその記録の一部です。この記録によると、5月30日の午前0時には月が真南の空にあり（これを南中といいます）、毎日観測していくと、地平線の下の点**う**を中心に規則正しく円の一部をえがいて動いていくように見えました。そして観測を始めて30日後に、もう一度午前0時に月が南中しました。

図3

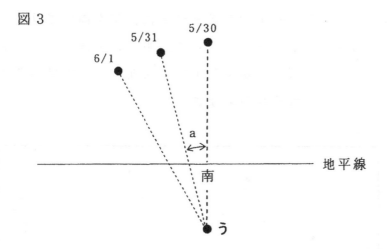

6/1　5/31　5/30

a

南　　　地平線

う

　一方，同じ場所で，その年の5月30日の午前0時から午前2時にかけて月の位置をビデオカメラで観測しました。図4はその記録の一部で，月は地平線の下の点えを中心に規則正しく円をえがいて動いているように見えました。図3と図4を比べたところ，点うと点えは同じ位置であることがわかりました。

図4

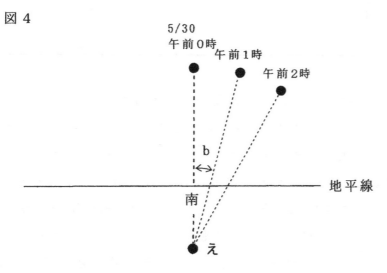

5/30
午前0時
午前1時
午前2時

b

南　　　地平線

え

（5）図3のaは何度ですか。

（6）図4のbは何度ですか。割り切れないときは四捨五入して，小数第1位まで答えなさい。

（7）6月8日の月が南中するのは何時何分頃ですか。午前または午後をつけて整数で答えなさい。また，途中の計算式も書きなさい。

　また，水の体積と重さの関係を調べたところ，表3のようになりました。

表3

水の体積（cm³）	10	20	30	40	50
水の重さ（g）	10	20	30	40	50

　以上のことより，物体の種類によらず，物体が水中にあるときのばねはかりの読みは，物体の重さから，物体の体積と同じ体積の水の重さを引いた値になることがわかります。

（5）表2の（③），（④）にあてはまる数を答えなさい。

　ばねはかりは，量ることのできる最大の重さが決まっています。この最大の重さより重い物体の重さを量ることを考えてみましょう。

　ある重さまで量ることができるばねはかりと，アルミニウムでできた物体Aと物体B，1個20gのアルミニウムのおもりがいくつかあります。

（6）水中にあるAを図3のようにばねはかりにつるしたところ，ばねはかりの読みは最大の重さに達することなく，225gを示していました。Aの体積と重さはいくらですか。

図3

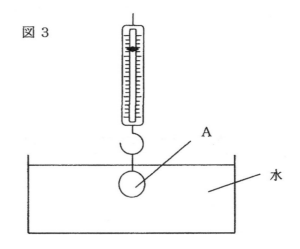

A

水

（3）同じ重さの銅，鉄，アルミニウムを，体積の大きい順に並べなさい。

さらに，いろいろな体積の銅，鉄，アルミニウムをばねはかりにつるし，図2のようにこれらの物体が水中にあるようにしたところ，ばねはかりの読みは表2のようになりました。

図2

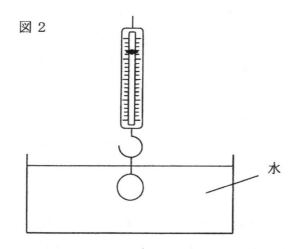

表2

体積（cm³）		10	20	30	40	50
ばねはかりの読み（g）	銅	80	160	（③）	320	400
	鉄	69	138	207	276	（④）
	アルミニウム	15	30	45	60	75

（4）下の文章の（①），（②）に当てはまる数を答えなさい。

「表1と表2より，10cm³の銅の重さは90gですが，これが水中にあるときのばねはかりの読みは80gなので，銅の重さに比べて，ばねはかりの読みは（①）g減っています。同じく体積10cm³の鉄の重さとこれが水中にあるときのばねはかりの読みの差も（①）gであることがわかります。一方，体積が20cm³の銅の重さは180g，これが水中にあるときのばねはかりの読みは160gなので，（②）g減っています。同じく体積20cm³の鉄の重さとこれが水中にあるときのばねはかりの読みの差も（②）gであることがわかります。」

[2]　次の文章を読んで後の問いに答えなさい。

学君は，家でパンケーキを作る手伝いをしました。小麦粉にベーキングパウダーと水を加えて混ぜ，加熱すると生地が膨らんでパンケーキが出来上がりました。ベーキングパウダーを入れるとパンケーキがなぜ膨らむのか疑問に思った学君は，先生に質問してみました。先生は，ベーキングパウダーを入れるとパンケーキが膨らむのは，パンケーキの生地の中で気体が出てきて泡がたくさんできるからということを教えてくれました。また，「ベーキングパウダーがどんなものからできているか」，「何によって膨らむのか」，「それぞれの役割は何か」を調べるとよいことも教えてくれました。そこで学君は，ベーキングパウダーがどんなものからできているのかを説明書から調べました。その結果，3つの成分A，B，Cがそれぞれ40％，30％，30％の重さの割合で混ぜられたものであることが分かりました。また，パンケーキを作る時は，ベーキングパウダー5gに対して小麦粉と水を100gずつ加えて加熱することも分かりました。

（1）ベーキングパウダー5g中に含まれるA，B，Cの重さは，それぞれ何gですか。

学君は，パンケーキを作るときのA，B，Cの役割を調べるために，先生にA，B，Cを準備してもらい，次の実験を行いました。

実験1　ベーキングパウダー5g中に含まれるA，B，Cと同じ重さのA，B，Cをそれぞれビーカーに取り，20℃で水100gを加えてよく混ぜ，十分時間がたった後の様子を観察しました。次に，これらをそれぞれ別のビーカーに少しずつ取り，赤色と青色のリトマス紙を入れて色の変化があるかどうかを観察しました。また，これらをそれぞれ別の試験管に入れて加熱し，出てきた気体を石灰水に通して観察しました。その結果は表1のようになりました。

表1

	十分時間がたった後の様子	リトマス紙の色	石灰水の様子
A	溶け残り・濁りともあり	赤→赤　青→青	変化なし
B	溶け残りがなく透明	赤→青　青→青	白く濁った
C	（①）	赤→赤　青→赤	変化なし

（2）20℃のとき，C1gは最低55gの水を加えると全部溶かすことができます。表1の（①）に当てはまるものはどれですか。

下の（ア）～（ウ）から選び，記号で答えなさい。

（ア）溶け残り・濁りともあり

（イ）溶け残りがあり透明

（ウ）溶け残りがなく透明

（3）表1から，Bに水を加えて混ぜた液体は何性であることが分かりますか。また，これにBTB液を加えると，その液体は何色になりますか。

（4）表1の石灰水の様子からわかることを説明しなさい。

実験2　ベーキングパウダー5g中に含まれるA，B，Cと同じ重さのA，B，Cを用意し，それらのうち2種類を混ぜたものをそれぞれ別のビーカーに入れ，20℃で水 100gを加えてよく混ぜた後，様子を観察しました。その結果は表2のようになりました。

表2

	混ぜた後の様子
AとB	変化なし
AとC	変化なし
BとC	少しずつ気体が出てきた

[4] ものの重さと体積について，後の問いに答えなさい。

ある大きさのアルミニウムはくを，空気が入らないように丸めてボールのような形にしました。

（1）丸める前に比べて，丸めた後の重さはどうなりますか。下の（ア）～（ウ）から選び，記号で答えなさい。

（ア）重くなる　　（イ）変わらない　　（ウ）軽くなる

（2）丸める前と後で，それぞれを水の中に入れて体積を調べました。丸める前に比べて，丸めた後の体積はどうなりますか。下の（ア）～（ウ）から選び，記号で答えなさい。

（ア）大きくなる　　（イ）変わらない　　（ウ）小さくなる

次に，いろいろな体積の銅，鉄，アルミニウムの重さを調べることにしました。

図1の器具はばねはかりといい，ものをつり下げることでその重さを量ることができます。ばねはかりを使っていろいろな物体の重さを量ったところ，表1のようになりました。

図1

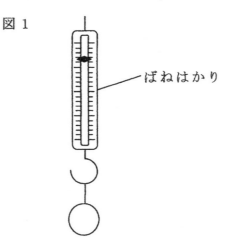

ばねはかり

表1

体積（cm³）		10	20	30	40	50
重さ（g）	銅	90	180	270	360	450
	鉄	79	158	237	316	395
	アルミニウム	25	50	75	100	125

（1）（①）に当てはまる数字を，小数第1位を四捨五入して整数
　　で答えなさい。
（2）下線部aについて，次のうち酸素を出す生物を下の（ア）～
　　（オ）からすべて選び，記号で答えなさい。
　　（ア）ミカヅキモ　　　　（イ）ミジンコ　　　（ウ）オビケイソウ
　　（エ）ツリガネムシ　　　（オ）ミドリムシ
（3）（A）類～（D）類の生物を下の（ア）～（ク）からそれぞれ2
　　つずつ選び，記号で答えなさい。
　　（ア）ヒキガエル　　　　　　　（イ）シロナガスクジラ
　　（ウ）イシガメ　　　　　　　　（エ）マムシ
　　（オ）チスイコウモリ　　　　　（カ）ジンベエザメ
　　（キ）オオサンショウウオ　　　（ク）ヒメダカ
（4）下線部bについて，生物が陸上で生活できるようになった
　　理由を『紫外線』という語を使って説明しなさい。
（5）下線部cについて，（②）に当てはまる数字を整数で答えなさ
　　い。ただし，ホモ・サピエンスの登場は25万年前とします。

実験3　BとCに水を加えて混ぜたものを試験管に入れると，気体
　　が少しずつ出てきました。また，BとCに水を加えて混ぜた
　　ものを別の試験管に入れて加熱すると，気体が勢いよく出て
　　きました。どちらの気体も，石灰水に通すと白く濁りました。

実験4　Bの水溶液の入った試験管を4本用意し，塩酸，酢，水酸
　　化ナトリウム水溶液，アンモニア水をそれぞれ加えたところ，
　　塩酸と酢を入れた液体から気体が出てきました。次に，出て
　　きた気体をそれぞれ石灰水に通すと，どちらの石灰水も白く
　　濁りました。

（5）実験1～4からわかることを下の（ア）～（カ）からすべて
　　選び，記号で答えなさい。
　　（ア）Bに酸性の水溶液を加えると，石灰水を白く濁らせる気
　　　　体が出る。
　　（イ）Cに酸性の水溶液を加えると，石灰水を白く濁らせる気
　　　　体が出る。
　　（ウ）Bにアルカリ性の水溶液を加えると，石灰水を白く濁ら
　　　　せる気体が出る。
　　（エ）Cにアルカリ性の水溶液を加えると，石灰水を白く濁ら
　　　　せる気体が出る。
　　（オ）Bの水溶液を加熱した時に出てくる気体と，BとCを混
　　　　ぜたときに出てくる気体には，石灰水を白く濁らせる気体
　　　　が含まれている。
　　（カ）Cの水溶液を加熱した時に出てくる気体と，BとCを混
　　　　ぜたときに出てくる気体には，石灰水を白く濁らせる気体
　　　　が含まれている。

実験5　ベーキングパウダー5g中に含まれるA，B，Cと同じ重さのA，B，Cをそれぞれ別のビーカーに入れ，水100gと小麦粉100gを加えて加熱しました。また，A，B，Cのうち2種類を混ぜたものをそれぞれ別のビーカーに入れ，水100gと小麦粉100gを加えて加熱しました。そして，それぞれの結果をベーキングパウダーを使った時の結果と比較しました。その結果は表3のようになりました。

表3

	加熱した結果
A	膨らまなかった。
B	少し膨らんだがベーキングパウダーを使った時ほどではなかった。
C	膨らまなかった。
AとB	少し膨らんだがベーキングパウダーを使った時ほどではなかった。
AとC	膨らまなかった。
BとC	ベーキングパウダーを使った時と同じように膨らんだ。

（6）Aにはベーキングパウダーの保管中にBとCが反応しないようにする役割があります。BとCにはそれぞれどのような役割がありますか。実験1〜5から考えて，これらの役割の違いがわかるように，Bは25字以内，Cは15字以内で説明しなさい。

[3] 次の文章を読んで後の問いに答えなさい。なお，1年は365日とします。

　地球カレンダーとは，地球が誕生してから現在までの46億年を1年で表したもので，地球ができたときを1月1日の午前0時，現在をちょうど1年後の1月1日の午前0時とします。つまり，地球カレンダーでの1日は46億年÷365＝（①）万年，1秒は146年に相当しますから，小学生の皆さんはまだ生まれて0.1秒もたっていないことになりますね。

　地球カレンダーを使うと，生物の出現した時期や滅びた時期がわかりやすくなります。例えば，「最初の鳥が出現したのは1億6000万年前です！」と言われてもピンときませんが，「地球カレンダーでは12月19日に鳥が現れました！」と言われるとイメージしやすくなりますよね。

　いくつかの生物について実際に地球カレンダーを使ってみましょう。地球上に最初の生命が誕生したのが36億年前といわれていますから，地球カレンダーでは3月中旬にあたります。ₐ酸素を出す生物が初めて出現するのが6月下旬ですから，地球上には半年間は酸素がなかったことになりますね。最初のせきつい動物（背骨のある動物）である（A）類は11月末に現れます。12月3日に（B）類，5日に（C）類が出現しますから，ᵦ生物が水中から陸上へと生活の場を広げるのは12月に入ってからのことです。11日に（C）類の恐竜が現れ，16日に最初の（D）類が出現しますが，恐竜は26日に突然滅んでしまいます。それでは，人類の登場は一体いつでしょうか。人類の祖先がアフリカに登場したのは12月31日の午後2時半，ᵧ私たち現生人類（ホモ・サピエンス）の登場は午後11時（②）分頃です。出現してすぐに絶滅したように思われている恐竜ですが，地球カレンダー上では地球上に半月も存在したことになりますね。登場してほんのわずかの私たち人類ですが，果たして恐竜よりも長く命をつないでいくことができるのでしょうか。

平成 31 年 度

広 島 学 院 中 学 校 入 学 試 験 問 題

社 会

【 4 0 分 】

◎試験開始まで，問題用紙にも解答用紙にも手をふれてはいけません。
次の注意を読みなさい。

注 意

1．問題用紙

この問題用紙は，2ページから29ページまでで，問題は5問あります。

2．解答用紙

解答用紙は別の用紙1枚です。

3．記入・質問などの注意

（1）答えはすべて解答用紙のわくの中に，ていねいな字で記入しなさい。

（2）記号を選択する問題では，**ひらがなの記号**で答えなさい。

（3）印刷が悪くて字のはっきりしないところなどがあれば，手をあげて監督
の先生に知らせなさい。

[１] 次の各文は，昨年の新聞記事をまとめたものです。これを読んで，後の問いに答えなさい。

○ ④終戦記念日を迎え，政府主催の全国戦没者追悼式が日本武道館で開かれた。天皇，皇后両陛下や首相，遺族らが参列して，戦没者約310万人の冥福を祈った。

○ 沖縄は，⑧沖縄戦の時に司令官が自決し，日本軍の組織的戦闘が終わった日とされる23日，沖縄戦での犠牲者らを追悼する「慰霊の日」を迎えた。平和祈念公園では正午前から，全戦没者追悼式が開かれた。知事は平和宣言で，米軍普天間飛行場の名護市（　１　）沖への移設を進める政府の姿勢を批判した。

○ ⓒ米軍のＢ29爆撃機約300機による市街地への無差別爆撃で，下町を中心に大火災が起きた東京は，焦土と化した。東京都は，最大規模の爆撃が行われたこの日を「平和の日」と定めており，午後には記念式典が開かれた。

○ 長崎は，「原爆の日」を迎え，平和公園で平和祈念式典が開かれた。市長は平和宣言で，核保有国や「核の傘」に依存している国に対し「核兵器に頼らない」安全保障政策への転換を呼び掛けた。式典には，被爆者や遺族らが出席し，ⓓ原爆投下時刻の［　ａ　］に黙とうをささげた。

○ 旧日本海軍の戦艦「大和」が九州南西沖で沈没して73年となる４月７日，大和が建造された（　２　）市で追悼式がしめやかに営まれた。参列した遺族らが，戦死した乗組員約３千人の冥福を祈って黙とうを捧げ「戦艦大和戦死者之碑」に献花した。

2

○ 太平洋戦争中，沖縄から九州へ向かう途上で米潜水艦に攻撃され，乗船していた多くの学童らが犠牲となった学童疎開船（ 3 ）の慰霊祭が22日，比治山で行われた。沖縄では1953年から慰霊祭が続くが，広島で開かれるのは初めてである。

○ 広島は，「原爆の日」を迎えた。①平和記念公園では午前8時から平和記念式典が開かれ，②核保有国のアメリカ，イギリス，フランス，ロシアなどを含む85カ国の代表らが参列した。参列者が犠牲者の冥福を祈り，「核兵器のない世界」への誓いを新たにした。Ⓔ原爆投下時刻の[b]に遺族代表らが「平和の鐘」を打ち鳴らし，参列者全員で黙とうした。

○ 第42回世界遺産委員会は6月30日，「③長崎と天草地方の潜伏キリシタン関連遺産」の世界文化遺産への登録を決めた。江戸時代の④キリスト教弾圧のなかで信仰を続けた希少な宗教文化が評価された。

問1 （ 1 ）～（ 3 ）にあてはまる語句を答えなさい。

問2 [a]・[b]にあてはまる時刻を答えなさい。

問3　下線部①について，（1）・（2）に答えなさい。

（1）原爆死没者慰霊碑（広島平和都市記念碑）に刻まれている文として，正しいものを次から1つ選び，記号で答えなさい。

あ　これは私たちの祈りです　世界に平和をきずくための

い　にんげんのよのあるかぎり　くずれぬへいわを　へいわをかえせ

う　安らかに眠って下さい　過ちは　繰返しませぬから

え　ヒロシマを考えることは　核戦争を拒否することです
　　ヒロシマを考えることは　平和に対しての責任を取ることです

（2）平和記念資料館の入館者数が，2016年度に次の表のように過去最多を記録しました。その原因として考えられる出来事を答えなさい。

表　平和記念資料館の入館者数

年度	総入館者数（うち外国人）
2013	1,383,129　（200,086）
2014	1,314,091　（234,360）
2015	1,495,065　（338,891）
2016	1,739,986　（366,779）
2017	1,680,923　（392,667）

（広島市ウェブページより作成）

問5　次の図5を見て，（1）・（2）に答えなさい。

図5　日本における人口重心の推移

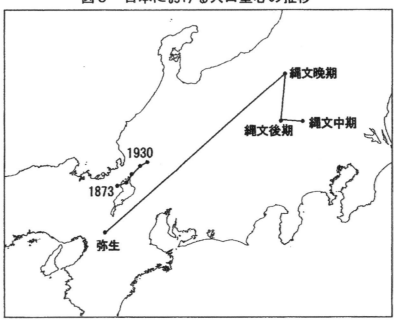

（鬼頭宏らの資料から作成。縄文〜弥生時代については推計による。）

（1）推計によると，縄文時代から弥生時代にかけて，人口重心は大きく南西に移動しています。この理由を答えなさい。

（2）1873年から1930年までの人口重心の移動について，この理由を説明した文として，ふさわしいものを次から2つ選び，記号で答えなさい。

あ　開拓を目的として多くの人々が北海道に移住したから。

い　官営の八幡製鉄所が完成し，北九州の人口が増加したから。

う　首都となった東京を中心として，関東地方の人口が増加したから。

え　富国強兵のもと広島市が軍都として栄え，広島県の人口が増加したから。

お　東北地方が大きな津波による被害を受け，東北地方の人口が激減したから。

（問題は以上です）

問1　地図の（　Ａ　）～（　Ｄ　）にあてはまる地名を答えなさい。

問2　地図の都道府県**あ～く**について，（1）～（3）に答えなさい。

（1）**あ～く**の中で，人口の最も多い都道府県を選び，記号で答えなさい。

（2）**あ～く**の中で，人口の最も少ない都道府県を選び，記号で答えなさい。

（3）**あ～く**の中で，県庁所在都市名と都道府県名が同じものを**すべて**選び，記号で答えなさい。

問3　次の（1）・（2）について，解答欄に地図記号を描きなさい。

（1）記号Ｐ，Ｑ，Ｒの都市は，ともに，ある施設が全国的に知られており，観光名所となっています。この施設を，地図記号で答えなさい。

（2）記号Ｘ，Ｙの都市は，ともに，ある施設が全国的に知られており，観光名所となっています。この施設を，地図記号で答えなさい。

問4　各都道府県に示した人口重心 ★ のうち，**誤っているもの**が３つあります。その３つを選び，**あ～く**の記号で答えなさい。

問4　下線部②について，広島への原爆投下に関して述べた文として，**誤っているもの**を次から１つ選び，記号で答えなさい。

あ　エノラ＝ゲイと呼ばれるＢ29爆撃機が広島に原爆を投下した。

い　相生橋はＴ字型というめずらしい形だったため，原爆投下の目印になった。

う　広島城周辺には，軍事施設が集中していたため，原爆の破壊目標ともなっていた。

え　広島に投下されたのは，プルトニウム型の「ファットマン」と呼ばれる原子爆弾だった。

問5　下線部③について，（1）・（2）に答えなさい。

（1）「島原・天草一揆」は，キリシタンが「潜伏」し，独自に信仰を続けるきっかけの一つとなりました。この一揆のときに，天草四郎らがたてこもった場所はどこですか。答えなさい。

（2）「潜伏」が終わるきっかけとなった「信徒発見」の場所である大浦天
　　主堂を次から選び，記号で答えなさい。

あ

い

う

え

お

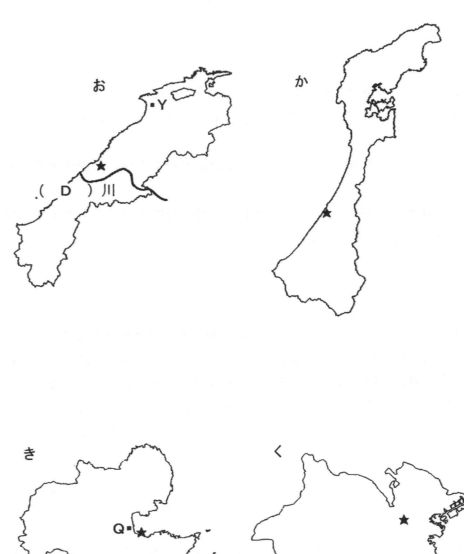

か

き

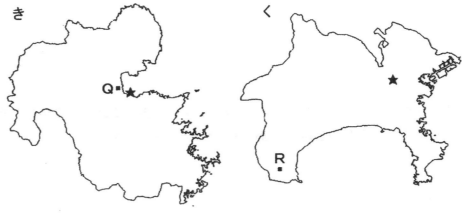

く

6

27

2019(H31) 広島学院中

K教英出版

36-(20)
【社16-(6)】

次の**あ〜く**は，ある都道府県を表しています。縮尺はそれぞれ異なりますが，いずれも上が北を指しています。また，島しょ部は省略したものもあります。

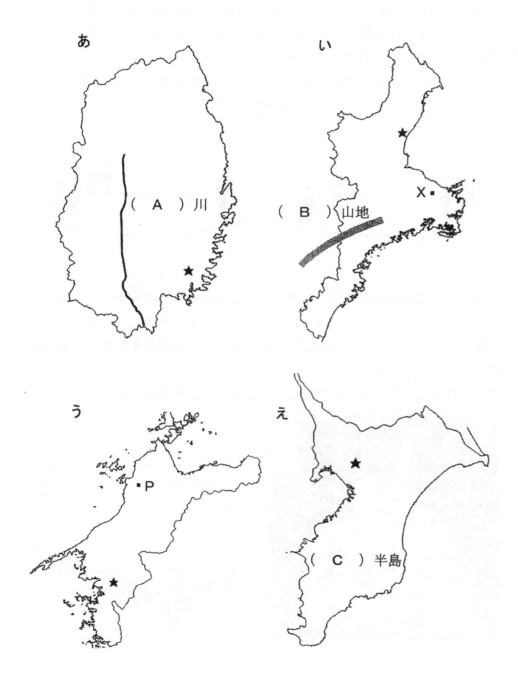

あ
（ A ）川

い
（ B ）山地
X■

う
■P

え
（ C ）半島

問6　下線部④について，（1）・（2）に答えなさい。

（1）キリスト教が禁止されていた期間は約何年間ですか。ふさわしいものを次から選び，記号で答えなさい。

あ　約60年間　　　　　い　約160年間
う　約260年間　　　　え　約360年間

（2）江戸幕府はなぜキリスト教を禁止したのですか。キリスト教を禁止した理由を説明しなさい。

問7　波線部Ⓐ〜Ⓔの出来事を起こった順に並べかえた時，1番目と3番目になる出来事の組み合わせとして正しいものを下の**あ〜か**から選び，記号で答えなさい。

	1番目	3番目
あ	Ⓑ	Ⓓ
い	Ⓔ	Ⓒ
う	Ⓒ	Ⓓ
え	Ⓓ	Ⓑ
お	Ⓑ	Ⓔ
か	Ⓒ	Ⓔ

[2] 次の文章を読んで，後の問いに答えなさい。

日本の歴史の中で，武士という存在はとても重要な役割を果たしてきました。しかし，武士が何をきっかけに，いつ発生してきたのかという点については様々な説があります。

武士（武人）は古代からいたとされており，東北のエミシ（蝦夷）を武力で従わせる役職についた①坂上田村麻呂もその例です。

②平安時代の武士の中で特に勢いが強かったのが，③源氏と平氏でした。源氏と平氏は源平合戦で争い，勝利した④源頼朝は鎌倉に幕府を開きました。しかし，源氏の将軍は3代で絶え，鎌倉幕府の政治は執権という役職についた北条氏に引きつがれました。その後，⑤北条氏が支えた幕府の政治も，元の大軍が攻めてきたことをきっかけに混乱し，幕府に対する武士（御家人）の信頼関係はくずれていき，鎌倉幕府は滅びました。

次に武士として勢力を築いたのは，京都に幕府を開いた足利尊氏でした。しかし⑥この幕府の成立から約60年間は，2つの元号が同時に使用される時代が続きました。さらにこの幕府では地方武士の勢力は強く，幕府の力が弱かったため，応仁の乱の後，戦国大名とよばれる各地の武将がおたがいに勢力を争う時代になりました。

戦国大名の中でも，天下統一に大きな力を発揮したのは，⑦織田信長，豊臣秀吉，徳川家康の3人で，この中から最終的に徳川家康が全国を統一し，江戸に幕府を開きました。

江戸幕府は全国の大名を⑧親藩・譜代・外様の三つに分けると共に，参勤交代を制度として定め，大名を統制しました。幕府の支配は二百年以上にわたって続きましたが，ペリーが来航して開国を求め，貿易が始まったことをきっかけに，国内が混乱する中で新しい政府を求める運動が起こりました。このような動きの中で⑨15代将軍の徳川慶喜が，政権を朝廷に返し，江戸幕府の時代が終わると共に，武士の時代も終わりを告げました。

[5] 日本の人口について，後の問いに答えなさい。

日本の「真ん中」とはどこでしょうか。その一つの考え方に，「人口重心」というものがあります。人口重心とは，1人1人が同じ重さを持つと仮定して，その地域内の人口が，全体としてバランスを保つことのできる点をいいます。下の図1では，★の位置でバランスがとれるので，ここが人口重心となります。また，図2のように，人口が移動したり増減したりすると，人口重心もそれに伴って移動します。

図1　　　　　　　　　図2

2015年の国勢調査の結果，日本の人口重心は岐阜県の関市付近にあることが分かっており，「日本の真ん中」をアピールした町おこしが見られます（図3）。また，2015年の広島県の人口重心は，図4の★の位置（東広島市寺家付近）にあります。

図3　日本の人口重心を示す看板　　図4　広島県の人口重心

問8　下線部⑧について，国の安全保障に関して憲法に明記されていることとして，**誤っているもの**を次から１つ選び，記号で答えなさい。

あ　核兵器は，作らない，持たない，持ち込ませない。

い　他国との争いを解決するために，武力を用いない。

う　陸軍，海軍，空軍などの戦力を持たない。

え　政府が他国と戦争を行う権利を認めない。

問9　下線部⑨について，下の文章は，築地市場に刻まれていた碑文(ひぶん)の一部です。マグロなどの魚の放射能汚染の原因となった出来事を答えなさい。

> 1954年３月１日，…(中略)…放射能汚染が判明した魚(サメ，マグロ)などは消費者の手に渡る前に市場内のこの一角に埋(う)められ廃棄(はいき)されました。全国では，850隻(せき)余りの漁船から450トン近くの汚染した魚が見つかり，日本中がパニックとなって魚の消費量が大きく落ち込みました。築地市場でも「せり」が成立しなくなるなど，市場関係者，漁業関係者も大きな打撃(だげき)を受けました。

問1　下線部①の人物の役職は，後に武士をまとめていく最高の地位になりました。この役職のことを何といいますか。答えなさい。

問2　下線部②について，平安時代以前の遺跡(いせき)や遺物を説明した文として，**誤っているもの**を次から２つ選び，記号で答えなさい。

あ　福岡県にある三内丸山遺跡から，縄文時代の定住集落の様子がわかる。

い　飛鳥時代に蘇我氏が建てた飛鳥寺には，日本で最も古いとされる仏像がある。

う　奈良時代の遺跡から出土する木簡から，各地の特産物が税として納められていたことがわかる。

え　弥生時代の遺跡から発掘される「はにわ」には，円形のものや，人や動物，家の形をしたものなど様々な種類がある。

お　邪馬台国(やまたいこく)があった場所は，九州地方とする説と近畿(きんき)地方とする説があり，それぞれ吉野ヶ里(よしのがり)遺跡や纏向(まきむく)遺跡などが注目されている。

問3　下線部③について，源氏の武将である源義家について述べた文として，正しいものを次から１つ選び，記号で答えなさい。

あ　東北地方で起きた豪族(ごうぞく)の争いにかかわり，東日本に勢力を広げた。

い　一ノ谷の戦い・屋島の戦い・壇ノ浦(だんのうら)の戦いで活躍(かつやく)し，平氏を滅ぼした。

う　保元(ほうげん)の乱では，後白河天皇側の武士として戦った。

え　平治(へいじ)の乱で平氏との戦いに敗れた。

問4　下線部④について述べた文として，正しいものを次から1つ選び，記号で答えなさい。

あ　自分の娘を天皇のきさきにした。
い　源平合戦では，京都で戦況を見守っていた。
う　平氏を滅ぼす前に，全国に守護と地頭を置いた。
え　家来になった武士たちに，先祖からの領地の所有を認めた。

問5　下線部⑤について，写真の人物は，ある出来事の時に，次のような言葉を出しました。そして，この出来事の後，鎌倉幕府は新しい役職を設置しました。その役職とは何ですか。下のあ～えから選び，記号で答えなさい。

頼朝どのが平氏を滅ぼして幕府を開いてから，そのご恩は，山よりも高く，海よりも深いほどです。ご恩に感じて名誉を大切にする武士ならば，よからぬ者をうちとり，幕府を守ってくれるにちがいありません。

あ　政所　　い　問注所　　う　侍所　　え　六波羅探題

問7　下線部⑦について，2017年の外国人観光客の動向に関して，次の表から読み取れることとして正しいものを，下のあ～えから1つ選び，記号で答えなさい。

表　国籍・地域別の外国人旅行者一人当たりの旅行支出（項目別）
【2017年】

国籍・地域	日本を訪れた外国人旅行者一人当たりの旅行支出（円／人）						平均泊数（泊）
	総額	宿泊料金	飲食費	交通費	娯楽・サービス費	買い物代	
中国	230,382	47,690	38,285	18,295	5,550	119,319	10.9
タイ	126,569	36,957	23,281	14,696	4,107	47,316	10.1
インドネシア	129,394	42,593	23,084	22,188	5,098	36,431	12.4
フィリピン	113,659	31,469	23,765	13,366	5,405	39,654	19.7
イギリス	215,392	97,303	51,289	32,390	6,811	27,600	12.2
フランス	212,442	86,882	45,017	38,882	8,142	33,400	15.7
アメリカ	182,071	76,719	41,791	28,477	6,603	28,071	13.8
オーストラリア	225,845	89,060	50,066	35,375	14,089	37,195	13.2

（観光庁webページより作成）

あ　中国の人は，総額の半分以上を買い物代に費やしており，その他の支出の項目では，他のどの国の人よりも支出が少ない。
い　東南アジアの人の総額は，ヨーロッパの人に比べて少ないため，すべての項目で，ヨーロッパの人より支出が少ない。
う　日本からの距離が遠い国ほど，平均の泊数が多くなる傾向にあるため，ヨーロッパの人の宿泊料金はアジアの人に比べて高い。
え　ヨーロッパの人の飲食費は，アジアの人と比べて高く，オーストラリアの人の娯楽・サービス費は，他国と比べて高い。

10

23

問6　下線部⑥について，次のグラフの項目A・Bを支出する省庁の組み合わせとして正しいものを下のあ～かから選び，記号で答えなさい。

グラフ　2018年度の国の予算（支出）の項目別割合

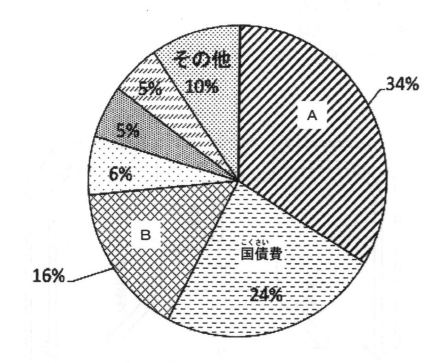

※　国債費以外の支出項目は，問題の関係上，省いています。

(財務省webページより作成)

あ　A　厚生労働省　　　　B　総務省
い　A　厚生労働省　　　　B　文部科学省
う　A　文部科学省　　　　B　総務省
え　A　文部科学省　　　　B　厚生労働省
お　A　総務省　　　　　　B　文部科学省
か　A　総務省　　　　　　B　厚生労働省

問6　下線部⑥について，なぜ60年間も2つの元号が同時に使用される時代が続いたのですか。説明しなさい。

問7　下線部⑦の人物に関する出来事として誤っているものを次から2つ選び，記号で答えなさい。
あ　織田信長の築いた安土城の城下町では，楽市・楽座が行われた。
い　織田信長と徳川家康の連合軍は，浅井・朝倉氏を破った。
う　豊臣秀吉は，勘合貿易や南蛮貿易を積極的に行い，堺などの港町が大いに栄えた。
え　豊臣秀吉は，村ごとに検地を行い，田畑の面積やその土地の生産高を調べた。
お　徳川家康は，大阪（大坂）夏の陣で豊臣氏を滅ぼし，全国に一国一城令を出した。
か　徳川家康は，武家諸法度を定め，日本人が海外へ行くことも禁止した。

問8　下線部⑧について，外様大名は江戸から見て，遠い場所に配置されていました。その理由を述べた次の文中の（　ア　）にあてはまる語句と　イ　にあてはまる言葉を答えなさい。

　外様大名は（　ア　）の後に徳川氏に従った大名だったので，徳川氏が　イ　ため。

問9　下線部⑨のことを何といいますか。答えなさい。

[3] 次の文章を読んで，後の問いに答えなさい。

　広島の「お好み焼き」は，「ご当地グルメ」の代表格です。このような「ご当地グルメ」は，日本各地に見られ，それぞれの地域の歴史と深い関わりを持っています。

　沖縄県では，「クーブイリチー」という料理が知られています。クーブとは昆布を，イリチーとは炒め物を意味します。江戸時代，①北海道でとれる昆布が沖縄に持ち込まれ，昆布を用いた食文化が生まれました。

　青森県八戸市では，②江戸時代後期，生活の苦しい農民たちが，麦やそばを栽培し，その粉から非常食としての南部せんべいが出来ました。このせんべいをしょうゆ仕立ての汁に入れる「せんべい汁」は，現在，八戸の名物料理として知られています。

　長崎では，③江戸時代から，多くの中国出身の人々が生活し，開港後，現在の④中華街が形成されました。明治時代，長崎にやってくる中国人留学生に，安く栄養のある料理を食べさせたいとの思いから，中国福建省の郷土料理を参考に，「長崎ちゃんぽん」が生まれたといわれています。

　神奈川県横須賀市の名物「海軍カレー」は，⑤近代的な軍隊がつくられた⑥明治時代の海軍に起源があるとされています。日露戦争当時，外国の海軍を参考とし，カレーライスを食べることによって，船員の栄養不足の解消を行ったことが始まりで，現在でも，海上自衛隊では金曜日はカレーの日となっています。

　宇都宮市では，⑦戦争中に中国に出兵した軍隊の本部があったことから，中国から戻った兵士によって「ギョウザ」が伝えられ，広まったといわれています。現在，宇都宮市はギョウザの町として知られています。

　仙台市では，⑧第二次世界大戦後，駐留したアメリカ軍が，牛肉を大量に消費し，残った牛の尾（テール）や舌（タン）を活用する目的で「牛タン料理」が考案され，現在では仙台を代表する名物料理となりました。

　⑨愛媛県宇和島市は漁業が盛んで，地元で水揚げされる鯛の刺身をしょうゆベースのたれに入れ，卵などと合わせて，ごはんにのせた「鯛めし」がこの地域の名物料理となりました。

12

問5　下線部⑤について，次の図は，三権分立の関係をまとめた図です。
　　下のA〜Cの働きは，図中あ〜おのうちそれぞれどこにあてはまりますか。あ〜おから正しいものを選び，記号で答えなさい。

　A　裁判官の任命
　B　不信任の決議
　C　憲法に違反していないか調べる

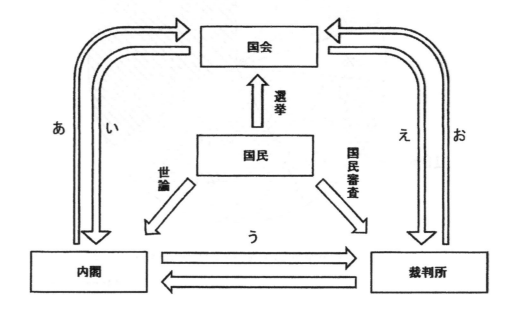

21

問2　下線部②の説明として，正しいものを次から1つ選び，記号で答えなさい。

あ　国連の専門機関であるユニセフやユネスコなどに，NGOも協力して活動している。

い　第一次世界大戦後に，スイスのジュネーブを本部として設立された。

う　すべての加盟国が参加して開かれる会議を安全保障理事会という。

え　国連分担金は，日本が最も多く負担している。

問3　下線部③について，地球環境を守りながら，限りある資源を有効に活用して発展していこうとする社会のことを何といいますか。答えなさい。

問4　（　④　）について，下のグラフが示すように，この出来事がきっかけとなり，尾道市の観光客の数は大きく変動しました。（　④　）にあてはまる出来事を答えなさい。

グラフ　尾道市を訪れる観光客数の推移

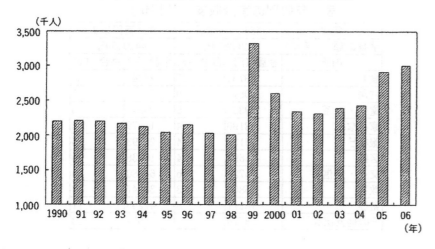

（内閣府資料より作成）

問1　下線部①について，次の文中の（　ア　）・（　イ　）にあてはまる語句をそれぞれ答えなさい。

江戸時代を通じて，（　ア　）藩は，貿易商品として昆布などを沖縄（琉球）に持ち込んだ。そして，それらの商品と引き換えに，（　イ　）から沖縄に持ち込まれた貿易商品を持ち帰り，日本国内に販売することで，大きな利益をあげた。

問2　下線部②について，次のグラフのように，江戸時代の後半には，百姓一揆や打ちこわしが多く起こりました。グラフ中のあ〜えの時期のうち，大塩平八郎の乱が起きた時期として正しいものを選び，記号で答えなさい。

グラフ　百姓一揆，打ちこわしなどの発生件数の推移

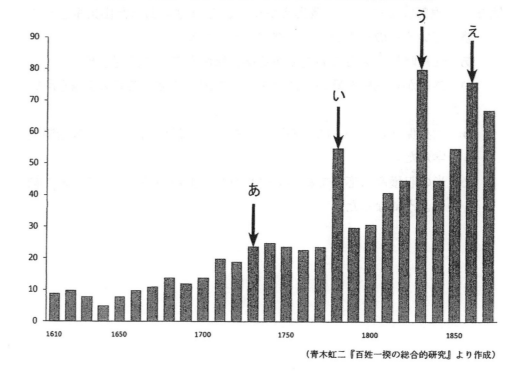

（青木虹二『百姓一揆の総合的研究』より作成）

問3　下線部③について，江戸時代の長崎の中で，中国出身の人々が生活していた場所は何と呼ばれていましたか。答えなさい。

問4　下線部④について，幕末に開港された都市のうち，長崎のほかに，現在まで残る中華街が形成された都市が2つあります。この2つの都市名を**漢字**で答えなさい。

問5　下線部⑤について，徴兵令が出された時期にあった出来事として，**誤っているもの**を次から1つ選び，記号で答えなさい。
あ　江戸時代の大名の領地である藩と領民を天皇に返還させた。
い　外国から機械を買い，技師を招いて国が運営する官営工場を開いた。
う　大久保利通らが，欧米の国々を視察し，近代的な工業や政治制度を学んだ。
え　米の収穫高に応じて納めていた税を，土地の価格に応じて米で納めるようになった。

問1　下線部①について，今年の10月に，消費税率は10％になる予定です。これに関して，（1）・（2）に答えなさい。
（1）次のグラフから読み取れる，消費税負担の特徴を説明しなさい。

グラフ　年収に占める消費税負担の割合の推移

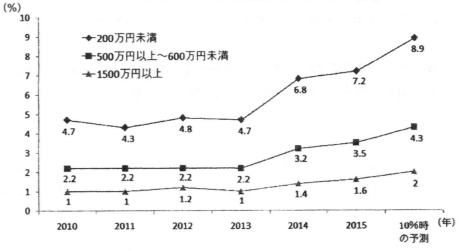

（日経新聞webページより作成）

（2）10月の増税にあわせて，食料品（酒類，外食を除く）には，軽減税率が導入され，税率が8％に据え置きになることになっています。なぜ食料品に軽減税率が導入されるのですか。表を見て，その理由を説明しなさい。

表　年収別の家計収支（2017年）

年収	455万円未満		923万円以上	
消費総額（月平均）	224263円		442086円	
内訳	金額（円）	割合（％）	金額（円）	割合（％）
食料	59731	27	93348	21
住居	20614	9	22122	5
電気・水道	19327	9	23243	5
家具など	8190	4	15579	4
服など	8138	4	20993	5
医療	8692	4	15736	4
交通・通信	35720	16	66180	15
教育	6804	3	38047	9
遊び	18277	8	47253	11
その他支出など	38770	17	99584	23

（総務省　統計局webページより作成）

[4] 次の年表は，平成の出来事をまとめたものです。これを見て，後の問いに答えなさい。

年	出　来　事
1989（平成元）	①消費税が導入される。
1991（平成3）	韓国と北朝鮮が②国際連合に加盟する。
1993（平成5）	③環境基本法が成立する。
1995（平成7）	阪神・淡路大震災が発生する。
1996（平成8）	原爆ドームが世界遺産に登録される。
1999（平成11）	（　④　）
2000（平成12）	⑤国会で初の党首討論が開かれる。
2001（平成13）	中央省庁が再編され，⑥1府12省庁となる。
2007（平成19）	世界金融危機が起こる。
2008（平成20）	⑦観光庁が設立される。
2011（平成23）	東日本大震災が起こる。
2015（平成27）	⑧安全保障関連法が成立する。
2017（平成29）	国連で核兵器禁止条約が採択される。
2018（平成30）	東京⑨築地市場から豊洲市場への移転が完了する。

問6　下線部⑥について，この時代には，欧米諸国との間に結ばれた，不平等条約の改正が議論されました。次の文は，不平等条約の改正について説明した文です。文中の（　ア　）・（　イ　）にあてはまる語句，│　ウ　│にあてはまる言葉をそれぞれ答えなさい。

　1886年に，（　ア　）が起こり，これをきっかけに，条約改正が必要であるとの考え方が国民にさらに広まりました。このことを背景として，陸奥宗光は（　イ　）と交渉を行い，1894年に，不平等条約の一部改正を約束することに成功しました。
　これにより，日本国内において，外国の│　ウ　│ことができるようになりました。

問7　下線部⑦について，1930年代に，中国をめぐって起きた，次の出来事A～Cを，出来事の起きた順に並べたものとして正しいものを下のあ～かから選び，記号で答えなさい。

A　日本が国際連盟から脱退した。
B　満州国が建国された。
C　北京郊外で日本軍と中国軍が衝突した。

あ　A→B→C　　　い　A→C→B　　　う　B→A→C
え　B→C→A　　　お　C→A→B　　　か　C→B→A

問8　下線部⑧について，第二次世界大戦後，日本はアメリカなどの連合国の軍隊によって占領（せんりょう）されました。この占領が終わった年はいつですか。次から選び，記号で答えなさい。

あ　サンフランシスコ平和条約に調印した翌年
い　国際連合への加盟が認められた翌年
う　日本国憲法が公布された翌年
え　自衛隊がつくられた翌年

問9　下線部⑨について，次の２つのグラフから，愛媛県の漁業の特徴（とくちょう）を読み取り，このような特徴を持つ漁業において，大切であると考えられる活動（取り組み）として最もふさわしいものを下のあ～えから選び，記号で答えなさい。

グラフ１　都道府県別漁かく量の割合（2016）単位：%

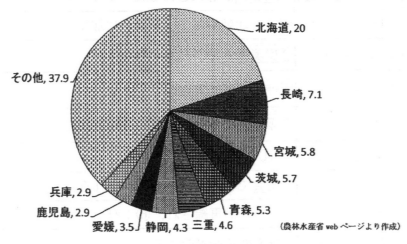

北海道,20
長崎,7.1
宮城,5.8
茨城,5.7
青森,5.3
三重,4.6
静岡,4.3
愛媛,3.5
鹿児島,2.9
兵庫,2.9
その他,37.9

（農林水産省webページより作成）

グラフ２　都道府県別漁業生産額の割合（2016）単位：%

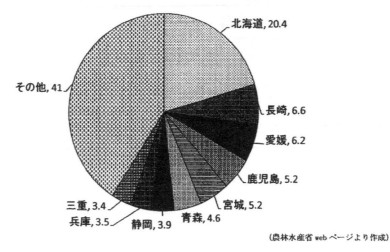

北海道,20.4
長崎,6.6
愛媛,6.2
鹿児島,5.2
宮城,5.2
青森,4.6
静岡,3.9
三重,3.4
兵庫,3.5
その他,41

（農林水産省webページより作成）

あ　水産物のブランド化　　　い　外国からの輸入促進（そくしん）
う　地産地消の推進　　　　　え　国際的な水産資源の保護

[1]

（1）（計算）	（2）（計算）	（3）（計算）
答　　　　円	答　　　　円	答　　　　円

[2]

（1）（計算）	（2）（あ）（計算）	（2）（い）（計算）
答　　　　秒	答　　　　cm	答　　　　cm

[3]

（1）（計算）	（2）（計算）	（3）（計算）
答　毎分　　m	答　　　　m	答　　　分後

[4]

（1）（計算）	（2）（計算）	（3）（計算）
答　　　cm	答　　　cm	答　　　cm²

得点欄（ここには何も記入しないこと）	1	
	2	
	3	
	4	
	5	
	合計	※120点満点（配点非公表）

[5]

（1）（計算）	（2）（計算）	（3）（計算）
答　　　dL	答　　　人	答　　　dL

受 験 番 号

36—(32)

平成31年度　理　科　解答用紙

（右はしの※のわくには何も記入しないこと）

［1］

(1)	(2)	(3)		
		①	②	③

(4)		(5)	(6)
あ	い	度	度

(7)
式
時　分頃

［2］

(1)			(2)	(3)
A　　　g	B　　　g	C　　　g		性　　　色

(4)	(5)

(6)
B
C

［3］

(1)	(2)

(3)			
A	B	C	D

(4)	(5)

［4］

(1)	(2)	(3)
		(大)　→　　→　(小)

(4)	
①	②

(5)	
③	④

(6)
体積　　　cm³　重さ　　　g

(7)
gより重く　　gより軽い

(8)	(9)
g	g

(10)

ばねはかりの読み(g)

120
100
80
60
40
20
0　　　　5　　　　10

沈めた深さ（cm）

(11)
記号
理由　‥‥‥‥‥‥‥‥‥‥‥‥‥‥‥

受験番号

※80点満点
（配点非公表）

2019(H31) 広島学院中
K 教英出版

平成31年度　　社会　　解答用紙

[1]

問1　(1)　[　　　　　]　(2)　[　　　　]　(3)　[　　　　　]　問2　[a]　[　時　　分　]　[b]　[　時　　分　]

問3　(1)　[　　]　(2)　[　　　　　　　　　　　　　　]

問4　[　　　]　問5　(1)　[　　　　　　　　　　　　　]　(2)　[　　]　問6　(1)　[　　　]

(2)　[　　　　　　　　　　　　　　　　　　　　　]　問7　[　　　]

[2]

問1　[　　　　　　　　　　　　]　問2　[　　｜　　]　問3　[　　]　問4　[　　]　問5　[　　]

問6　[　　　　　　　　　　　　　]　問7　[　　｜　　]

問8　(ア)　[　　　　　　　]　(イ)　[　　　　　　]　問9　[　　　　　　]

[3]

問1　(ア)　[　　　　　　]　(イ)　[　　　　　]　問2　[　　]　問3　[　　　　　]

問4　[　　　｜　　　]　問5　[　　]　問6　(ア)　[　　　　　]

(イ)　[　　　　]　(ウ)　外国の　[　　　　　　　　　　　　]

問7　[　　　]　問8　[　　　]　問9　[　　　]

[4]

問1　(1)　[　　　　　　　　　　　　　　　　　　]

(2)　[　　　　　　　　　　　　　　　　　　]

問2　[　　　]　問3　[　　　社会　]　問4　[　　　　　　]

問5　A　[　　]　B　[　　]　C　[　　]　問6　[　　]　問7　[　　]　問8　[　　]

問9　[　　　　　　　　　　　]

[5]

問1　(A)　[　　　　川　]　(B)　[　　　　山地　]　(C)　[　　　　半島　]

(D)　[　　　　川　]　問2　(1)　[　　　]　(2)　[　　]　(3)　[　　　　]

問3　(1)　[　　　]　(2)　[　　　]　問4　[　　｜　｜　　]

問5　(1)　[　　　　　　　　　　　]

(2)　[　　｜　　]

受験番号　[　｜　｜　｜　]　※80点満点
（配点非公表）

教英出版